河出文庫

現古辞典
いまのことばから古語を知る

古橋信孝
鈴木泰
石井久雄

河出書房新社

序　豊かな日本語の世界［古橋信孝］―― 7
この本の使い方　古文で書いてみよう［鈴木泰］―― 17

あ行 ―― 35
か行 ―― 95
さ行 ―― 175
た行 ―― 242
な行 ―― 279
は行 ―― 294
ま行 ―― 325
や行 ―― 350
ら行 ―― 363
わ行 ―― 366

指示詞 ―― 369
代名詞 ―― 373
時間 ―― 378
空間 ―― 381
病気の和語 ―― 383
自然・自然現象 ―― 387
家具調度 ―― 389
性用語 ―― 391
親族呼称 ―― 394
数詞一覧 ―― 397
鳴き声 ―― 401
擬音語 ―― 402
擬態語 ―― 403
敬語動詞一覧 ―― 408

解説　当代語から古典語を引き当てる辞典の出現と展開［石井久雄］―― 415

現古辞典　いまのことばから古語を知る

凡例

見出し語　現代語を現代仮名遣いの五十音順で配列した。
慣用表記　見出し語の漢字による一般的な表記を、〔　〕内に示した。
類語表示　見出し語の類語、または関連のある語を、見出し語の下に適宜示した。
参照項目　解説が別の語にあるときは、参照記号（⇩）によって、その先を示した。
解説　古語は、時代や文体などで違うので、①②③……の番号を付して挙げた。
用例　「　」内は用例、〈　〉内は出典である。巻数・国歌大観番号など、古語辞典で広く行われている方式によった。
補説　見出し語は五六五語に限られているが、関連する事柄をなるべく広く様々な角度から補うことを意図し、【補】として示した。

序　豊かな日本語の世界

古橋信孝

1

日本語は千年以上の分厚い蓄積をもっている。この蓄積は、『源氏物語』など、十一世紀の世界で最も高いレベルにあった平安期の文学を考えると、世界屈指の厚みといっていい。

この厚みは、日本語が中国の漢字とふれることで文字をもったことと深くかかわっている。八世紀半ばまでの歌を集めた『万葉集』でみてみよう。

山越乃　風乎時自見　寝夜不落　家在妹乎　懸而小竹櫃　（巻一・六）

山越しの　風を時じみ　寝る夜落ちず　家なる妹を　懸けてしのひつ

（山越の風がやすみなく吹き、寝られない夜が続く。家にいるいとしい人が思われる）

この表記の仕方に『万葉集』の漢字の使い方はだいたい含まれている。まず「山越」は漢字の意味をとったもので訓仮名と呼ばれ、「乃」は音を借りて助詞をあらわし、音仮名と呼ばれる。「風乎」の「乎」は音仮名。「時自見」の「自見」の「自」は音仮名、「見」は訓仮名である。「不落」は中国語の語順で、漢文訓読ならレ点を付すもの。「而」は意味をとって、助詞の「て」を示している。次の「小竹」は日本語のシノ（篠）で、シノと読み、「櫃」は日本語のヒツと読んで、この三字で「しのひつ（偲ひつ）」という日本語に当てている。このように意味の音を借りるものを借訓仮名と呼んでいる。

歌を表記するのにさまざまな工夫がされていることがよくわかるだろう。特に借訓仮名は遊んでいるといってもいいような使い方である。助動詞ツの連体形ツルに「鶴」の字をあてている例も多くある。ついでにいっておけば、歌では鳥の鶴のことはタヅといい、ツルの例はない。したがって、歌語としてはタヅ、普通はツルといっていたと推察される。

このように、八世紀には漢字と出会うことによって、世界に希有の多様な言語状況が生み出されたのである。

さらに、『万葉集』の後期には、音仮名を中心にした表記が行われている。この方向は九、十世紀のひらがなに繋がっていく。ひらがなで書かれた文学はほとんど漢字を使わない。つまり、漢文体とひらがな体が並行の状態をもたらした。ともに書く文体だが、漢文体は文語体、ひらがな体は口語体とみなしていい。そして、十一世紀には、『今昔物語集』など、漢文を訓読する文体で書かれることが起こり、そこから和漢融合体が登場する。これがわれわれの文章に近い文体である。

このようにして、まず、日本語と漢字を対応させたとき、一つの漢字に音といくつかの訓をもつ状態を生みだし、また漢字の他にひらがなとカタカナという三種の文字をもつことになり、言語生活を豊かにした。さらに、文体としても、漢文、漢文訓読文、ひらがな文、漢字ひらがな融合文と四種ももつことになった。

そして、近世から欧米の文化に新しくふれることで、漢字による翻訳語が造られ、また外国語をそのまま取り入れ、カタカナで表記することもした。

このような多様な文字や文体をもつ言葉は日本語以外にはない。それを余分なことみなし、極端な例ではローマ字にしてしまうなど、簡略化する方向がしばしば試みられてきているが、漢字が減ったとはいえ、表記に基本的に変わりないのは、社会的にそれらを許容する雰囲気が続いているからだろう。

この雰囲気は、『万葉集』で確立した五七五七七形式の短歌、そして十七世紀に確立した五七五の俳句も作られていることと繋がっている。短歌人口は数十万、俳句人口は数百万といわれる。もちろん、これだけの詩人がいる国は他にはない。これは日本語の詩が千年以上も五七の音数律によって作られてきたことによっているが、短詩であるゆえの作りやすさも大きな原因といえるだろう。五七の音数に乗せれば誰でも詩らしいものが作れるのである。

最近は口語短歌が増えている。特に俵万智『サラダ記念日』以降、口語でも短歌を詠めることが定着し、短歌を作らせる授業をしている高校や大学もある。そこでもう一歩踏み込んで、古語を使ってみてはどうか。すぐ近くにある日本語の豊かさを使ってみない手はない。

2

高等学校の国語で、文語といえば古典をさしていた。しかし、文語は文章語の意味であり、口語と対をなしている。文章は誰でもがかんたんに書けるものではない。話すままに書いてみればわかる。繰り返しが多く、不明瞭な指示語がしばしばあらわれる。中途で終わり、語尾が曖昧である。その場にいることでわかる言い方である。最近流行の「……しぃ、……でぇ、」などと中途で力を入れる言い方がまさにそれだ。子供の話し方である。

口語体とは話しているのを装った書く文体なのである。平安期の「ひらがな体」の物語文学や日記文学がわかりやすい。漢文体という文語体に対して、ほとんど漢字を使わないひらがな体が口語体である。物語文学では主語がない場合が多いのは、話し言葉では一々主語をいわなくてもわかるからである。敬語が多様に使われるのも、話す場の人間関係では当然である。そして、登場人物が官職名で呼ばれるので、昇進した場合は呼び方がかわるため、注釈がないとわかりづらいのも、話す言葉故である。

この文語と口語の関係は、ヨーロッパではラテン語とそれぞれの自国語としてあった。十九世紀、二十世紀前半の小説にはラテン語の授業で苦労する話がしばしばあるが、日本の場合、中国語に対して漢文訓読という方法で、いわば日本語で読むものであった。中国語を読む特別な文体を作りだしたのである。「ひらがな体」が作られた初期の頃は、互いにいわば並行関係で、「ひらがな体」にはほとんど漢字が使われなかったが、平安後期には「ひらがな体」にも漢字が多く見られるようになり、また漢文の日記にもひらがなが見られるなど、しだいに融合していった。

初期の「ひらがな体」の例として『土佐日記』の書き出し部を引いておく。

をとこもすなる日記といふものを、をんなもしてみむとてするなり。それのとしのしはすのはつかあまりひとひのひのいぬのときにかどです。そのよし、いささかものにかきつく。

原文がこの通りかどうかはわからないが、それほどの違いはないと思う。「日記」以外漢字は使われていない。しかも句読点もなかったから、読みにくい。われわれが教科書などで読んでいる古文は適宜漢字をあてて読みやすくしているのである。漢字交じり文にしてみる。

男もすなる日記といふものを、女もしてみむとてするなり。それの年の十二月二十一日の戌の時に門出す。そのよし、いささかものに書きつく。

「ひらがな体」が目で読むものだとしたら、このように表記したほうがわかりやすい。特に「しはすのはつかあまりひとひのひ」という表記は「十二月二十一日」と書いたほうが楽だし、読みやすいだろう。「ひらがな体」は実用的なものではなく、漢文体と対立する文体だったことがよくわかろう。

ついでに述べておけば、この文章には主語がない。日記だから主語は「私」である。和文の特徴が出ている。

しかし、一方で、ひらがな自体はメモなどの実用的なものにも使われているから、実用性もあった。漢文日記にひらがな表記が交じるようになるのも、実用的だからでもあったろう。そして、『今昔物語集』のように、漢文訓読体の文体で書かれるようになり、さらに和漢融合文が書かれるようになる。それがわれわれの漢字とひらがなが交じる表記に繋がっていく。

そして、「ひらがな体」が口語体であったことは、平安後期に、「ひらがな体」が文語体になったとき、新たな口語体を求める動きをもたらすことになった（古橋『日本文学の流れ』岩波書店、二〇一〇年）。口語体のほうが心に近い表現のような気がするからである。そのため、説話などの話の文芸、語り物、能、狂言などの演劇的な要素をもった文芸が盛んになる。その蓄積も豊かにある。しかし、これらは『源氏物語』『伊勢物語』を中心にした平安期の文芸を下敷きにしている場合が多い。『平家物語』も踏まえられる作品であった。踏まえられるということは、それらの作品の場面や言葉には『源氏物語』『伊勢物語』などが蓄積されていることを意味している。

これも日本語の豊かな厚みを意味している。

3

このように、日本語の豊かさは漢字、中国文の移入以来の日本語の漢字、漢文との葛藤、そして和文を書こうとする試みと努力から始まった結果としてある。そして『古事記』以来千四百年という時間の間の蓄積として、われわれの前に残されている。

これが使えれば、われわれの言語生活は豊かになることまちがいない。では、どのようにして使えるのか。従来は古典を読んで知識を増やすという直接的な方法をとってきた。古典にはおもしろい作品が多くあるので、それが最もいい。しかしそれではたいへんである。

そこで、この辞典の登場となる。われわれが普通使っている言葉は古語では何といったか、引いてみればいいのである。たとえば「きまりがわるい」を引いてみる。その項には十三の古語が挙げられている。①「はずかし」は、そういえば恥ずかしいも同じと納得するが、②「やさし」は立ち止まるだろう。「やさし」は「痩せる」と同根の語で、身が細る想いをいうのが本来であった。だから良いほうにも悪いほうにも使われた。今の「やさしい」は良いほうにのみ使われている。③「はしたなし」は、斜めの形を意味する「斜（はす）」からきた語で、「なし」は程度のはなはだしいことをいうから、規格から外れて不快なことをいう。今でも「はしたない」は使われている。というようにして、同じ内容の言葉がいくつかあることを見出すが、さらに古くからある言葉、今ではそういうニュアンスではなくなっている言葉、今は使わない言葉と出会うことになる。

しかし、意外に古くからある言葉が多いのに気づくだろう。それはある意味で当然で、基本的な言葉は日常的に使われており、あまり変わらないからである。たとえば基本語彙の「歩く」は『万葉集』から見られる。本辞典では「あるきまわる」という項目しか立てていない。そこには「ありく」とある。「ありく」と「あるく」は二音目のリとルの違いだけで、同じラ行だから、変化したものとみなしうる。ただし、「あゆむ」という言葉もある。これも「……学校の歩み」のように使われ、今でも生きている言葉である。ただ、「あゆむ」は一歩一歩進むニュアンスをもち、「歩く」とは使われ方が異なる。『万葉集』にも「あゆむ」は見える。『枕草子』には「あゆみあるき」という言い方が出て来る。二例あるが、「うらやましげなるもの」として、「心地などわづらひてふしたるに、えうち笑ひ、ものなど言ひ、思ふことなげにてあゆみありく人見るこそ、いみじううらやましけれ（気分が悪く臥しているときに、気持ちよさそうに笑いながらおしゃべりして、なんの心に煩うこともなく行き来している人々を見るのはうらやましい）」といっている。われわれにもよくわかる例である。『枕草子』はしばしばこういうふと感じる想いを書いている。

「あゆむ」も「あるく」も漢字をあてれば「歩（む、く）」で同じである。ということは、和語には「あゆむ」と「あるく」があったが、ともに漢字の「歩」をあてたのだから、ほぼ同意と考えたことになる。一つの漢字にいくつかの訓があるのは、このように元からの日本語にどのような漢字をあてるのかという葛藤の結果であり、漢文訓読という文体を作り出したことで、元からの日本語が残ることになった。これも日本語を豊かにしている。

同じ漢字文化圏の朝鮮半島では、固有語が漢字の音になって、消えてしまった場合がしばしばある。たとえば、「山」という漢字に「やま」という和語の訓があるが、朝鮮半島では「サン」しかない。

漢文訓読は日本語の文体である。この文体によって、漢文も漢字も日本語のものになった。そうすることで、新たに漢語を重ねて日本語を作ることを可能にした。一方、漢文訓読は外国語を日本語で読む方法だから、江戸時代には、ポルトガル語や英語を漢文訓読の方法で読むことが起こった。外国語に対して抵抗感があまりなかったに違いない。そして、新しい欧米の物や概念を漢語によって翻訳が行われた。

本辞典は、われわれが普段使っている言葉を古典ではどういっていたかを見出すものだが、このように、日本語全体を振り返ってみるきっかけに出会うはずである。他にもさまざまな使い方があるだろう。要は、この豊かな世界を楽しむことである。

この本の使い方　古文で書いてみよう

鈴木泰

1

論文の紹介に際して、ある人が「きわやかにその本質を描き出している」のように、しばしば「きわやかに」という言葉を用いるのを聞いたことがある。「きわやかに」は現代語ではなく、枕草子に「朝日のはなばなとさしあがるほどに、なぎの花いときはやかにかがやきて」などとあるので、古語である。平明にいえば、「はっきり」というところであろう。現代語ではなくとも、現代語の「さわやかに」や「きっぱり」などとひびきあい、「はっきり」と言うときの通り一遍の明確さでないことが了解される。

　現代語に用いたとき、古語の中には「きわやか」のように現代語にはない新鮮でユニークなニュアンスを生み出す言葉がある。これが、すでに廃語となっているにもかかわらず、現代語に再生されるのは、その構成要素である語幹の「きわ」も語尾の

「やか」もいずれも現代語にも存在するからであろう。古語にはこのように現代語として再生しうる言葉が無限とはいわないまでも相当にある。こうした点から日本人が古語までふくんだヴォキャブラリーをもっているとするなら、それを使わないという手はない。短歌や俳句は、本来文語で制作するものだから、そうした古語の使用は普通であるが、短詩型の文学だけでなく、もっと他の分野においても同じように使っていいのではなかろうか。

『残したい日本語』（森朝男・古橋信孝、青灯社、二〇一一年）にとりあげられる言葉は、おおよそ現代語に再生されうる古語的な語彙であるが、なかには「片恋、いとおしむ、なよやか、あえか、さかしら」のようなもう古語と考えてよいような言葉もある。それらを、国立国語研究所の少納言（KOTONOHA「現代日本語書き言葉均衡コーパス」）で検索してみると、以下のように、現代語の中に生かされている例が見られる。いずれもが普通に現代語とされる言葉にはみられない独特のニュアンスを表現しえているといえるだろう。

①大円和尚と交したよもやま話を披露し、盧俊義の名を口にして、稔るあてのない片恋を歎いた。（杉本苑子『悲華水滸伝』）

②雨、雨、雨の江戸の空だった。この底なしの長雨も、亡びゆく江戸をいとおし

むものか。（早乙女貢『幕末愚連隊』）

③貴和子は気を失った。そばにいた柚木が、あわてて抱きとった。なよやかで、か細い身体を抱いた時、（子母澤類『蜜宴の媚薬師』）

④その秘かな陰々たる声に追いすがっても、ただたすけてとあえかに悲しげに呼ぶだけであった。（森村誠一『人間の証明』）

⑤火事も宝塔も何者かの仕業だと説明するのはたやすい。だがそんなさかしらな説明は、支那のことを知らない洋毛子のすることで、（高橋義夫『武闘の大地』）

明治時代には西欧の先進的な概念を受け入れるために、「革命、文化、概念」など数多くの新漢語が、中国の古典から時をへだてて借用されて作られたことは有名である。また、「哲学、喜劇、郵便」などは、日本人が独自につくりあげたものである。つまり、既存の単語では表わせない意味内容を表わすためには、すでにすたれた言葉に新たな息吹を吹き込むことも、新しい言葉をつくることも許されないわけではないのである。英語などでは、新概念を表わす語彙は多くがラテン語から借用されたものである。漢語は今は使われなくなったものでも、日本語のヴォキャブラリーとして再生されることがあるのだから、古語もそうしてはならないということはないだろう。というより、漢語が借用語にとどまるのに対して、古語としての和語は固有語であるから、さらに十分にその資格をそなえているとすらいえるだろう。にもかかわらず、現代日本語においては、短詩型の文学をのぞけば、古語が大手をふって歩いているのは、わずかに「君子危うきに近寄らず」「憎まれっ子世にはばかる」式の故事成語や慣用句の類のなかでしかない。

日本の国語辞書を見ると、そこにある言い換えは、現代日本語の言い換えばかりで、古語で言い換えたものはない。また、表現類語辞典のたぐいでも、短歌や俳句の作成を目的したもの以外では、古語が加えられているものは少ない。たとえば、『日本語使い分け辞典』（日東書院編集部編、二〇〇三年）などを見ると、たとえば「美しい」の類語として掲げられているのは、漢語が「艶麗、華美、華麗、綺麗、絢爛」ほか二十一語、古語は「目もあやに」一語のみである。

ところで、何か新語が必要なとき英語はラテン語をそのまま英語化することが多いことから、「ラテン語の全語彙あるいは少なくともよく読まれるラテン語テクストに出てくる単語は、英語としての潜在力をもっている」（H・ブラッドリ、寺澤芳雄訳『英語発達小史』岩波文庫。一〇四頁）といわれる。新語をつくるときに漢語にたよるのは、英語にとってラテン語が潜在的な英語であったのと同様に、日本語にとって漢語が潜在的な日本語であったということであり、いまもその性格は変わっていないことを示している。

しかし、日本語においては、古語も潜在的な日本語に繰り入れていくということがもっとあってもいいのではないか。というより、そうすれば新たな概念やニュアンスをもった表現をつくりだすときに古語を再生させることができ、不必要な漢字・漢語への依存を脱却することにもつながるのではなかろうか。実際に漢学（からまなび）をいとった、江戸時代の国学者たちはおおくの学問用語を万葉語から再生して用いていたという事実もある。本辞典はそうした試みの現代版であるといおうとすればいえるものである。谷崎潤一郎も『文章読本』（一九三四年刊、現在は中公文庫）に、新しい言葉をつくる際には、「なるべく皆さんが漢語風の言い方を避けて、やさしい固有の日本語に立ち帰って頂くことを希望する」といっている。

2

古語は現代語では表しきれない意味を表そうとするときにも力を発揮することは確かだが、それは多くの場合少納言の例のように、語彙の面で、しかも単語単位の使用であろう。しかし、古語の利用をすこし別の方面にさがすなら、文章単位で古語をつかっている場合も存在する。現代のように文語文を使う必要のなくなった時代では、古語を文章単位で使用する実用的メリットはほとんどないように見えるにもかかわらず、時代小説などでは、時代性を強調するために、次のように登場人物の言葉に一貫して古文を用いるものもある。


竜之介は眼を落して、しばらく女の姿を瞶《みつ》めておりましたが、

「これはまた大仰《おおぎよう》な、試合は真剣の争いにあらず、勝負は時の運なれば、勝ったりとて負けたりとて、恥でも誉でもござるまい、まして一家の破滅などとは合点なり難き」

冷やかな返事です。

女が再び面をあげた時、涙に輝いた眼と、情に熱した頰とは、一方《ひとかた》ならぬ色香《いろか》を添えつ、

「何も彼も打明けて申し上げますれば、兄はこの度の試合済み次第に、さる諸侯へ指南役に召抱えらるる約束定まり、なおその時には婚礼の儀も兼ねて披露を致す心組でおりましたところ……」

中里介山『大菩薩峠』甲源一刀流の巻（『時代小説の楽しみ・別巻』新潮社、一九九〇年、一六四頁）

これは、時代が現代と違うことを示すために、男女のちがいもなく、古語的な表現が登場人物の言葉にもちいられた例である。しかし、時代小説においては、特定の登

場人物が古語を使うことによって、その登場人物の社会的立場やキャラクターを際立たせることが行われることもある。その実例をだしておけば以下のようなものがそれにあたるだろう。


　酒宴の準備が整うと、廏戸は、女人達に退るように命じた。「今日は男子同士の酒宴じゃ。女人は要らぬぞ」

　廏戸の言葉に河勝が手を拍《う》つと、舎人《とねり》達も拍手をした。それぞれの酒盃に酒が注がれた。

「よし、河勝、そちが音頭を取れ」と廏戸が言った。河勝が酒盃を差し上げた。

「今年も皇子がお元気で過されますよう天神地祇《あまつかみくにつかみ》を始めみ仏に祈り奉ります。また皇子に仕える舎人一同も無事大任を果せますよう、天神地祇、み仏に祈り奉ります」

　黒岩重吾『聖徳太子　日と影の王子』（文藝春秋、一九八七年、四九八頁、傍点筆者）

　廏戸（聖徳太子）は皇子であり、絶対的な主人であり、それに対して、河勝は、廏戸皇子に仕える舎人の長であり、廏戸の従者である。廏戸の「〜じゃ」という述語語尾や「〜ぬ」という否定述語の語尾、および河勝に対してもちいられている「そち」という代名詞などの古語的な表現は、廏戸の権威を示すものである。この小説では上位者は下位者に対して古語的な表現を用いるのだが、下位者は上位者に対してこうした言葉づかいはしない。それは、河勝の廏戸に対する発言では、「〜ます」という現代語の標準的な丁寧表現が再三用いられていることからも知られる。同じ時代小説でも、『大菩薩峠』のように登場人物のすべてが古語的な表現を用いるのとは、これは異なっている。廏戸の場合は、登場人物の小説中での社会的役割やキャラクターを特徴づけるために用いられている。つまり、これは金水敏のいう役割語（『ヴァーチャル日本語　役割語の謎』岩波書店、二〇〇八年）として古語的な文法形式が用いられているということであるといえるであろう。「〜じゃ」や「〜ぬ」という古語的な表現は、実はこの小説だけでなく、時代小説一般に見られる権威者を特徴付ける表現であるという意味で、ステレオタイプである。漫画などによく見られる、その登場人物の言葉にはかならず「おじゃる」（『おじゃる丸』）や、「でござる」（『忍者ハットリくん』）をつけるといった、いわゆるキャラ語も、やはり役割語の一種である。そしてキャラクターを表わすという意味でやはりステレオタイプである。すでに述べたような、現代語で表現しきれない微妙なニュアンスを示そうとしたというのは、まさにその正反対の位置にある個人的で、ユニークな使用法である。

3

しかし、時代小説に用いられているのは、古語といっても、動詞や名詞などの実体的な言葉というより、むしろ文法形式である。これは、古語的な文法形式も名詞などと同様に、可能的に現代日本語であるということである。しかし、本来文法形式は実体的な単語と同様にあつかうことはできないものである。文法形式とは、文における語彙の運用法の現れである。本来、語彙的意味は、はだかでそれだけで文中に存在するということはありえず、常にその文法的運用を示す外皮を身にまとっていなければならないのである。したがって、語彙的に古語を利用するときにも、運用法についての習熟は欠くことはできないはずである。

もし十分に習熟されていないと、せっかく古語がつかわれていてもそこに間違いが生ずることもある。ひきしまった感じをあたえ、一定の安定感をもたらす効果があるので、かつては「岸首相会見に応ず」(『朝日新聞』一九六〇年五月二五日)や「パリエルついに捕る」(『朝日新聞』一九五二年三月四日)のように、新聞や雑誌の見出しなどに古語的な形式が用いられることがしばしばあったが、その中にはたとえば、「押しかく波状デモ」のような例があったという指摘もある(風間力三『文章ドクター悪文の診断と治療』東京堂、一九五二年)。これは現代語には「押しかける」はあるが、「押しかく」はないので古語的な表現である。しかし、「押しかく」は古代語の終止形であり、もしこれが連体修飾語であるなら、「押しかくる」が期待されるところである。

習熟には古典に親しむことがもっとも肝要であることは明らかだが、それにとどまらず、文章を古語で書いてみることも役にたつであろう。そのような目的のためには、本辞典がまさに語彙の面でそれを助ける役割を果たしているのだが、文法形式についても、現代語の一定の文法的な形式には古語のどういう文法的な形式が対応するか対照させることができる対応表のようなものがあるとよい。そうした観点から試みに作ったのが左頁のような対照表である。

現代語形式から古語の形式をさがすわけであるから、入り口は現代語でなければならない。だからといって、本質的に意味の問題であるから、現代語の助詞、助動詞を古語におきかえればすむというような簡単なことではない。そのような目的にかなうのは、パラダイム（活用表）をつくって対照させる方法である。そのために現代語のパラダイムとしては、鈴木重幸『日本語文法・形態論』（麦書房、一九六二年）を用いるが、古語との対照を考えて少々変更したところがある。とりあえず、この表から現代語の主要な言い回しが古語でどうなっているかが分かれば十分である。（この対照表の枠組みについて関心のある方は、注をご参照下さい。）

ムード		テンス	アスペクト	現代語形式	古語形式
のべたて	断定	非過去	完成	のむ、きえる	のみつ、きえぬ、のみてけり、きえにけり
			継続	のんでいる、きえている	のむ、きえたり、のみけり、きえたりけり
		過去	完成	のんだ、きえた	のみてき、きえにき、のみてけり、きえにけり
			継続	のんでいた、きえていた	のみき、きえたりき、のみけり、きえたりけり
	推量	非過去	完成	のむ（きえる）＝だろう、ようだ、らしい、そうだ	のみてむ、きえなむ、のみてんず、きえなんず、のみつらむ、きえぬらむ、のむらし
			継続	のんで（きえて）いる＝だろう、ようだ、らしい、そうだ	のまむ、のまんず、のむらむ、きえたらむ、のむらし、のむめり、のむなり（伝聞）
		過去	完成	のんだ（きえた）＝だろう、ようだ、らしい、そうだ	のみてけむ、きえにけむ
			継続	のんで（きえて）いた＝だろう、ようだ、らしい、そうだ	のみけむ、きえたりけむ
働きかけ	命令			のめ	のめ
	勧誘・希望			のもう、のみたい	のまな、のまね、のまなむ、のみてしがな、のまばや、のままし、のままほし

（注）

1　鈴木重幸が、パラダイムとして示しているのは、ムード、テンスの区別だけであるが、新たにアスペクトの区別を加えた。アスペクトとは運動のとらえ方の範疇で、現代語のアスペクトは、運動の過程の継続を表すシテイルを継続相、運動を開始・過程・終了のように分割せず、ひとまとまりものとしてとらえるスルを完成相として、両者の対立として記述される。継続相のシテイル形式は動作動詞の「のんでいる」のような動作の継続とともに、「きえている」のような変化の結果の継続を表すが、古語では動作の継続は「のむ」のようなはだかの形で示され、変化動詞の変化の結果の継続は「きえたり」のようにタリを使って表されるので、継続相の古語のほうではタリとはだかの形の両方が対応する。パラダイムは動作動詞「のむ」を代表として示すが、変化動詞がタリを必要とする形で出てくるときは、それをパラダイムに並記する。なお、タリとリは、基本的に同じ意味であると考えるので、タリで代表させた。

2　また、勧誘とされるムード形式は古語との対照を考えると、古語では希望の意味にわたることが多いので、ただ勧誘とせず、勧誘・希望とした。

3　古語の完成相は「のみつ」「きえぬ」のように、ツやヌの活用形をつけて用いるが、同じコンテキストにおいて、しばしば「のむ」「きゆ」のような継続相の形も用いられる。これは、アスペクト的意味がよく分からないときには、古語では、継続相の形を使っておけばよいということでもある。

4　太字の語とそうでない語の違いは、太字が基本的な形式であって、そうでないものはやや特殊な意味をもっていることを表している。その特殊な意味とはエヴィデンシャルな（証拠的な）意味、すなわち「外部に存在する情報を観察したり取り入れたりすることを通じて、その認識が成立していることを表す形式である」ことを示すものである。証拠的な意味には二種類があり、一つは推量のムードを表すもので、もう一つは断定のムードを表すものである。現代語の、ヨウダ、ソウダ、ラシイ、および古代語のメリ、ナリ（伝聞）、ラシは推量のムードにおいて現れるものであり、タリ、ケリは断定のムードにおいて現れるものである。エヴィデンシャルな意味は、よく思いがけないできごとに遭遇したという驚きの意味とともに現れるので、現代語ではしばしば「〜ノダ」の形式をとるものがそれにあたる。

なお、このパラダイムは終止形だけのものであって、このほかに、中止形、連体形、条件形などの非終止的な述語形式のパラダイムも当然存在するが、それは省略した。また、本パラダイムは肯定のものであって、否定のパラダイムでは別に現代語「のまない」と古語「のまず」を基本とする対応表が必要である。また、「のむべし」は古語の推量形の表現をになう形式であるが、対応する現代語の形式には、「のむ必要がある」「のまなければならない」「のんでもよい」など多様な分析的形式が存在するので、そうした対応は別の対応表として整理するのが適当であると考えて除いた。「のむまじ」についても同様である。以上のように、ここでは、必要なパラダイム全体を示すことはできず、その一部を示しえたのみである。

4

戦前においては、文語作文が当たり前のように行われていたが、戦後はその必要もなくなったので、文語文を書いてみようという動機づけはなくなっているかのようである。しかし、古語で書いてみることは、古文の習得にとってだけではなく、現代口語文との違いを知るためにも意味のないことではない。しかし、短歌や俳句を作るのでなければ、何もないところから古文をつくるということはまずないだろうから、ここでは現代語を古文に翻訳することを通じて古文をつくってみることにする。次の文章は、幼児向けの童話からのものであるが、これを古文に変えてみよう。現代の創作であるが、うまく古文にうつすことができれば、昔話的な雰囲気がかもし出せるかもしれない。

よる——

じいさんが　しょんぼり　していると、ごきぶりが　きて、いいました。

「げんきを　おだしよ、じいさん。せけんは　ひろいんだ。こんな　ところで、くよくよしていないで、たびに　でたら　どうだい。」

そこで　じいさんは　かんがえました。

「そうだ、ひろい　よのなかに　でれば、この　わしだって、なにか　やれそうなものだ。よし、でかけよう。あたらしい　せかいで　だれかが　わしを　まっているかもしれない。」

（神沢利子作『ふらいぱん　じいさん』あかね書房）

これを古文に翻訳してみよう。

よさりつかた――
おきな　うらぶれたれば、ごきかぶり　きたりて、いひはべりけり。
「いきほひづけたまへ、おきなよ。よのなかは　ひろきなり。かかる　ところにて、くいをらで、たびに　いでなむ。」
すなはち　おきな　おもひはべりけり。
「さなり。ひろき　よのなかに　いでば、おのれだに、なにか　しつべかんめり。いざ　まゐらむ。あたらしき　よのなかにて　たれか　わを　まつらむ。」

これで十分なものとは到底いえないであろうが、今のところこれぐらいにしかならない。「でたら　どうだい」「やれそうなものだ」「まっているかもしれない」などの分析的な表現は対照表にあげられていないので、それに対応する古語の表現を定めることはむずかしいからである。それらをカバーできていない現状では、分析的な表現はできる限り対照表の枠組みにあてはめて古語を求めるほかはない。そうすると、「でたら　どうだい」は〈すすめ〉の意味だから、パラダイムでは希望の表現にあたる。また、「やれそうなものだ」は可能性の意味プラス、エヴィデンシャルな推量にあたる。「まっているかもしれない」は、非過去の継続の推量にあたる。といったようなやり方で、該当する古語の形式を求めてみたのがこれである。現代語はこのように分析的で複雑な文法的形式が発達している。このような形が古典語ではどのように言うのかが分かる辞典のようなものがあると便利である。そのような役に立つものとして、最近、『現古対照文法辞書』（私家版）を作成したので、何かの機会に目にふれることがあるかもしれない。

以上からも知られるように、古文が主として助動詞を加えることによってほとんどの意味を表す総合的な傾向を強くもつのに対して、現代口語文が分析的な傾向を強め、文法的意味を表すのにも、その意味をそれを構成する部分の組み合わせとして表そうとする傾向がつよいことによって、古文翻訳の難しさがもたらされている。谷崎が「人々は争ってそれらの沢山の語を駆使し、何事を述べても微にいり細を穿とうとしますので、自然文章が冗長になり」（中公文庫、三二頁）と述べている現代語の性格はこうした分析的性格と関係するといえよう。一方、谷崎は古文に関しては、「散る花を惜しみ、隈なき月の影を賞で、人の世の無常を恨むにも、時に依り人に依ってその心持に多少の違いがあったでありましょうが、言葉の方は大体きまりきっていたので、その違いに応ずるだけの種類がない。ですから古典の文章を見ますと、同じ言葉が幾度も繰り返されて使ってあります」（中公文庫、三三頁）といって語彙の少なさを指摘する。谷崎の場合は、それを補うのは一つ一つの言葉の奥行・陰影にあるという結論に落ち着くのである。これは語彙的な面について言っているのであるが、文法的な意味においても同様なことが言え、形式の少なさは、古文の場合は固定した統語法の存在によって補われている面がおおきいと考えられる。古文では疑問において「か」「や」の係りを連体形の結ぶだけでなく、反語、条件、譲歩などさまざまな述べ方において特定の統語法が発達している。これは、さらに完全な古文作文をめざすなら、述べ方の統語法の対照も必要であるということを示唆している。

以上、古文に翻訳するために、文法の側からはどういう準備が必要か考えてみたわけであるが、本物の古文をつくるためには、非常に大がかりな準備が必要であるということが分かった。それを待っているわけにもいかないとすれば、全体としては口語法にしたがうにしても、とりあえず知っているところは文語法にしたがうというスタンスでも構わないのではなかろうか。そうだとすれば、文語文ともいえないのだから、仮名遣いも表音式の現代仮名遣いで構わないということになろう。現代仮名遣いということは、古文を声に出して読んだものをそのまま文字化したものと同じである。そうした書き方に入っていくためには、巻末の代名詞や数詞の一覧を音読してみるのもよいだろう。音読によって古語の独特のリズムも感ずることができると同時に、表音的な文字化へのスムーズな橋渡しにもなるだろう。

ああ

あ。あっ。喜怒哀楽の感情から、思わず発する声。

①**あな。**「あな醜《みにく》、賢《さか》しらをすと酒飲まぬ人をよく見ば、猿にかも似る」〈万葉集・三・三四四〉②**あ。ああ。**「あ、よろこばしきかな」〈日本霊異記・上・三五〉「ああしやごしや」〈古事記・中・歌謡〉③**あら。ああら。**「あら悲し、我を助け給へ」〈宇治拾遺物語・一三・一四〉④**やら。やれ。**「やら、かたがたの御目は大きにおはするぞ」〈沙石集・一・一〇〉⑤**え。ええ。**「え苦しゑ、水葱の本、芹の本、吾は苦しゑ」〈日本書紀・二七・天智一〇年・歌謡〉「ええしやごしや」⑥**はしきやし。はしきよし。はしけやし。**「はしきやし、栄えし君の坐《いま》しせば、昨日も今日も我《わ》を召さましを」〈万葉集・三・四五四〉⑦**あはれ。**「あはれ、あなおもしろ」〈古語拾遺〉⑧**なう。なうなう。のう。のうのう。**「なう、嬉しや嬉しや」〈狂言・薬水〉⑨**形容詞語幹を重ねる。**「秋萩の玉まく葛のうるさうるさ我をな恋ひそ」〈古今和歌六帖・四〉⑩**感動の助詞を用いる。**⑤用例の「え苦しゑ」の「ゑ」など。

【補】「あな」は、感動の助詞などを伴って「あなに」「あなや」などを作り、また、形容詞語幹（シク活用は「し」まで）を伴って、「あな憂《う》（いやの意）」「あな畏《かしこ》（恐れ多いの意）」「あな囂《かま》（やかましいの意）」「あな憎《にく》」などを作る。「あら」も、形容詞語幹（シク活用は「し」まで）を伴う。「はしきやし」は、いとしいの意の「はし」を含み、もとはその意味を伴っていた。

あいする（愛する）

①**おもふ**。「妹を思ひ眠《い》の寝らえぬに秋の野にさ男鹿鳴きつ妻思ひかねて」〈万葉集・一五・三六七八〉②**こふ**。「天地のそこひのうらにあが如く君に恋ふらむ人は実《さね》あらじ」〈万葉集・一五・三七五〇〉③**けさうす（懸想す）**。「承香殿にありける伊予の御をけさうしけり」〈大和物語・六五〉④**めづ**。「人々の花蝶やと愛《め》づるこそ、はかなくあやしけれ」〈堤中納言物語・虫めづる姫君〉⑤**あはれぶ**。**かなしぶ**。「花をめで鳥をうらやみ、霞をあはれび露をかなしぶ心」〈古今和歌集・仮名序〉⑥**ほる**。「月夜の鴉は惚れて鳴く、我も鴉かそなたに惚れて鳴く」〈隆達小歌〉⑦**たいせつ（大切）におもふ**。「Amo, as　タイセツニオモウ」〈羅葡日辞書〉⑧**すく**。「すいた男じや。あの酒の酔を内へ呼べ」〈歌舞伎・傾城壬生大念仏〉

【補】「思ふ」「恋ふ」は、目の前にいない人に会えずに嘆くという感情的意味合いが濃い。ここに挙げなかった「慕ふ」は、「たづさはり別れかてにと引きとどめ慕ひしものを」〈万葉集・二〇・四四〇八〉のように、会えない人を思慕するという感情だけではなく、その余り追いすがるという動作的な意味も表す。平安時代の後期には「愛す」も現れているが、

「此の女子に着令めて共に愛し養ふ」〈今昔物語集・九・二二〉、「いと白らかに笑みつつ、この虫どもをあしたゆふべに愛し給ふ」〈堤中納言物語・虫めづる姫君〉のように、愛するという態度をもって動作を行うことを表している。

あかくなる（赤くなる）

①**あかむ**。「熟《あかめる》　稲始めて見ゆ」〈日本書紀・二四（図書寮本訓）〉②**あからむ**。「或本云、五月連雨、九穀登　熟《なりあからむ》」〈日本書紀・二四（図書寮本訓）〉③**あからぶ**。「白玉の大御《おほみ》白髪《しらか》坐し、赤玉の御阿加良毗《あからび》坐し、青玉の水江の玉の行相《ゆきあひ》に」〈祝詞・出雲国造神賀詞〉④**あかる**。「もののふの　八十《やそ》伴の男の　島山に　安可流《あかる》橘　髻華《うず》にさし〈大伴家持〉」〈万葉集・一九・四二六六〉⑤**あかばむ**。「あかばみたる色紙に、書きて入れたり」〈宇津保物語・蔵開・中〉⑥**うむ**。「子をうみてけるがもとより熟みたる梅をおこせたりければよめる」〈金葉和歌集・六一三・詞書〉⑦**じゅくす（熟す）**。「稠林に花散りなば覚樹の果は熟するを期すべし」〈海道記・序〉⑧**じくす（熟す）**。「まくはが熟せいで、胡瓜《きうり》くそうござる」〈交隣須知・二・蔬菜〉⑨**うる**。「ウルル　果実や田畑の作物などが熟する」〈日葡辞書〉⑩**あかみだつ**。「アカミダツ　赤くなる、あるいは、赤みがさす。あまり多くは使われない語である」〈日葡辞書〉⑪**あかみわたる**。「アカミワタル　全体が赤みを帯びる。あるいは赤くな

る。たとえば、秋の季節の山や林や、全身に赤い服を着た人など」〈日葡辞書〉⑫**あかるむ。**「あかるんだ雲斎《うんさい》で出るやす大屋」〈誹風柳多留・二二〉⑬**あけ（朱）になる。**「虜《いけどり》二十余人、首七十三取て、鋒《きつさき》に貫いて、朱《あけ》に成て六波羅へ馳せ参る」〈太平記・八〉

あかるくなる（明るくなる）

①**あく。**「愛《は》しけくも　いまだ言はずて　阿開《あけ》にけり我妹《わぎも》」〈日本書紀・一七・継体七年・歌謡〉②**あかる。**「やうやうしろくなり行く山ぎは少しあかりて」〈枕草子・春はあけぼの〉③**しらむ。**「夜漸く晧《あ》け白らむ程に」〈今昔物語集・一三・一二〉

【補】②の例は「赤くなる」の意味にもとれる。

あきらめる（諦める）

①**おもひたゆ。**「旅なればおもひたえてもありつれど家にある妹し思ひかなしも」〈万葉集・一五・三六八六〉②**おもひはつ。**「彼を憎しと、おもひはてぬものから、返り事もせざりければ」〈平仲物語・二〉③**おもひきる。**「大方は入道、院がたの奉公おもひきつたり」〈平家物語・二・教訓状〉④**おもひすつ。**「憂きものとおもひすてつる世も、今はと住み離

れなむ事をおぼすに」〈源氏物語・須磨〉⑤**おもひとどむ。**「かうまでうち出で給ひつれば、えおもひとどめ給はず」〈源氏物語・橋姫〉⑥**おもひはなつ。**「内侍のかんの君、なほえおもひはなち聞こえ給はず」〈源氏物語・澪標〉

アクセサリー

①**よそひ。**「かの山里の御住みかの具は……ことさら装《よそ》ひも無く、事そぎて」〈源氏物語・須磨〉②**よそほひ。**「暁の露、珠を垂れて、蓮座の装《よそほ》ひを添ふとかや」〈平家物語・二・山門滅亡〉③**やうらく（瓔珞）。**「二仏の並び座す瓔珞を暁の風に漂はせ」〈太平記・二六〉

【補】装身具の具体物としては、たとえば上代の玉、釧《くしろ》、中古以降の玉佩《ぎょくはい》、牙笏《げしやく》、釵子《さいし》、簪《かんざし》、笄《こうがい》、種々の櫛などがあり、近世には印籠《いんろう》、筥迫《はこせこ》などにも装身具的用途が付されている。中古以降これら装身具は、服装とともに身分を示す道具でもあった。装身具一般を指す古語が少ないのも、役割がさまざまに分かれていたためと思われる。

あくりょう（悪霊）

①**もののけ。いきすだま。**「物怪・生霊などいふもの多く出で来て」〈源氏物語・葵〉②**し**

りやう（死霊）。「新大納言成親の死霊、西光法師が悪霊、鬼界島の流人どもが生霊なんどぞ申しける」〈平家物語・三・赦文〉

【補】キリスト教宣教師は「悪霊」をテング（天狗）・テンマ（天魔）と和訳している。「テング　天狗（ポルトガル語）Diabo」〈日葡辞書〉「Satanas, ae（ポルトガル語）Diabo（日本語）天狗、天魔」〈羅葡日辞書〉「テンマ（漢字注記欠）（ポルトガル語）Demonio　テンマハジュン（ポルトガル語）同前」〈日葡辞書〉「Daemon, onis（ポルトガル語）Daemonio（日本語）天狗、天魔」〈羅葡日辞書〉

あけすけ

⇩ざっくばらん

あさ（朝）

①**あかとき**。**かはたれどき**。「暁《あかとき》のかはたれ時に」〈万葉集・二〇・四三八四〉②**あかつき**。「有明のつれなくみえし別れより暁ばかり憂きものはなし」〈古今和歌集・六二五〉③**あけぼの**。「春は曙《あけぼの》」〈枕草子・春はあけぼの〉④**あさぼらけ**。「朝ぼらけ有明の月とみるまでに吉野の里にふれる白雪」〈古今和歌六帖・三三二〉⑤**しののめ**。「東雲《しののめ》の別れを惜しみ我

ぞまづ鳥より先になき始めつる」〈古今和歌六帖・六四〇〉⑥**つとめて**。〈新撰字鏡〉⑦**あした**。「朝《あした》には門に出で立ち、ゆふべには谷を見渡し」〈万葉集・一九・四二〇九〉

【補】アサはユフと対応し、アシタはヨルと対応する。アシタが翌日の意になるのは中世からで、ヨル－アシタという時間把握ゆえである。

あざむく（欺く）

⇩だます

あそび（遊）　あそびにん（遊人）

①**いろごのみ（色好み）**。「色好みといはるるかぎり五人」〈竹取物語〉②**すきごと**。「いとどかかる好き事どもを末の世にも聞き伝へて」〈源氏物語・帚木〉③**すきわざ（好業）**。「心のすさびにまかせて、かく好き業するは」〈源氏物語・葵〉④**すき**。「男の好きといふものは、昔よりかしこき人なく、この道には乱るるためしども侍りけり」〈夜の寝覚・二〉

あたらしい（新しい）

①**あらたし**。「新《あらた》しき年のはじめに豊の年しるすとならし雪の降れるは」〈万葉集・一七・三九二五〉②**あたらし**。「あたらしき年の始にかくしこそ千歳をかねてたのしきをつめ」〈古今和歌集・一〇六九〉

【補】上代では「あらたし」であったが、平安時代以降「あたらし」になった。一方「あたらし」は上代以降「惜しい」意で用いられていた。両者はアクセントで使い分けられていたらしい。

あてにする

たのむ（四段）。「大船の思ひたのみし君がいなば我は恋ひなむただに逢ふまで」〈万葉集・四・五五〇〉

あのよ（あの世）

①**よみ**。「ししくしろ黄泉に待たんと隠沼《こもりぬ》の下延《は》へ置きてうち嘆き妹が去ぬれば」〈万葉集・九・一八〇九〉②**らいせ**。「仏に奉る物はいたづらにならず。来世・未来の功徳なり」〈宇津保物語・藤原君〉③**のちのよ**。「後の世のことを勤め」〈源氏物語・絵合〉④**めいど（冥途）**。「冥途に至りて、罪を勘へて、牛の身に成らむとす」〈今昔物語集・六・二四〉⑤**たうらい（当来）**。「聖人は必ず当来に成仏し給はむとす」〈今昔物語集・四・二八〉⑥**ごせ（後世）**。「今生かくて止まんとす。後世を思ふにきはめて恐ろし」〈今昔物語集・四・一五〉

アパート

①**つぼね（局）**。「昔、宮の内にて、あるごたちの局の前を渡りけるに」〈伊勢物語・三一〉
②**ばう（房）**。「春日野より流るる水、寺のうちに掘り入れて、よろづの房のうちへも流し入れつつ」〈古本説話集・四七〉③**れう（寮）**。「僧堂なども如法わろくせばく、寮などもなくて、僧は此堂の縁の下にすみなどして」〈雑談集・九〉④**ながや（長屋）**。「をかし、心つきて酒ばかり好みける男、長屋に住て居りけり」〈仮名草子・仁勢物語・下〉

あびる（浴びる）

あむ。「源のさねが筑紫へ湯あみむとてまかりける時」〈古今和歌集・三八七・詞書〉

あぶない（危ない）

①**ほとほとし。**「御幣《みぬさ》取り神の祝《はふり》がいはふ杉原薪《たきぎ》伐りほとほとしくに手斧《てお》取らえぬ」〈万葉集・七・一四〇三〉「ゆくりなく風ふきて、こげどもこげどもしりへしぞきにしぞきて、ほとほとしくうちはめつべし」〈土佐日記〉②**あやふし。**「いや吹きにいや立ちに、風、波のあやふければ」〈土佐日記〉「火あやふしと言ふ言ふ、預りが曹司のかたに往ぬなり」〈源氏物語・夕顔〉③**たどたどし。**「日もたどたどしく今は覚え侍るを」〈宇津保物語・楼上・上〉④**あふなし。**「あやしくあふなく人の思はむ所も知らぬ人にて」〈源氏物語・東屋〉「内裏ちかき火の事ありてすでにあふなかりしかば」〈建礼門院右京大夫集・五八・詞書〉⑤**あやふげ。**「ここは又かくあばれてあやふげなる所なめり」〈源氏物語・東屋〉⑥**あやぶむ。**「朕天《あまつひつぎ》諸を承けて、宗廟《くにいへ》を保つこと獲て、兢兢業業《おそりあやぶむ》」〈日本書紀・一七・継体七年〉⑦**あやふがる。**「木の本を引きゆるがすに、あやふがりて猿のやうにかいつきてをめくもをかし」〈枕

草子・正月十よ日のほど〉
【補】「あふなし」の濁音化した「あぶなし」と「あやふし」が中世以後、「あやふし」に取って代わった。⑥⑦は、危いと思うという動詞である。

あほう（阿呆）

①**をこ（烏滸）**。「右近衛内蔵富継、長屋米継……人をして大いに咲《わら》はしむ。所謂烏滸《をこ》の人に近し」〈三代実録・元慶四年七月二九日〉②**しれもの**。「なにがしは痴《し》れ者の物語をせむ」〈源氏物語・帚木〉③**ほけほけ**。「足をよりて、ほけほけと物思ふ姿にて」〈沙石集・一・四〉④**うつけ**。「いかにもうつけさうな者がよう寝入つて」〈天正本狂言六義・成上り〉⑤**たはけ**。「何と見申し候うても、上総介はたはけにて候」〈信長公記・首巻〉⑥**あはう（阿呆）**。「死んだらばいよいよ阿呆ぢやと云うて笑はれうず」〈狂言（虎明本）・鈍太郎〉⑦**まぬけ**。「〔だまされたのは〕みんなこつちが間抜《まぬけ》だからよ」〈滑稽本・東海道中膝栗毛・五上〉

あらそう（争う）

①**いどむ**。「などとよ、この翁、ないたういどみ給ひそ」〈堤中納言物語・逢坂越えぬ権中納

言〉②**すまふ。**「女も卑しければ、すまふ力なし」〈伊勢物語・四〇〉③**あらがふ。**「あらはなる事あらがふな桜花春は限りと散るを見えつつ」〈大和物語・付載説話一〉

【補】「あらがふ」は、特に言い争う意。

あらわ ⇩まるみえ

ありのまま ⇩ざっくばらん

あるきまわる（歩き回る）

ありく。「よろこびに、所々ありき給ひて、この宮にもまゐり給へり」〈源氏物語・宿木〉

あわてる（慌てる）

①**いすすく。うすすく。**「ここにその美人驚きて、立ち走りいすすき」〈古事記・中〉②**さ**

わぐ。「親ども何事ぞと、問ひさわぐ」〈竹取物語〉③**ふためく**。「我先にとふためきて、又本の陣へ引返す」〈太平記・一七〉

あわれ（哀れ） かわいそう。気の毒。不憫。

①**いとほし**。**いとし**。「翁をいとほしくかなしとおぼしつることも失せぬ」〈竹取物語〉②**こころぐるし**。「岩木にしあらねば心苦しとや思ひけむ」〈伊勢物語・九六〉③**うたてし**。「させむ事のいとあはれにうたてかりしかばなむ、え侍らで参りにき」〈宇津保物語・蔵開・下〉④**あはれ**。「命婦は、〔帝ガ〕まだ大殿ごもらせ給はざりけるを、あはれに見奉る」〈源氏物語・桐壺〉⑤**かたはらいたし**。**かたはらぐるし**。「簀の子はかたはらいたければ、南の廂に入れ奉る」〈源氏物語・朝顔〉⑥**かはゆし**。**かはゆげ**。「この児《ちご》に刀を突き立て、矢を射立て殺さむは、なほかはゆし」〈今昔物語集・二六・五〉⑦**かはいい**。「カワイイ　同情・憐憫の情を催させる（もの）、あるいは、同情の念を抱く（こと）」〈日葡辞書〉⑧**いたはし**。「さこそ世を捨つる身といひながら、御いたはしうこそ」〈平家物語・灌頂・大原御幸〉⑨**ふびん（不便、不憫）**。「すげなう仰せられて帰させ給はん事こそ不便なれ」〈平家物語・一・妓王〉⑩**きのどく（気の毒）**。「『今度は腰の骨をしたたかに打った』『それはちかごろ気の毒な事でござる』」〈狂言・止動方角〉⑪**せうし（笑止）**。**せうしせんばん（笑

止千万）。「おお哀れなり、笑止なり」〈浄瑠璃・釈迦如来誕生会〉
【補】動詞に、「いとほしがる、いとしがる、いとほしむ、あはれがる、あはれむ、せうしがる」がある。

あんしんする（安心する）

①**とく**。「よろづ代と心はとけてわが背子が摘みし手見つつ忍びかねつも」〈万葉集・一七・三九四〇〉②**たる**。「天地日月と共に満行《たり》かむ神の御面と」〈万葉集・二・二二〇〉③**おちゐる**。「ここらの日頃、思ひわび侍りつる心は、けふなむおちゐぬる」〈竹取物語〉④**やすむ**。「恋しき心地しばしやすめて」〈土佐日記〉⑤**こころとく**。「ひと夜のみねてしかへらば藤の花こころとけたる色見せむやは」〈後撰和歌集・一二九〉⑥**こころゆるぶ**。「今日おもひいづれば、むかしも心のゆるぶやうにもなかりしかば」〈蜻蛉日記・中〉⑦**こころゆるかす**。「人の、奥なき名をいひおほすべきならずなど、心ゆるかして、おのづからなまめきならひ侍りなむをや」〈紫式部日記〉⑧**うちくつろぐ**。**くつろぐ**。「夜もやすくもねず、昼も心うちくつろぐ事なし」〈古今著聞集・一二・四四一〉⑨**おちつく**。「やれやれ、そなたの咄を聞て落着いた」〈狂言（虎寛本）・惣八〉
【補】「やすむ」は、奈良時代から精神的弛緩と肉体的休息の両方の意味をもつが、「やす

し」「やすらか」などの「やす」から派生した語であり、「心安らかさ」という点でも「やすし」などと意味的に関連する。

あんしんだ（安心だ）　たのもしい

①**やすし。**「さ寝る夜は多くあれども物思はずやすく寝る夜はさねなきものを」〈万葉集・一五・三七六〇〉②**うしろがるし。**「みまし大臣の罷道《まかりぢ》も宇之呂軽久《うしろがるく》、心もおだひに念ひて」〈続日本紀・宝亀二年二月二二日・宣命〉③**やすらけし。**「平らけくやすらけく知ろしめせと白《まを》す」〈祝詞・大殿祭〉④**やすらか。**「わが殿におはして、やすらかに物など参りて」〈宇津保物語・忠こそ〉⑤**こころやすし。**「ここに参りてしは、昔こさは恥づかしう思う給へしか、今はこころやすかりけり」〈宇津保物語・初秋〉⑥**うしろやすし。**「うしろやすく思ひ給へなりて、ひたみちなる行ひに思ひなりなむこそ嬉しからめ」〈宇津保物語・俊蔭〉⑦**こころやすげ。**「内裏の君は、中々、今めかしう心やすげにもてなして、世にも故あり、心にくきおぼえにてさぶらひ給」〈源氏物語・竹河〉⑧**うしろやすげ。**「督《かむ》の殿の御ことは、大弐の北の方添ひきこえ給ひにたれば、うしろやすげに侍るめり」〈夜の寝覚・四〉⑨**こころながし。**「御命ばかりは申し請け候。御こころながくおぼし召し候へ」〈平家物語（延慶本）・一末〉

あ

いいかげん（いい加減）　おろそか。ぞんざい。なおざり。

①**おろか。こともおろか。**「おろかにぞ我は思ひしをふの浦荒磯のめぐり見れど飽かずけり」〈万葉集・一八・四〇四九〉②**おろそか。**「公事《おほやけごと》をおろそかにし、狩のみせばこそは、罪はあらめ」〈大鏡・道長・下〉③**かりそめ。**「朝露のおくての山田かりそめに憂き世の中を思ひぬるかな」〈古今和歌集・八四二〉④**なげ。**「言の葉は無げなるものと言ひながら」〈後撰和歌集・八二七〉⑤**なほざり。なほざりごと。**「なほざりなる御心かな。なほいみじきものは女の身なり」〈宇津保物語・忠こそ〉⑥**おほぞう。おほぞら（大空）。**「せちに隠し給ふべきなどは、かやうにおほぞうなる御厨子《みずし》などにうち置き散らし給ふべくもあらず」〈源氏物語・帚木〉⑦**なのめ。**「世をなのめに書き流したることばの憎きこそ」〈枕草子・文ことばなめき人こそ〉⑯参照〉⑧**おくらかす。**「後の世の御勤めも後らかし給はず」〈源氏物語・匂宮〉⑨**いるかせ。ゆるかせ。ゆるがせ。**「この禅門、世盛りの程は、いささかいるかせにも申す者なし」〈平家物語・一・禿髪〉⑩**くわんたい（緩怠）。**「清盛すでに叔父を誅《ちゅう》す、何ぞ緩怠せしめん」〈保元物語・中・為義最期〉⑪**とうかん（等閑）。**「心の及ぶ所は、等閑あるべからず候。心安く思ひ給へ」〈曾我物語・三〉⑫**けりやう（仮令）。**「無道心の者の仮令に僧堂に居するは」〈正法眼蔵随聞記・二・二・五〉⑬**さんじやう（散状）。**

「遠背散状については直ちに訴人に下知せらる」〈庭訓往来・八月〉⑭**おほろか。**「あたらしき清きその名ぞおほろかに心思ひて虚言《むなこと》も祖先《おや》の名断つな」〈万葉集・二〇・四四六五〉⑮**おぼろけ。おぼろげ。**「かかる折りにだにあはれとものたまはねば、おぼろけに憎しとおぼすにあらざめり」〈宇津保物語・国譲・上〉⑯**なのめ。ななめ。**「苦しき御心地にも、なのめならず畏まりかしづき聞こえ給ふ」〈源氏物語・夕霧〉⑦参照

【補】（1）①〜⑨は和語。⑩〜⑬は漢語。⑭以下は、否定表現を伴うものである。ただし、⑮「おぼろげ」は、否定表現を伴わなくとも、「おぼろけならず」の意味になる。「おぼろけの願によりてにやあらむ、風も吹かず、よき日、出で来て漕ぎ行く」〈土佐日記〉また⑯「なのめ」も、否定表現を伴わなくとも、「なのめなず」の意味になる。「帝《みかど》なのめに思し召し、その時の御恩賞に奥陸奥《おくむつ》の国を賜はつて」〈謡曲・烏帽子折〉

（2）④「なげ」には、「なげの哀れ」（同情）、「なげの言の葉」、「なげの遊《すさ》み（戯れ）」、「なげの情け（愛）」などの複合語がある。

いいつける（言い付ける）

①**おほす。**「伊迦賀色許男命におほせて、天の八十毘羅訶を作り」〈古事記・中〉②**ことよさす。**「この漂へる国を修め理り固めなせと、詔りて、天の沼矛を賜ひて、ことよさし」

い

〈古事記・上〉③**おきつ**。「人をおきてて、高き木にのぼせて、梢をきらせしに」〈徒然草・一〇八〉④**まうしつく**。「くれにはこなたざまに物し給ふべき人の、さるべきに申しつけておくる」〈蜻蛉日記・中〉

いう（言う）

①**のる**。「畏みとのらずありしをみ越路の手向けにたちて妹が名をのりつ」〈万葉集・一五・三七三〇〉②**こちづ**。「足柄の御坂畏み曇り夜の吾が下延へをこちでつるかも」〈万葉集・一四・三三七一〉③**こととふ**。「み空行く雲にもがな今日行きて妹にこととひ明日帰り来む」〈万葉集・一四・三五一〇〉④**いひそむ**。「物など啓せさせむとても、そのはじめいひそめてし人をたづね」〈枕草子・職の御曹司の西面の〉
【補】「こととふ」「いひそむ」はともに男女が親しく言葉を交わす意味。

いえがら（家柄）

①**すぢ**。「人も賤しからぬ筋に」〈源氏物語・夕顔〉②**しな**。「興なきことを言ひてもよく笑ふにて、品のほど計られぬべき」〈徒然草・五六〉

いく〈行く〉　来る

①**いゆく。**「沖つ島いゆき渡りてかづくちふあはび珠もが包みてやらむ」〈万葉集・一八・四一〇三〉②**まかる。**「勅旨戴き待ちて唐の遠き境に遣はされまかりいませ」〈万葉集・五・八九四〉③**わたる。**「親の家にこのよさりなむわたりぬる」〈源氏物語・帚木〉④**ものす。**「程経て、河原へものするに」〈蜻蛉日記・上〉

【補】「まかる」は、使命を奉じて任地に赴くという意味から、謙譲語とも見られる。水の上などを横切って進む意から派生して、「わたる」もこの意味になった。

いけない

①**まさなし。**「何をか奉らむ。まめまめし物はまさなかりなむ」〈更級日記〉②**うたてし。**「女ふしたるが、うたてくおぼゆれ、起くれば」〈落窪物語・一〉③**びんなし（便なし）。**「かくまばゆき事を大臣も聞き給ふらむに、ここにあらむ事もびんなければ」〈落窪物語・一〉④**わるし。**「御暦も軸もとになりぬ。わるく聞こえさする御けしきもかかりなど、おりたちてわびいりたれば」〈蜻蛉日記・下〉⑤**あやし。**「遣戸をあらくたてあくるもいとあ

やし」〈枕草子・二八〉「ここかしこの道にあやしきわざをしつつ」〈源氏物語・桐壺〉⑥**わろし**。「さるまじき人のもとに、あまりかしこまりたるも、げにわろきことなり」〈枕草子・文ことばなめき人こそ〉⑦**くちをし**。「多くはあらねど、人の有様のとりどりにくちをしくはあらぬを、見知り行くままに」〈源氏物語・若菜下〉

イケメン　ハンサム

①**びなん（美男）**。「堀川相国は美男のたのしき人にて」〈徒然草・九九〉②**色男**。「色男になるのも、とんだつらいものだ」〈黄表紙・江戸生艶気樺焼・上〉③**かつらをとこ（桂男）**。「桂男のぬしさんにほれたがえんかヱヱ」〈人情本・春色梅児誉美・三・一三〉④**をんなごろし**。「お前さんは程がよくって、女殺しとやらでおいでなさるネェ」〈清談若緑・二・一〇〉⑤**なりひら（業平）**。「ずいぶんのなり平もとても命せうぶなれば」〈浮世草子・真実伊勢・三・四〉

【補】「かつらをとこ」は、月の世界に住む男。容姿が美しく立派と考えられた。「なりひら」は、伊勢物語の主人公在原業平にちなむ。容貌の美しさは、古くは「きよら」などの形容詞を用いて表現した。

いこう（意向）

①**おもむき**。「まだはかばかしう人のおもむきをも見知り給はず」〈源氏物語・若紫〉②**けしき**。「わざとの御消息とはあらねど、御気色ありけるを、待ち聞かせ給ひて」〈源氏物語・若菜上〉③**こころざし**。「大臣の君の尋ね奉らむの御心ざし深かめるに」〈源氏物語・玉鬘〉④**おぼしめし**。「これはまづ御亭主の思召を承りたうござる」〈狂言（虎明本）・鬮罪人〉

いじきたない（意地きたない）

①**とんよく**。**どんよく（貪欲）**。「当時の博士あはれみ深くとんよく深くして」〈宇津保物語・祭の使〉②**どうよく（胴欲）**。「不慈悲、不義理、不行儀、胴欲深く、よろづひがごとのみをおこなひて」〈学問のすゝめ〉③**よく（欲）**。「Auarus, a, um　欲なるもの」〈羅葡日辞書〉④**よくしん（欲心）**。「Pertinax, acis　しわきもの、欲心なるもの」〈羅葡日辞書〉

いしゃ（医者）

①くすし。「薬師ふりはえて屠蘇・白散・酒加へてもてきたり」〈土佐日記〉②いし。「医師を呼びて薬をもちてつくろへど、つひに治らず」〈三宝絵詞・中〉

いたずらだ（悪戯だ）

①さがなし。「その事に候。さがなきわらはべどもの仕りける、奇怪に候ふことなり」〈徒然草・二三六〉②いたづらなり。「いたづらなる野辺の虫をも住まはせて」〈源氏物語・薄雲〉

【補】現代語でも②の意味に用いられることがある。この「役に立たない」あるいは「有益でない」という意味あいが「人」に対して用いられる場合、無用の物、ならず者の義となり、「いたづらもの」という語ができた。こうした人物の行動が、しばしば「わるさ」と評価されたことは容易に類推できる。現代語の「わるさ」、「わるふざけ」の義は、「いたづら」がこのように専ら「人」とむすびついたことからの拡張と考えられる。江戸期には、すでにこの義の用例が単独で使われている。「イ、ヱもふどうも形《なり》ばつかりで、いたづらにはこまります」〈甲駅親話〉

いちじてき（一時的）⇩かりそめ

いちず（一途）　ひたすら。ひたむき。

①**もはら。むはら。**「これの鏡は専《もはら》我が御魂として、吾が前を拝《いつ》くがごといつき奉れ」〈古事記・上〉②**ひとすぢ（一筋）。**「ひとすぢに思ふ心はなかりけり」〈落窪物語・一〉③**ひとへに。**「ただひとへに悲しう心細きことをのみ思ふ」〈蜻蛉日記・上〉④**ひたぶる。**「親の宣ふことをひたぶるに辞《いな》び申さむことのいとほしさに」〈竹取物語〉⑤**ひたすら。**「ひたすらに我が思はなくにおのれさへかりかりとのみ鳴き渡るらむ」〈後撰和歌集・三六四〉⑥**ひたみち。**「かく幼き人々を見捨てむ後めたさばかりになむ、えひたみちに形をも変へぬ」〈源氏物語・橋姫〉⑦**いつかう（一向）。いつかうに。**「その儀では候はず。一向御一家の御上とこそ承り候へ」〈平家物語・二・西光被斬〉⑧**ひとむき。**「ヒトムキまたはヒトムキニ　ヒトムキニ物オスル　ヒトムキナ人」〈日葡辞書〉⑨**いちずい（一随）。**「けれどもそれはほんの一随」〈人情本・仮名文章娘節用・三〉

【補】④「ひたぶる」は「ひたぶるごころ」、⑦「一向」は「一向専修」、「一向専念」のように熟して用いる。また、いちずな心を表す名詞に「ひたごころ」、「丹精無二」などがあり、心をいちずにこめることを表す動詞句に「丹精を運ぶ」などがある。

いちにちじゅう（一日中）

①**ひねもす。**「ひねもすに波風立たず」〈土佐日記〉②**ひめもす。**「尽日　ヒメモスニ」〈類聚名義抄〉③**ひすがら。**「すがのねの長しと思ふ　はるのひすがら」〈好忠集・一〉④**ひもすがら。**「古庭に鶯啼きぬ日もすがら」〈寛保四年歳旦帖〉

いっそう（一層）

①**まして。**「瓜喰《は》めば子供思ほゆ栗喰めばまして偲はゆ」〈万葉集・五・八〇二〉②**いやましに。**「逢はなくとも憂しと思へばいやましに人言繁く聞こえ来るかも」〈万葉集・一二・二八七二〉③**いとど。**「散ればこそいとど桜はめでたけれ浮き世に何か久しかるべき」〈伊勢物語・八三〉④**けに。**「ありしよりけに言ひ交はして」〈伊勢物語・二一〉⑤**なほ。**「東路の道のはてよりなほ奥つ方に生ひ出でたる人」〈更級日記〉

いつわり　⇩うそ

いとしい（愛しい）

①**うつくし。**「うつくしき吾が若き子を置きてか行かむ」〈日本書紀・二六・歌謡〉②**をし。**「汝、命と婦といづれかはなはだ愛《を》しき」〈日本書紀・一九〉「人もをし人もうらめしあぢきなく世を思ふ故にもの思ふ身は」〈続後撰和歌集・一二〇二〉③**はし。**「はしきやし我が妻の児が夏草の思ひ萎《しな》えて嘆くらむ」〈万葉集・二・一三八〉④**かなし。**「父母を見れば尊く妻子見ればかなしくめぐし」〈万葉集・一八・四一〇六〉⑤**まかなし。**「置きて行かば妹はまかなし持ちて行く梓の弓の弓束にもがも」〈万葉集・一四・三五六七〉⑥**めぐし。**「妻子見ればめぐしうつくし」〈万葉集・五・八〇〇〉⑦**あはれ。**「まして近く見ては今千重まさりてあはれにかなしくおもほえて」〈宇津保物語・俊蔭〉⑧**らうたし。**「らうたしと思し子をも失ひてしかば」〈宇津保物語・菊の宴〉⑨**なつかし。**「なつかしうらうたげなりしをおぼし出づるに」〈源氏物語・桐壺〉⑩**いとほし。**「うちとけて寝たるときなどは何心もおぼほれて驚くも、いといとほしくみゆ」〈紫式部日記〉⑪**ふびん（不便）。**「僧都の幼うよりふびん

にして召し使はれける童あり」〈平家物語・三・有王〉⑫**いとし。**「なういとしの人や、それほどに連歌をよまれうとは」〈狂言（虎明本）・箕被〉

【補】「いとほし」は、中世から近世初期には「いとおしい」となり、「イトーシー」と発音した。「四人は昔の情け深き故に乳を呑もいとうしく」〈梵舜本沙石集・七・九〉などの例がある。

いなかじみる（田舎じみる）

①**ひなぶ。**「山賤《やまがつ》めきて生ひ出でたれば、ひなびたること多からむ」〈源氏物語・玉鬘〉②**さとぶ。**「筑紫を心憎く思ひなすに、さとびたるにも、心得がたくなむ」〈源氏物語・玉鬘〉③**ゐなかぶ。**「あやしき下衆《げす》など、ゐなかびたる山賤《やまがつ》どものみ、稀に馴れ参り仕うまつる」〈源氏物語・橋姫〉④**ゐなかだつ。**「ゐなかだちたる所に住む者どもなど、皆集り来て」〈枕草子・すさまじきもの〉⑤**いなかめく。**「室の傾城は、さまで鄙《ゐなか》めかず」〈評判記・色道大鏡・一三〉

いふく（衣服）

①**きぬ。**「一つ松人にありせば太刀佩けましを衣着せましを」〈古事記・中・歌謡〉②**そ。**「神衣《かむみそ》を織りつつ」〈日本書紀・一〉③**ころも。**「手弱女の思ひ乱れて縫へる衣ぞ」〈万葉集・一五・三七五三〉④**さうぞく。**「男のもとに装束調じて贈れりけるに」〈後撰和歌集・七三五・詞書〉

【補】②「そ」は、その衣を着る人を敬って言う「おほむぞ」「おんぞ」「みぞ」の形で使われることが多い。

いやだ（厭だ、嫌だ）　気に食わない

①**うし。**「世の中をうしとやさしと思へども飛び立ちかねつ鳥にしあらねば」〈万葉集・五・八九三〉②**にくし。**「紫のにほへる妹を憎くあらば人妻ゆゑにわれ恋ひめやも」〈万葉集・一・二一〉③**けうとし。**「強ひておぼめかしう、けうとうもてなさせ給ふめれば」〈源氏物語・夕霧〉④**こころうし。**「若き女房などは、こころうしと耳留めけり」〈源氏物語・紅葉賀〉⑤**こころづきなし。**「はかなびたるこそ女はらうたけれ。かしこく人に靡《なび》かぬ、いとこころづきなきわざなり」〈源氏物語・夕顔〉⑥**からし。**「からしや。眉はしも、皮虫だちためり」〈堤中納言物語・虫めづる姫君〉⑦**ものし。**「もとよりの憎さも立ちいでて、ものしとおぼしたり」〈源氏物語・桐壺〉⑧**めざまし。**「はじめより、われはと思ひあがり給へ

る御かたがた、めざましき者におとしめそねみ給ふ」〈源氏物語・桐壺〉⑨**もどかし。**「よろづのことよりも、わびしげなる車に装束わるくて物見る人、いともどかし」〈枕草子・よろづのことよりも〉⑩**うたてし。**「東宮いとうたてき御物の怪にて、……心地あやまりしけり」〈栄花物語・月の宴〉⑪**うとまし。**「鳥の舞。抜頭《ばとう》は髪振り上げたる。まみなどはうとましけれど、楽もなほいとほし」〈枕草子・舞は駿河舞〉

いようだ（異様だ）

①**けやけし。**「弁の少将……葦垣をうたふ。大臣、いとけやけうも仕うまつるかな、とうち乱れ給ひて」〈源氏物語・藤裏葉〉②**ことざま。**「御覧ぜで久しからむほどに、かたちのことざまにて」〈源氏物語・柏木〉③**ことやう。**「かくことやうにあらむ人を見て、心とまりて思ふ人はありなむや」〈落窪物語・一〉

【補】和語「ことざま」に後世当てられた漢字が「異様」であって、「いやう」はその字音から固定していったものと思われる。

いる（居る）

①**あり**。「遠々し高志の国に賢し女をありと聞かして」〈古事記・上・歌謡〉②**をり**。「大君しよしと聞さば独りをりとも」〈古事記・下・歌謡〉③**ものす**。「日ごろものしつる人、今日ぞ帰りぬる」〈蜻蛉日記・中〉

いろづく（色づく）

にほふ。「春のその紅にほふ桃の花下照る道に出でたつ少女」〈万葉集・一〇・二二九二〉

いろっぽい（色っぽい）

①**いろ**。「この宮の、いと騒がしきまで色におはしますなれば」〈源氏物語・浮舟〉②**いろめかし**。「かの宮の北の方は、御かたちも心も、をかしう今めかしうおはしける、色めかしうさへおはしければ」〈栄花物語・月の宴〉③**なまめかし**。**なまめく**。「えも言はず装束《しやうぞ》きたる女、会ひたり、濃き打ちたる上着に紅梅・萌黄《もえぎ》など重ね着て、なまめかしく歩びたり」〈今昔物語集・二八・一〉④**したるし**。「少ししたるき野郎を招き、色付きの柱にもたれて」〈浮き世草子・西鶴置土産・五・三〉⑤**あだ（婀娜）**。「一日増しにあだになるおめえを、他人《ひと》中へ手放して置くが気になってならねえ」〈人情本・春色梅児誉美・三〉⑥**あだめ**

い

く（婀娜めく）。「あだめくは三十までを限りにて」〈鷹筑波集・五〉⑦こぶ。「その女、壮《をとこ》に媚《こ》び馴《なつ》き」〈日本霊異記・上・二〉⑧色めく。「色めく者なめれば、それらに、ここに通ふと知らせじと」〈蜻蛉日記・中〉⑨しなつく。じなつく。「わしや、こな様《あん》に惚れたわいのと、しなつきかければ」〈浄瑠璃・伊賀越道中双六・六〉⑩じよなめく。「女も女、十六七なじよなめきの色気違ひよ」〈歌舞伎・お染久松色読販・大切〉

【補】「色」は、「色声」「色姿」「色深し」のような複合語でも用いられる。⑦以下は、「あだっぽくふるまう」の意。

いわいごと（祝い事）

①よろこび。「〔正月〕七日の御喜びなどし給ふ」〈源氏物語・薄雲〉②しうぎ（祝儀）。「嘉例の如く祝儀これ在り」〈多聞院日記〉

インテリ

①ざえ。ざえあるひと。「まめやかに才深き師にあづけ聞え給ひてぞ、学問せさせ給ひける」〈源氏物語・少女〉②はかせ。「〔清輔八〕この道の博士なれども」〈無名抄・とこねの

事〉③**うがく。がくしやう。**「世話には、智恵あるを有学と云ひ、又は学生と云ふ」〈見聞愚案記・九〉

【補】インテリゲンチァを単なる「知識階級」とするなら「才ある人」で覆えるが、高い教養と知識をもった人とすれば、たとえばこの項にあげた博士とか僧、儒者、文人と称された人々を考えることになろう。

うかがう（伺う）

⇩敬語動詞一覧

うそ（嘘）　いつわり

①**いつはり。**「偽りの涙なりせば」〈古今和歌集・五七六〉②**そらごと。**「あさましき虚言にてありければ」〈竹取物語〉③**にせ。**「皆贋物ぞ。真実の法ではないぞ」〈蓬左文庫本臨済録抄〉④**うそ。**「無き事を、嘘をつき、人をたらすが妄語なり」〈御伽草子・天狗の内裏〉

うちゅう（宇宙）

①**あめ。**「天へ行かば汝がまにまに地ならば大君います」〈万葉集・五・八〇〇〉②**あめつち。**「力をも入れずして天地《あめつち》を動かし」〈古今和歌集・仮名序〉③**たいきよ（太虚）。**「真実の歌道は太虚のごとくなるべし。余るもなく欠けたるもなかるべし」〈ささめごと・下〉④**けんこん（乾坤）。**「乾坤といふは、天地《あめつち》といふ事にぞ侍るなる」〈今鏡・一〉⑤**うちう（宇宙）。**「宇宙　おうそら」〈温故知新書〉

うちわ（内輪）

わたくしざま。うちうち。「御私様に、うちうちの事なれば」〈源氏物語・少女〉

うつくしい（美しい）

①**うまし。**「うまし国ぞあきつ島大和の国は」〈万葉集・一・二〉②**うるはし。**「大和は国のまほろば畳なづく青垣山籠れる大和しうるはし」〈古事記・上・歌謡〉③**かほよし。**「多

胡の嶺《ね》に寄せ網延《は》へてよすれどもあ憎やしづしそのかほよきに」〈万葉集・一四・三四一一〉④**かぐはし**。「見まく欲り思ひしなへにかづらかけかぐはし君を相見つるかも」〈万葉集・一八・四一二〇〉⑤**きらきらし**。「腰細のすがる娘子《をとめ》のその姿《かほ》のきらきらしきに花のごと咲《ゑ》みて立てれば」〈万葉集・九・一七三八〉⑥**きび（綺靡）**。「或《ある》は軽清漸《やうや》くに長《た》け、綺靡を艶流に映《うつ》す」〈文華秀麗集・序〉⑦**えん（艶）**。「小野小町の歌はえんにして気力なし」〈古今和歌集・仮名序〉⑧**きよらなり**。「立てる人どもは装束のきよらなる事物にも似ず」〈竹取物語〉「桜の直衣のいみじくはなばなと、裏のつやなどえもいはずきよらなるに」〈枕草子・かへる年の二月廿日よ日〉⑨**あて**。「かほかたちきよらならばあてにらうらうじき人といへど」〈宇津保物語・嵯峨院〉⑩**あやか**。「女ならば琴をもならはし、をかしきものをもとらせて、あやかなるまじらひもやすると思はめ」〈宇津保物語・蔵開・下〉⑪**いつくし**。「うるはしだちて、はかばかしきかたに見れば、いつくしくあざやかに目も及ばぬここちするを」〈源氏物語・若菜上〉⑫**なまめかし**。「かくてもうつくしき子供のここちして、なまめかしうをかしげなり」〈源氏物語・柏木〉⑬**をかし**。「汀の草に紅葉の散りとどまりて、霜いと白うおける朝、遣水より烟の立つこそをかしけれ」〈徒然草・一〇〉

【補】（1）奈良時代では、「くわし」「きよし」「きらきらし」「さやけし」などがあった。「くわし」は、「香ぐわし」「花ぐわし」「名ぐわし」「くわし女」など複合語として使われることが多く、繊細な美を表し、現代語のような単なる繊細の意味が一般化するのは平安時代以後である。「きよし」は川・水・川音・月光などに使われ、澄みきって汚れのない清浄な美しさを表し、「さやけし」は、同じような対象に使われるが、すがすがしさを感じさせるような対象の明るくくっきりした美しさを表す。「きらきらし」は容姿の整っていて端正な美しさを表す。「うつくし」はまだ美を表す語ではなく、優位の立場の者が抱く肉親的ないし肉体的な愛情を表すものであった。これらの言葉から上代の美の基準が鮮明・透明・明瞭といった観点にあることが分かる。なお、「うるはし」は目上あるいは対等な関係にある人に対する思慕と賛美の感情を表し、目下のものに対して使われた「うつくし」と対照的である。

平安時代になると、「うるはし」はまず漢文訓読の中で美を表す語として意味を拡大し、仮名書き散文において貝や石・玉の枝・瑠璃・孔雀など光り輝くもの・異国風のものの美を表した。和歌においてはほとんど使われなかった。「うつくし」は人そのものを修飾するだけでなく、その様子・有り様を修飾するようになり、情意性のほか状態性の意味を持つに至る。しかし、その対象はまだ女子供に限られ無生物に使われるのは特別の場合であった。

この「うつくし」も、中世になると花や衣装など美一般さらに芸術美など自然美・人工美を表す用法が主流になっていく。近世にかけてはより一層その範囲が拡大し、「うるはし」が表した光り輝くような美をも表現できるようになり、近代以降には徳・友情など人間行為の抽象美に対しても使われるようになって、ついに美全般を表す語としての成熟を見る。それは一方で「うつくし」の用法の固定化を導き、「きれい」の台頭もあって文語化への道を歩むようになる。

また、中世には「いつくし」が美を表して用いられるようになっている。「いつくし（厳奇し）」は上代においては神仏・天皇などの神威・威光の盛んな様を表したが、中古になってそれが貴人や物事の様子にも拡大され、威厳のある厳重な様を表すようになり、更に「うつくし」との語形の類似から中世以降は荘重な美を表すに至る。

また、この中世には新たに漢語「きれい（綺麗）」が登場し、きらびやかな美しさを表す語として用いられる。中世の美を表す語には、輝くような光沢のある美・きらびやか・荘重といった華やかなイメージがある。「きれい」は中世後期になると「清潔な・汚れのない」の意味領域に入り込み、江戸時代には上代から使われていた和語「きよし」を文章語へ押しやり、さらに近世後半には美を広く表す語として一般化して「うつくし」の意味領域を覆い、現代にはついに「うつくし」までも文章語へと駆逐して、口頭語・文章語を通して美全般を表す地位を確保することになる。

（2）古語「きよし」は、対象が、汚れ・けがれ・濁りといった不純な要素をもたず、純粋無垢で清浄・清澄な美感をもつ様子を表現する。

（3）「きよら・か」は、古語では、第一級の気品ある崇高な美しさ、華麗な美を表し、類義語「きよげ」よりも上位の美的概念を表して使われる語である。「きよらか」は『源氏物語』では天皇・皇族の事物について多く使われている。

うっとうしい（鬱陶しい）

①**いぶせし。**「たらちねの母が養ふ蚕の繭ごもりいぶせくもあるか妹に逢はずて」〈万葉集・一二・二九九一〉②**おぼぼし。**「玉ぼての道だに知らずおぼぼしく待ちか恋ふらむ愛《は》しき妻らは」〈万葉集・二・二二〇〉③**うとまし。**「打ち語らふさまなどを、うとましとも思ひはなれ給はざりけり」〈源氏物語・少女〉④**うつとうい。**「ええうつとうい、又来たか」〈歌舞伎・三人吉三廓初買〉

【補】漢語が修飾語として固定していく場合、たとえば「堂々たり」あるいは現代語で「穏当だ」のように、形容動詞として成立するのが一般的である。しかし、「鬱陶」は、例外的に形容詞として定着する。「うっとう」が単独に名詞として用いられている例は、平家物語・四に見える。「或は綸言と称するによってうっとうをおさえ」。

うつりぎ（移り気）

①**あだけ**。「今さらの御あだけも、かつは世のもどきをも思しながら」〈源氏物語・朝顔〉②**うつりぎ**。「せんが事、遂に忘れける。人はみな移り気なるものぞかし」〈浮世草子・好色五人女・二〉③**うつしごころ**。「いで人は言《こと》のみぞよき、つきぐさの移し心は色殊にして」〈古今和歌集・七二〉④**あだごころ**。**あだしごころ**。**あだこころ**。「深き心も知らで、あだごころつきなば、のち悔しきこともあるべきを」〈竹取物語〉⑤**はなごころ**。「花心におはする宮なれば、あはれと思《おぼ》すとも、今めかしきかたに必ず御心移ろひなむかし」〈源氏物語・宿木〉⑥**すきごころ**。「あぢきなき好き心にまかせて、さるまじき名をも流し」〈源氏物語・澪標〉⑦**すきごこち**。「若きほどの好き心地には、この人をとまりにとも思ひ止め侍らず」〈源氏物語・帚木〉⑧**うつりぎ**。「せんが事、遂に忘れける。人はみな移り気なるものぞかし」〈浮世草子・好色五人女・二〉

うらむ（恨む）　恨み言を言う

①**ゑんず（怨ず）**。「露ちりの事をもゆかしがり、聞かましうて、いひしらせぬをばゑんじ、そしり」〈枕草子・にくきもの〉②**かこつ**。「むなしき名のみ秋の夜の長きをかこてれば」〈古今和歌集・仮名序〉

うるさい　騒々しい。煩しい。

①**かしまし。**「あられ降りかしまの神を祈りつつ皇御軍士《すめらみくさ》に我れは来にしを」〈万葉集・二〇・四三七〇〉「あなかしまし。今は取り返すべき事にもあらず」〈落窪物語・三〉②**かまし。**「天皇勅り給ひしく『蝿の声ははなはだ囂《かま》し』とのり給ひき。よりて囂《かま》の里といひき」〈出雲国風土記・島根郡〉③**こちたし。**「秋の田の稲向きの寄れること寄りに君に寄りななこちたしかりとも」〈万葉集・二・一一四〉④**くだくだし。**「ここに、ありしとそのくはしく砕《くだくだ》しきことを事として」〈日本書紀・一七・継体二四年〉⑤**しげし。**「ねもころに思ふ吾妹を人言のしげきによりてよども頃かも」〈万葉集・一二・三一〇九〉⑥**かしかまし。かしがまし。**「秋の野になまめき立てるをみなへしあなかしかまし花もひと時」〈古今和歌集・一〇一六〉「右近、はた、かしかましく言ひ騒がれむを思ひて」〈源氏物語・夕顔〉⑦**かまびすし。**「公卿の前に媒《なかた》ちてらひ閙港の側に囂《かまひすく》　喧《かまひすし》」〈興福寺本大慈恩寺三蔵法師伝平安後期点〉⑧**うるさし。**「武蔵鐙さすがにかけて頼むには問はぬもつらし問ふもうるさし」〈伊勢物語・一二〉⑨**さわがし。**「こりずまの浦にかづかむ浮き海松は波さわがしくありこそはせめ」〈大和物語・七九〉⑩**ものさわがし。**「よろづにおぼゆることいと多かれど、いとものさわがしくにぎははしきに、まぎれつつあり」〈蜻蛉日記・中〉⑪**さがなし。**「さがなきものいひ

かな」〈宇津保物語・嵯峨院〉⑫**わづらはし。**「わづらはし、例のやうにてふと渡りなむ」〈蜻蛉日記・中〉⑬**むつかし。**「暮れゆくに客人は帰り給はず、姫君いとむつかしとおぼす」〈源氏物語・総角〉⑭**ものむつかし。**「ものむつかしう思う給へ沈める耳をだにあきらめ侍らむ」〈源氏物語・横笛〉⑮**あつかはし。**「あまりあつかはしき御もてなしなり」〈源氏物語・蛍〉⑯**いとはし。**「憂しと思ひしみにし世もなべていとはしうなり給ひて」〈源氏物語・葵〉⑰**おどろおどろし。**「雨俄におどろおどろしう降りて」〈源氏物語・賢木〉⑱**なりたかし。**「人人みなほころびて笑ひぬれば、なりたかし、鳴りやまむ。はなはだ非常なり」〈源氏物語・少女〉⑲**らうがはし。**「上下となく立ちこみて、いとらうがはしく泣きとよむ声、雷にも劣らず」〈源氏物語・明石〉⑳**おびただし。**「おびただしうからめきあひければ」〈平家物語・五・物怪之沙汰〉㉑**わわし。**「見も馴れぬ犬のわわしく吠えいでて」〈心玉集〉㉒**さうざうし。**「忩々　ソウゾウシ」〈饅頭屋本節用集〉㉓**けたたまし。**「けたたましい何事でおりゃる」〈山本東本狂言・石神〉

【補】（1）現代語の「うるさい」も、音声的な騒々しさのほかに、「わずらわしい」「うっとうしい」の意味がある。用例には両方含めた。

（2）「かまし」から「かしかまし」「やかまし」「みみかまし」が派生している。「かしがまし」は古くは「かしかまし」と清音で、濁音になったのは近世以後。「かし」は「かしまし」の「かし」と同じく、「かま」は「かまし」「やかまし」等の「かま」と同じである。「かしがまし」は中古は和文で使われ、漢文訓読では「かまびすし」であった。

うわさ（噂）

①**ひとごと**。「人言の繁きによりて」〈万葉集・一四・三四六四〉②**おと**。「音のみも名のみも聞きて」〈万葉集・一七・四〇〇〇〉③**きこえ**。「二条の后の忍びてまゐりけるを、世のきこえありければ、兄人たちのまもらせ給ひけるとぞ」〈伊勢物語・五〉④**とりざた**。「人の口のさがなさは……などと取り沙汰しけるが」〈御伽草子・伊吹童子〉⑤**せつ（説）**。「この故にや国中に児女の説まちまちなり」〈御伽草子・七草草紙〉

うわついた（浮ついた）　うわき。うつりぎ。

①**あだ**。「いとあだに物し給ふと聞きし人を、ありありてかく逢ひ奉り給ひて」〈大和物語・一〇三〉②**こころみじかし**。「頼もしげなきもの、心短く人忘れがちなる婿の、常に夜離れする」〈枕草子・たのもしげなきもの〉③**すきがまし**。「この君も、いと物憂くして、好きがましきあだ人なり」〈源氏物語・帚木〉④**すきずきし**。「好き好きしきかたにはあらで、まめやかに聞こゆるなり」〈源氏物語・若紫〉⑤**あからめ**。「もとのごとく、あからめ

もせで、添ひ居にける」〈大和物語・一五七〉⑥**よこめ**。「中納言は、大将殿の姫君の世を背き給ひにしに定まり給ひて、よこめなくありつき給ひにたる」〈浜松中納言物語・三〉⑦**あだなり**。「いとあだに物し給ふと聞きし人を、ありありてかく逢ひ奉り給ひて」〈大和物語・一〇三〉⑧**あだあだし**。「色めかしくあだあだしけれど、本性の人柄癖なく」〈紫式部日記〉⑨**すきがまし**。「人の御名もわがためも、すきがましういとほしきに」〈源氏物語・葵〉⑩**しやうわる（性悪）**。「殊更旦那《ことさらだんな》は性悪」〈浮世草子・好色一代女・三〉⑪**あくしやう（悪性）**。「悪性、悪人のみをさして言ふ詞にあらず、当道にても、いたづらなる者を言ふ」〈評判記・色道大鏡・一〉⑫**はすは**。**はすば**。**はすわ**。**はすつぱ（蓮葉）**。「どうでも女子は悪性者《あくしやうもの》、都育ちははすはな者ぢゃえ」〈歌舞伎・京鹿子娘道成寺〉

うわつく

①**うちあだく**。「うちあだけ好きたる人の、年積もりゆくままに」〈源氏物語・朝顔〉②**すきたわむ**。「なにがしが卑しきいさめにて、すきたわめらむ女には心置かせ給へ」〈源氏物語・帚木〉

うんめい（運命）

①**すくせ。**「女の宿世は浮かびたるなむあはれに侍る」〈源氏物語・帚木〉②**しあはせ。**「為合はせ悪しくして、落第したぞ」〈三体詩抄・二・三〉

【補】上代にはマガツヒ、オホナホビなど運命に関わる力のある神の名がみえる。運命と天文との関係から宿曜《すくよう》の術も行なわれる。また宿因・宿業・宿習などは前世からの因縁に関わることばである。

えん（縁）

①**えに。**「めぐりあひける縁《えに》は深しな」〈源氏物語・澪標〉②**えにし。**「松山の末越す波の縁《えにし》あらば」〈後撰和歌集・九三三〉③**ゆかり。**「帝、皇后宮をねんごろにときめかせ給ふ縁《ゆかり》に、〔兄ノ〕帥殿は明け暮れ御前に候はせ給ひて」〈大鏡・道長〉④**ちぎり。**「宇治橋の長き契りは朽ちせじを」〈源氏物語・浮舟〉⑤**ちなみ。**「互いに竹馬の昔より因みたる朋友なれば」〈浅井三代記・二〉

エンジニア

①**しなべ。ともべ。とものみやつこ。**「是のときに、楯部・倭文部・神弓削部・神矢作部・大穴磯部・泊橿部・玉作部・神刑部・日置部・太刀佩部、併せて十箇の品部《とものみやつこ》もて五十瓊敷皇子《いにしきみこ》に賜ふ」〈日本書紀・六・垂仁三九年〉②**てひと。てびと（手人）。**「又手人韓《てひとからか》鍛《ぬち》、名は卓素、亦呉服《くれはとり》の西素二人を貢上《たてよ》りき」〈古事記・中〉③**おおたくみ。**「おほたくみ、怯《をぢな》みこそ、隅傾《すみかたぶ》けれ」〈古事記・下・歌謡〉④**たくみ。木工《こだくみ》・画工《ゑだくみ》・水工《みずだくみ》・路子工《みちのこのたくみ》・作金者《かなだくみ》。**「そのたくみも絵師もいかでか心にはかなふべきわざならむ」〈源氏物語・宿木〉⑤**かぬち。かぢ。**「鍛《かぬち》名は河上を喚《め》して大刀《たち》一千口を作らしむ」〈日本書紀・六・垂仁三九年〉⑥**ものし（物仕）。**「いみじきものしぞ、まろは」〈落窪物語・一〉⑦**さいく。**「道々の細工どもをいと多く召し」〈源氏物語・桐壺〉⑧**つくもどころの人。**「つくもどころの人」〈源氏物語・若菜下〉⑨**つくり。**「たづぬらむ高師の山の陶器《すゑ》作り思ひをぞやくとすと聞く」〈いほぬし〉⑩**わざもの。**「清光凛々麗しき、若手の業物《わざもの》切物と四方にその名は響きけり」〈長唄・小鍛冶〉

えんりょする（遠慮する）　きがねする

①**はばかる。**「睦び聞えさせんも、はばかる事多くて」〈源氏物語・蓬生〉②**ところおく。**「この殿は四条の宮参らせさせ給へりしかど、中宮の御事をばところおき参らせさせ給ひて」〈栄花物語・松の下枝〉

おおきい・おおきな

①**おほし。**「おほき海の水底《みなそこ》深く思ひつつ裳引《もび》きならしし菅原の里」〈万葉集・二〇・四四九一〉②**おほきなり。**「おほきなる檜破子やうのもの、あまたせさせ給ふ」〈源氏物語・橋姫〉

【補】「大し」は、「多し」と同源であると考えられるが、奈良期には連体修飾「大き」の用法しかない。そのためか、「大き」全体を語幹とする形容動詞が作り出され、さらに形容詞が作り出された。形容動詞からは連体形「大きな、大いなる」が連体詞として、連用形「大きに、大いに」が副詞として、室町期に分化し、現代に至る。

おおげさだ（大袈裟だ）　ぎょうぎょうしい

①**おどろおどろし。**「今宵の雨の音はおどろおどろしかりつるを」〈和泉式部日記〉②**ところせし。**「近き程なれば、ところせき御前もなくてまうで給ふ」〈宇津保物語・初秋〉③**こちたし。**「鶴は、いとこちたきさまなれど、鳴く声雲井まで聞ゆる、いとめでたし」〈枕草子・鳥は〉

おかず

①**な。**「前妻《こなみ》が肴《な》乞はさば立柧棱《たちそば》の実の無けくを」〈古事記・上・歌謡〉②**さい（菜）。**「飯うづたかくよそひ、御菜三種して、ひらたけの汁で参らせたり」〈平家物語・八・猫間〉③**ありあはせもの。おめぐり。**「菜《ありあはせもの》をおめぐりといふ。飯をむねとして、それがめぐりにあなれば、さはいふにや」〈海人藻芥〉④**そうざい（惣菜）。**「惣菜はあらめと禿口《かむろ》ばしり」〈誹風柳多留・六〉

【補】③は女房詞。

おくゆかしい

①**こころにくし。**「父ぬしの今からいとこころにくくもてなすめるはいかにおほし立てむとすらむ」〈宇津保物語・蔵開・上〉②**つつまし。**「おりし女のがり行きたりけり。久しく行かざりければつつましく立てりけり」〈大和物語・一四九〉③**はづかし。**「かの朝臣は男だにはづかしく侍るものを」〈宇津保物語・国論・下〉④**やさし。**「人の奉りかふるまでは置かせ給ひて、取り動かすことはさせ給はぬ、あまりやさしきことなりな」〈大鏡・師輔〉⑤**こころゆかし。**「さじきのあるよりさし出でてこころゆかしとみれば」〈古本説話集・五四〉⑥**しをらし。**「さりとてはやさしく、御物腰しほらしく、また世の中にかかる女もあるものかと」〈浮世草子・好色一代女・三〉

おくる（送る）

①**やる。**「わたつみのたまきの玉を家づとに妹にやらむと拾《ひり》ひ取り」〈万葉集・一五・三六二七〉②**つかはす。**「木草に付けても御歌を詠《よ》みてつかはす」〈竹取物語〉

【補】「つかはす」は尊敬体である。

おさめる（治める）

①しる。しらす。「天皇《すめろき》の神の命《みこと》の御代重ね天の日嗣ぎとしらし来る君の御代御代」〈万葉集・一八・四〇九四〉②さだむ。「天の下治め給ひをす国をさだめ給ふと」〈万葉集・二・一九九〉③しく。「君の御代御代しきませる四方の国には」〈万葉集・一八・四〇九四〉

おしはかる（推し量る）　すいりょうする

①はかる。「おぼすべかめる心の内はかられ給ひて」〈源氏物語・初音〉②おもひやる。「立ちさまよふらむ下つ方おもひやるに」〈源氏物語・夕顔〉③おしあつ。「是れ程におしあてられぬる上は何をか隠すべき」〈太平記・七〉

おじゃまする（お邪魔する）　さんじょうする。まいる。

①まゐる。「昔、男、伊勢の斎宮に、内の御使ひにてまゐりければ」〈伊勢物語・七一〉②まゐづ（参出づ）。「山たづの　迎へ参出《まゐで》む　君が来まさば」〈万葉集・六・九七一〉③まう

づ。「中務の宮おはしましかよひけるを……今宵はえなむまうでぬとのたまへりければ」〈大和物語・八〉④**さんず（参ず）**。「さんぜむとするを、今日明日の御物忌にてなん」〈枕草子・故殿の御服のころ〉⑤**さんじやうす（参上す）**。「弓箭を帯せん輩をば、一々に召し取つて参上すべき由仰せ下さる」〈保元物語・上・官軍方々手分けの事〉⑥**さんにふす（参入す）**。「法皇もおそれさせ在ましければ、元日元三の間、参入する人もなし」〈平家物語・四・厳島御幸〉⑦**しこうす（伺候す）**。「去程に夢見て、七日と申夜は、内裏に伺候《しこう》したりけり」〈源平盛衰記・一〉⑧**うかがふ**。「摩利支天様へ朝参りと出かけたから、ちよつと伺《うかが》ひやす」〈毬唄三人娘・四中〉

おせじ（御世辞）

①**つや**。「おもはゆげなる艶《つや》なして」〈浮世草子・武道伝来記〉②**あぶら**。「油《あぶら》という語は艶《つや》といふに同じ。載詞《のせことば》なり」〈譬喩尽・六〉③**じやうず（上手）**。「上手あしらひ蘆田鶴の声」〈阿蘭陀丸二番船・下〉④**きやら（伽羅）**。「今の俗、世事（世辞）をいふと言ふ事を伽羅を言ふ、世事者を伽羅者と言ふ者有りし」〈世捨箱〉⑤**けいはく（軽薄）**。「〔主人に対し〕気に入り顔の軽薄は昔も今も悪心とこそ申すなり」〈結城戦場物語〉⑥**けいはくことば（軽薄言葉）**。「御尤も御尤もの軽薄言葉にそだて（オダテ）られ」〈浄瑠璃・天智天皇・二〉⑦

しやうぐわつことば（正月言葉）。「若夜具《わかやぐ》と言ふは正月言葉かな」〈雀子集・二〉⑧ちよちよら。「主のちよちよらにのつたら、おりはがあるまい」〈洒落本・南閨雑話〉⑨はむき。「ほかの客をそしり、はむきをいふも」〈洒落本・傾城買四十八手〉⑩せじ（世辞）。「あの子は全体世辞がいい。別して芸者は世辞が看板だ」〈滑稽本・浮世床・初上〉

おそれいる（畏れ入る）

①かしこむ。「かしこみて仕へまつらむ、拝《をろが》みて仕へまつらむ」〈日本書紀・二二・推古二〇年・歌謡〉②かしこまる。「あのをのこ、こち寄れと召しければ、かしこまりて高欄のつらに参りたりければ」〈更級日記〉

おそれおおい（畏れ多い）

①ゆゆし。「懸けまくのゆゆし畏《かしこ》き住吉のわが大御神」〈万葉集・一九・四二四五〉②かしこし。「目も見え侍らぬに、かくかしこき仰せ言を光にてなむ、とて見給ふ」〈源氏物語・桐壺〉

おそろしい（恐ろしい）

①**かしこし。**「海人少女《あまをとめ》玉求むらし沖つ波かしこき海に船出せり見ゆ」〈万葉集・六・一〇〇三〉②**おそろし。**「これやわが求むる山ならむと思ひてさすがにおそろしくおぼえて」〈竹取物語〉③**つべたまし。**「あさましうつべたましとおもふおもふみれば」〈蜻蛉日記・上〉④**おぞし。**「かく怪しうてうせ給へること人に聞かせじ。おどろおどろしくおぞきやうなりとて」〈源氏物語・蜻蛉〉⑤**すごし。**「すごううたていざとき心地する夜の様なり」〈源氏物語・末摘花〉⑥**むつかし。**「右近はただあなむつかしと思ひける心地皆さめて」〈源氏物語・夕顔〉⑦**むくむくし。**「心はうたてあれなど言ひあへるもむくむくしく、聞きならはぬ心地し給ふ」〈源氏物語・東屋〉⑧**おどろおどろし。**「いとまことにおどろおどろしからむ事はのがるべきにもあらず」〈栄花物語・浦々の別〉⑨**おぞまし。**「いづくにも守護といふ物の目代よりはおぞましきを据ゑたれば」〈増鏡・一六〉⑩**すさまじ。**「滝の音ことにすさまじく松風神さびたるすまひ」〈平家物語・二・康頼祝言〉

おちこむ（落ち込む）

①**おもひしをる。**「消息などもせで久しく侍りしに、むげにおもひしをれて心ぼそかりければ」〈源氏物語・手習〉②**おもひくづほる。**「われなくなりぬとて、口惜しうおもひくづほるな」〈源氏物語・桐壺〉③**おもひくつす。**「むげにおもひくつしにけり。いとわろし」〈枕草子・御かたがた、君たち〉④**くんず。**「月の興も覚えず、くんじ臥しぬれば」〈更級日記〉

おちぶれる（落ちぶれる）

①**あぶる。**「また見苦しき様にて世にあぶれむも」〈源氏物語・東屋〉②**はふる。**「親なくなりてのち、とかくはふれて、人の国にはかなき所に住みけるを」〈大和物語・五七〉③**やつる。**「姫君のいたくやつれ給へるを、恥づかしげにおぼしたるさま、いとめでたく見ゆ」〈源氏物語・玉鬘〉

おっしゃる　⇩敬語動詞一覧

おほす。「親しき家司におほせ御まうけのことせさせ給ひけり」〈源氏物語・松風〉

おとなしい

①**おとなし（大人し）**。「あたりあたりおとなしく住まひ給へるさま」〈源氏物語・藤裏葉〉②**おとなしやか**。「蒔絵の細太刀をおとなしやかに佩《は》き給ひ」〈平治物語・光頼卿参内〉③**おいらか**。「何れを是とし、何れを非と一着まちまちなりし処に、……と、隆景おいらかに諌けれれば、満座黙止《もだ》してけり」〈太閤記・三〉

【補】古代語の「おとなし」あるいは「おとなしやか」は、外面的な成熟だけでなく、内面的な成熟をも意味していた。「十一になり給へど、ほどより大きに、おとなしう、清らに」〈源氏物語・澪標〉。この内面的な思慮深さや分別のある様子は、結果としての温和さや落着きと容易に結びつくことになる。なお、「匠材集」などから③「おいらか」はさらに、「老いらく」と同様、「老い」との関連性も考えられる。また「大人」（乙名）は、アイヌ語で酋長を意味する'ottena'との関連も否定できない。

おまいりする（御参りする）

まうづ。「太秦にまうづとて見れば」〈枕草子・八月つごもり〉

おまけに

①**あまさへ。**「あまさへうき恥の限りこそ見せつれ」〈落窪物語・四〉②**あまつさへ。あまつさい。**「此しゆせうなかけでの山伏を鳥類畜類にたとへ　あまつさへとびぢやと云程に」〈狂言（虎明本）・柿山伏〉③**あまりさへ。**「明くる年は立ち直るべきかと思ふほどに、あまりさへ疫癘うちそひて」〈方丈記〉④**しかも。**「ゆく河の流れは絶えずして、しかももとの水にあらず」〈方丈記〉⑤**しかのみならず。**「しかのみならず　甲冑を枕とし弓箭を業とする本意」〈平家物語・一一・腰越〉⑥**かててくはへて。**「かててくはへておかちが煩ひ伯父の難儀」〈浄瑠璃・女殺油地獄・中〉⑦**おまけに。**「それにおまけにお百度を踏んだので猶の事ネエ」〈人情本・春色梅美婦禰・五・二七〉⑧**かつ。**「松島・塩竈の所々絵に書きて贈る。かつ、紺の染め緒付けたる草鞋二足はなむけす」〈奥の細道〉⑨**くはふるに。**「加ふるに森山と云ふ先生も何も英語を大層知て居る人ではない」〈福翁自伝〉

【補】「あまつさへ」は近世まで「アマッサエ」と言った。「あまっさい」の例もある。「あまっさいその時わしが娘はおっぱらんではゐるし」〈滑稽本・東海道中膝栗毛・二下〉。「あまさへ」は「あまつさへ」の促音無表記。

おもいがけない（思い掛けない）

①**ゆくりなし。**「かくいひてながめつつくるあひだに、ゆくりなく風吹きて、こげどもこげども、しりへしぞきにしぞきて」〈土佐日記〉②**すずろなり。**「物心ぼそく、すずろなるめを見ることと思ふに、修行者あひたり」〈伊勢物語・九〉③**あさまし。**「かくあさましき、空ごとにてありければ」〈竹取物語〉

おもいやり（思い遣り）

①**こころ。**「この来たる人々ぞ、心あるやうには言はれほのめく」〈土佐日記〉②**こころばへ。**「そのほどの心ばへはしも、懇ろなるやうなりけり」〈蜻蛉日記・上〉③**こころばせ。**「心ばせあり物思ひ知りたらむ人にこそ」〈源氏物語・東屋〉④**おもひやり。**「よそのおもひやりはいつくしく、物馴れて見え奉らむも恥づかしく推し量られ給ふに」〈源氏物語・若菜下〉⑤**なさけ。**「人柄のあはれになさけありし御心を、上の女房なども恋ひしのびあへり」〈源氏物語・桐壺〉⑥**あはれ。**「昔かうやうにあひおぼし、あはれを見せ給はましかば」〈源氏物語・須磨〉

おもかげ（面影）

①かげ。「人はよし思ひ止むとも玉鬘影《かげ》に見えつつ忘らえぬかも」〈万葉集・二・一四九〉②おも。「佐野山に打つや斧音《をのと》の遠かども寝もとか子ろが面《おも》に見えつる」〈万葉集・一四・三四七三〉③おもかげ。「夕さればもの思ひまさる見し人の言問ふ姿面影にして」〈万葉集・四・六〇二〉④まぼろし。「夢とだに何か思ひも出でつらむただ幻に見るは見るかは」〈浜松中納言物語・一〉⑤あしてかげ（足手影）。「都の人の足手影もなつかしう候」〈謡曲・隅田川〉

おもしろい（面白い）

①かなし。「百鳥《ももとり》の来居て鳴く声春されば聞きのかなしも」〈万葉集・一八・四〇八九〉②おむかし。「功《いさを》しく正しきみちのおむかしさとてぞわが名も君は賜ひし」〈日本紀竟宴和歌〉③きよう（興）。「中納言よろこび給て『をかしき琴にもあるかな。もつとも知らざりけり。興ある事申したり』とのたまひて」〈竹取物語〉④ひきよう（比興）。「比興争ひ宣べて気質衡揚せり」〈性霊集・序〉⑤をかし。「〔源氏は〕直衣ばかりを取りて、屏風の後ろに

入り給ひぬ。中将をかしきを念じて」〈源氏物語・紅葉賀〉⑥**をかしやか。**「をかしやかにわららかなるけも無き人に添ひ居たらむに」〈源氏物語・真木柱〉

おもしろくない（面白くない）

①**あぢきなし。**「愚かなる人の目をよろこばしむる楽しみ、またあぢきなし」〈徒然草〉②**あいなし。**「世に語り伝ふる事、まことはあいなきにや、おほくは皆虚言なり」〈徒然草〉

おもちゃ（玩具）

①**もてあそびもの。**「犬・馬・器翫《もてあそびもの》、献上《たてまつ》ること得じ」〈日本書紀・一五・清寧三年〉②**あそびもの。**「をかしき絵、あそび物ども取りにつかはして見せ奉り、御心につくことどもをし給ふ」〈源氏物語・若紫〉③**てまもり。**「道の辺の芝生のつばなぬきためてうなゐ子どもが手まもりにせん」〈新撰和歌六帖・二一二八〉④**てあそび。**「あの世で助けてやりたう存じまして、あの子の手遊、地蔵様へ納めた上」〈歌舞伎・桜姫東文章・五幕〉⑤**もちあそび。**「持ち遊びの張り子仕立て」〈歌舞伎・霊験曾我籬・七幕〉⑥**おもちや。**「鶴《つう》さんはお持遊《もちや》を落すまいぞ」〈滑稽本・浮世風呂・前上〉

おやすみになる　⇩敬語動詞一覧

オレンジ　みかん

①**かくのこのみ（香の木の実）**。**かくのみ（香実）**。「多遅摩毛理《たぢまもり》を常世《とこよ》に遣はして、時じくの香の実を求めしむ」〈古事記・中〉②**たちばな（橘）**。「橘の成れるその実は直照《ひたてり》にいや見がほしき」〈万葉集・一八・四一一一〉③**かうじ（柑子）**。「このごろとなりては、かうじなどをだにふれさせ給はずなりにたれば」〈源氏物語・薄雲〉④**みかん（蜜柑）**。「当年蜜柑得難キ」〈看聞御記・応永二七年一一月九日〉⑤**むかしぐさ（昔草）**。「代々を経て宿は荒れ行く、昔草香を懐しみ袖まつりする」〈蔵玉集〉⑥**だいだい（橙・代々）**。**くねんぼ（九年母）**。「此前も代々の年ぎれして、ひとつを四五分づつの売買なれば、此替りに九年母にて埒《らち》を明ける」〈浮世草子・世間胸算用〉⑦**きんかん（金柑）**。「金かんや南天も着る紙袋」〈俳諧・七番日記・文化一一年一〇月〉⑧**からはじかみ・かははじかみ（呉茱萸）**。「これを載せし三つの車も、また返りて呉茱萸《からはじかみ》の木と成れり」〈日本霊異記・中・三三〉

おろかだ（愚かだ）

①**おそし。**「山代の石田の社《もり》に心おそく手向けしたれや妹に逢ひ難し」〈万葉集・一二・二八五六〉②**おほほし。おぼぼし。**「はしきやし翁の歌におほほしき九《ここの》の児らやかまけて居らむ」〈万葉集・一五・三七九四〉③**くらし。**「臣の性《ひととなり》　愚蒙《くらう》て大なる計《はかり》を知らず」〈日本書紀・一九・欽明一六年〉④**をぢなし。**「をぢなきや我に劣れる人を多み済《わた》さむためと写しまつれり仕へまつれり」〈仏足石歌〉⑤**かたくなし。**「かたくなしくなれる和上、上坐に為りたまふ」〈願経四分律平安初期点〉⑥**つたなし。**「よからぬ物たくはへ置きたるもつたなく、よき物は、心をとめけんとはかなし」〈徒然草〉⑦**をこがまし。**「いとをこがましと少将つくづくとかいばみ臥したり」〈落窪物語・一〉⑧**はかなし。**「心もはかなく才《ざえ》も習はで」〈宇津保物語・菊の宴〉⑨**おれおれし。**「もとよりおれおれしくたゆき心のおこたりに」〈源氏物語・初音〉⑩**こころあさし。**「名残なくはいかがは。こころあさくも取りなし給ふかな」〈源氏物語・葵〉⑪**こころなし。**「格子をあげたりけれど、守《かみ》心なしとむつかりて、おろしつれば」〈源氏物語・帚木〉⑫**ばか（馬鹿）。**「このころ洛中にて頼遠などを下ろすべき者は覚えぬものを、〔下りよと〕いふはいかなるばか者ぞ」〈太平記・二三〉⑬**こけ。**「座敷の興に物語をせんとする者あれば傍よりこけこけといひて評したる時に」〈咄本・醒睡笑〉

【補】「ばか（馬鹿）」は南北朝期頃から見られる語で、愚者の意味の梵語を漢字で「摩訶」「慕何」「莫渇」などと表記したものの読みが変化したものと言われ、僧侶の隠語から生じたとされる。

おろそか（疎か）⇩いいかげん

おんがく（音楽）

①**がく（楽）**。「五位以上と渤海使・高斉徳等とを宴す。大射と雅楽寮の楽とを賜ふ」〈続日本紀・神亀五年〉②**あそび**。「あそびは夜。人の顔の見えぬほど」〈枕草子・二一四〉③**うた**。「謡、此をばうたよみと云ふ」〈日本書紀・三・神武即位前・訓注〉④**うたひ**。「例のごとく玉の女共、うたひをうたひて来て、商人を誘ひて女の城へ入ぬ」〈宇治拾遺物語・六・九〉⑤**しやうか・さうが（唱歌）**。「或は唄をうたひ、或はしやうかをし、或はうそをふき」〈竹取物語〉。「この仲忠も召して、さうがする声も人には、すぐれてことに聞こゆれば」〈宇津保物語・俊蔭〉⑥**くわんげん（管弦）**。「侍臣、唱歌し管絃を奏す」〈著聞集・一九・六五二〉⑦**しちく（糸竹）**。「糸竹広楽を遏《とど》め、率舞往塵に洽《あまね》し」〈懐風藻・春日応詔《美

努浄摩呂》⑧**しかん（糸管）**。「糸管の人腋に参り陣辺に糸竹を発す」〈小右記・寛和元年正月二二日〉⑨**いとたけ（糸竹）**。「先帝の御いとなみとて、糸竹声をやめたるころほひ」〈松浦宮物語・二〉⑩**なりもの（鳴物）**。「種々の鳴物に心をすましぬ」〈西鶴・諸艶大鑑・五〉⑪**おんぎょく（音曲）**。「人の前にて、道の者参会して音曲する、大事也」〈能・中楽談儀・音曲の心根〉

【補】④〜⑤は歌唱、⑦〜⑪は楽器の演奏。

おんしん（音信）

⇩てがみ

おんせん（温泉）

①**ゆ**。「すめろきの神の命の敷きませる国のことごと湯はしも多《さは》にあれども」〈万葉集・三・三二二〉②**いでゆ・でゆ（出湯）**。「その谷に百千の出湯あり」〈今昔物語集・一四・七〉③**はしりゆ（走り湯）**。「走り湯の神とはむべぞ言ひけらし速き効《しるし》のあればなりけり」〈金槐和歌集・下〉

【補】種類によって、みゆ（御湯）、あらゆ（荒湯）、しほゆ（塩湯）、くすりゆ（薬湯）、まくゆ（幕湯）などともいう。

おんりょう（怨霊）

①**もののけ（物怪）**。「月頃さらに現はれ出で来ぬ物怪、小さき童にうつりて、呼ばひののしるほどに、やうやう生き出で給ふ」〈源氏物語・若菜下〉②**あくりやう（悪霊）**。「世々の御悪霊とこそはなり給ひたれ」〈大鏡・伊尹〉③**いきすだま（生霊）**。「物怪《もののけ》・生霊などいふもの多く出で来て」〈源氏物語・葵〉④**いきりやう（生霊）**。「此の暁方に、『其の生霊現はれたる気色有り』など云ひつる程に」〈今昔物語集・二七・二〇〉⑤**しりやう（死霊）**。「殊には讃岐院の御霊、宇治悪左府の憶念、新大納言成親の死霊、西光法師が悪霊、鬼界しまの流人どもが生霊なんどぞ申しける」〈平家物語・三・赦文〉⑥**をんりやう（怨霊）**。「怨霊は恐ろしき事なれば、世もいかがあらずらむとて」〈平家物語・一二・大地震〉⑦**うはなり（後妻・次妻）**。「人の怨霊をうはなりとは中古より云ふ詞也」〈松屋筆記〉

カーテン

①**とばり**。「我家《わいへ》にはとばり垂れたるを。大君来ませ」〈催馬楽〉②**すだれ（簾）**。「君待

つとわが恋ひ居ればわが屋戸の簾動かし秋の風吹く」〈万葉集・四・四八八〉③**たれす（垂簾）**。「玉垂れの小《を》簀《す》の垂簾を行きかてに寝《い》は寝《な》さずとも君は通はせ」〈万葉集・一一・二五五六〉④**みす（御簾）**。「上の御局の御簾の前にて、殿上人《てんじやうびと》、日《ひ》一日《ひとひ》、琴笛吹き、遊びくらして」〈枕草子・上の御局の御簾の前にて〉⑤**ちやう（帳）**。「木のめぐりに帳をたてて、帷《かたびら》をあげずは、風もえ吹き寄らじ」〈源氏物語・幻〉⑥**きちやう（几帳）**。「われにかいま見させよと宣へば、いかでかさは侍らむ。格子には几帳添えて侍り」〈源氏物語・空蟬〉⑦**まく（幕）**。「破子《わりご》などものすとて幕ひきまはして」〈蜻蛉日記・中〉⑧**どんちやう（緞帳）**。「緞帳や花によるべの婦人医師」〈俳諧・金剛砂・上〉⑨**たれぬの**。「宿直《とのゐ》の壺屋に呼び入れ給へば、喜びを成して垂れ布を引き開けてゆくりもなく這ひ入りぬれば」〈今昔物語集・二八・三二〉

【補】②〜④は竹製、④は②③の敬語。⑥は移動式カーテン、布製の衝立て。

ガールフレンド

①**をんなともだち**。「常に消息つかはしける女ともだちのもとより、桜の花のいとおもしろかりけるを折りて」〈後撰和歌集・九三・詞書〉②**いも（妹）**。「妹が門行き過ぎかねつ久方の雨も降らぬかそを因《よし》にせむ」〈万葉集・一一・二六八五〉③**わぎも（吾妹）**。**わぎもこ**

（吾妹子）。「汝が母に嘖《こ》られ吾は行く青雲のいで来わぎもこあひて見て行かむ」〈万葉集・一四・三五一九〉④おもひびと（思人）。「勝れたる美人にて、後白河法皇の御最愛ならびなき御おもひ人にておはしけるを」〈平家物語・二・大納言死去〉
【補】①「をんなともだち」は女同士の関係として用いられることが多く、「いも」「わぎもこ」は恋人の意味に近い。また、④「おもひびと」は「愛人」といったニュアンスが強い語であり、右に掲げたいずれの古語も、現代語の用法としてのガールフレンドからは隔たっている。

がいこく（外国）

①かいひ（海彼）。「此是、大委国上宮王の私集にして、海彼の本には非ず」〈法華義疏・序品〉②いこく（異国）。「后神功皇后御代を受け取らせ給ひ、女帝として、鬼界、高麗、契丹まで攻めしたがへさせ給ひけり。異国のいくさをしづめさせ給ひて帰朝の後」〈平家物語・五・都遷〉③とつくに。「蝦夷は是もとより獣《あや》しき心有りて、中《うち》つ国《くに》に住ましめ難し。故《かれ》其の情《こころ》の願《ちかひ》のまにまに邦畿《とつくに》の外《ほか》に班《はべ》らしめよ」〈日本書紀・七・景行五一年〉「外つ国とは、遠つ国といへるにこそ」〈閑居友・上〉
【補】「とつくに」の用例は奈良時代からあるが、それらはいずれも、畿内の国（うちつく

に）に対して、畿外の諸国という意味でもちいられている。ただし、いわゆる外国のことも「とつくに」とよんでいた可能性はある。また、①の「海彼」は使用例のきわめて少ない語である。

かいだん（階段）

①**はし**。「天梯《あまはし》も長くもがも、高山も高くもがも」〈万葉集・一三・三二四五〉②**きざはし**。「きざはしは、御手《て》を取りてのぼせ奉り給ふ」〈宇津保物語・楼上・下〉③**しな**。「御階《みはし》の中のしなの程に居給ひぬ」〈源氏物語・若菜上〉④**（階段の一段一段）はしのこ**。「はしのこを斜めにくだりて」〈古今著聞集・四七五〉

ガイド

①**みさき（御先・御前）**。「天つ神の御子天降りますと聞きつる故に、御前に奉らむとして」〈古事記・上〉②**みちびき**。「諸の大御神たち船舳《ふなのへ》に道引《みちびき》まをし」〈万葉集・五・八九四〉③**せんだち・せんだつ（先達）**。「すこしのことにも、先達はあらまほしき事なり」〈徒然草〉④**あんない・あない（案内）**。「この者、年比さだかならぬ名どころを考置侍ればと

て、一日《ひとひ》案内す」〈奥の細道・仙台〉

かいもの（買い物）

①かひもの（買い物）。「街辻を回って買い物をしたが」〈イソポ物語（天草版）・イソポ生涯の事〉②ものかひ。「物買に二三度わせた姉の親」〈誹風柳多留〉

【補】日本書紀には「あきな（商）ふ」「あきびと（商人）」が見え、「あきなひ（交易・貿易）」もあるが、売買の意で買物に限定されていない。「あきじこり」「あきがはり」が万葉に見えるが、「あき」の単独例は見当らない。「あかなふ」「あかふ」は買い求める意で日本霊異記に見えるが、「あがなひ」「あかひ」は償い、金品を出して罪をつぐなう意である。日本霊異記・下・二七は正月用品の買物に出掛けた話だが、「正月元日の物を買はむ為に……市に去く」とある。また、世継物語に「母上は、きさきにならせ給ても、御丁のめぐりを日に一ものかはむと……めぐりありかせ給ひける」とあり、鎌倉期までは「買物」に相当する名詞はなかったものと思われる。「買ふ」はおそらく「替ふ・交ふ・易ふ」からきたもの。

かいわ（会話）

①**ものがたり。**「忘るやとものがたりして心やり過ぐせどすぎずなほ恋ひにけり」〈万葉集・一一・二八四五〉②**あどかたり。**「知れるどちこそあどがたりもするものなれ」〈宇津保物語・藤原君〉③**かたらひ。**「寝ざめの語らひにも、身の才つき、朝廷に仕うまつるべき道みちしきことを教へて」〈源氏物語・帚木〉④**いひいひ。**「はかなき事の言ひ言ひの果てに、我も人もあしうなりて」〈蜻蛉日記・上〉⑤**だんがふ（談合）。**「近習の人々に、いかがせむずると常に御談合ありけり」〈保元物語・上・新院御謀反思し立つ〉⑥**はなし。**「咲かぬ間の春は桜の話かな」〈犬子集・二〉

【補】（1）①④はお喋り・雑談の意、場面上会話と推定できるもの。②は合いづちを打ちながら話すこと。

（2）「会話する」の意、又は「語り合う」の意には、「言ひあはす」「言ひかはす」「言ひしろふ」「言ひ語らふ」「語らふ」「語りあはす」「うち語らふ」「もの語らふ」「うち物語らふ」などがあたる。

（3）③はねんごろに語り合うで、男女間に用いられる。

かえって（却って）

①**なかなか**。「世のうけひくまじきことなれば、なかなか危ふく思しはばかりて」〈源氏物語・桐壺〉②**かへりて**。「と見るに食ふべき心地せず。かへりて疎ましくなりぬ」〈今昔物語集・二六・一七〉

かおいろ（顔色）

①**いろ**。「岩が根のこごしき山を越えかねて音《ね》には泣くとも色に出でめやも」〈万葉集・三・三〇一〉②**おも**。「目づらかに面日《おも》照りして、驚き恐りて隠る」〈日本霊異記・下・四〉③**おもて**。「命婦おもて赤みて見奉る」〈源氏物語・末摘花〉④**けしき（気色）**。「けしきに出だすべきことにもあらず」〈源氏物語・若菜下〉⑤**かほげしき（顔気色）**。「えしづめずやありけむ、顔気色かはりつつ」〈大鏡・伊尹〉⑥**かほやう（顔様）**。「腹立ちたまふかほやう、けぢかく愛敬づきて」〈源氏物語・常夏〉⑦**きそく、きしょく（気色）**。「御前に参り給ひて、御気色賜り給ひければ」〈大鏡・道隆〉⑧**しんしょく（神色）**。「神色憂へ怖るることかぎりなし」〈今昔物語集・九・三〇〉⑨**きつさう（気相）**。「きつそう変へて見えけ

れば」〈浄瑠璃・八百屋お七〉⑩**がんしよく（顔色）**。「顔色に笑みを含む」〈日葡辞書〉

【補】特定の表情を表すことばには、「喜色《きしよく》」「艶色《えんしよく》」などのように、「色《しよく》」を後行素とする熟語が多くある。

かおつき（顔付き）

①**おも**。「鏡なすかくし常見むおも変りせず」〈万葉集・一八・四一一六〉②**おもやう**。「しもがちなるおもやう」〈源氏物語・末摘花〉③**おももち**。「見返り給へるおももち、もてなしなど、いとおいらかに」〈源氏物語・若菜上〉④**おもざし**。「眉すじかひて、物すさまじげなるおもざし」〈沙石集・九・八〉⑤**かほ**。「語らひがたげなる顔して」〈源氏物語・東屋〉⑥**かほばせ**。「顔面　師説云カホバセ　一云ホ、ツキ」〈和名類聚抄〉⑦**かほつき**。「今も田舎びず、よしよししく、かはらかなるかほつきして」〈宇津保物語・楼上・上〉⑧**かほやう**。「腹立ち給ふかほやうけぢかく愛敬《あいぎやう》づきて」〈源氏物語・常夏〉⑨**かほざま**。「げにこの皮なうては肌寒からましと見ゆるかほざまなるを心苦しと見給ふ」〈源氏物語・末摘花〉⑩**かほもち**。「扇うち使ふかほもちことにをかし」〈大鏡・基経〉⑪**かほざし**。「あら憎の顔差しや」〈米沢本沙石集・九〉⑫**かほさが**。「憎ていなる顔さがに有りしが」〈太閤記・一五〉⑬**かほづくり**。「立役者の色男、しかも顔作名《かほづくり》にふれて、霜さきに後家のくすりぐひにし

たがる程のものもち」〈浮世草子・魂胆遊懐男〉⑭**かほだち。**「かほだちきっとして、すっかりとしたるしろもの」〈洒落本・青楼夜話色講釈〉⑮**ほほつき。**↓⑦かほつき〈和名類聚抄〉⑯**つらつき。**「ただ赤鬼などのやうにるつらつきにて」〈増鏡・一二〉⑰**つらざし。**「もとより楽阿弥はしゆつなるつらざしにて」〈狂言（虎明本）・楽阿弥〉⑱**つらがまへ。**「いよいよ逼塞の諸人の面構《つらがまへ》、曲無く存じ候」〈毛利家文書・四・慶長一三年三月一八日〉⑲**つらがまち。**「ツラガマチ　ツラガマチノ良イまたは悪イ人」〈日葡辞書〉⑳**ようがん（容顔）。**「件貞盛之妻は容顔卑しからず」〈将門記〉㉑**めんさう・めんざう（面相・面像）。**「鬢をかきけるに、鬢水に面像をみれば、寸の首、剣にかかって、むなしくなるといふ面相あり」〈平治物語・信西出家の由来〉㉒**さうがう（相好）。**「熊の背はなんとあるやらうぞ勇士の相好なり」〈史記抄・一〇・呉太伯世家〉㉓**ぎやうさう（形相）。**「ギャゥサゥ（形相）ギャゥサゥ醜シ」〈日葡辞書〉

【補】（1）①～④は、「おも」又はその複合語。⑤～⑭は、「かほ」又はその複合語。⑯～⑲は「つら」の複合語。

（2）「かほ」の複合語には、特定の表情を表すものとして、この他に「ありがほ」「きほひがほ」「きしろひがほ」「けでんがほ」などがある。

（3）「つら」の複合語には、この他に特定の表情を表すものとして、「ほえづら」「なきづら」などがある。

かくめい（革命）

①**かくめい（革命）**。「天道革命の運《とき》に、君臣剋賊の期《とき》に、」〈本朝文粋・七・奉菅右府書《三善清行》〉②**かいしん（改新）**。「賀正《みかどをがみのことをは》礼畢りて、即ち改新之詔を宣ひて」〈日本書紀・二五・大化二年〉

【補】「大化の改新」も革命に近いかと思われるが、日本書紀では「アタラシキニアラダムル」と訓みがあって動詞形である。「唐《もろこし》にもかかる事の起こりにこそ世の乱れあしかりけり」〈源氏物語・桐壺〉の「世のみだれ」も革命に相当すると思われるが、やはり名詞形とは考えがたい。王朝の交替という意では記紀に伝えるいわゆる「大国主の国譲り」などが該当するように思われるが、記紀本文中には「国を奉る」あるいは「国を避《さ》る」という。「宇津保物語」に「国譲り」があるが、これは譲位の意である。「禅譲」に対する「革命」という意では、「国譲り」に対して「謀反」があり、和語としては「みかどかたぶけ」の可能性があるが、「是、武埴案彦《たけはにやすびこ》が謀反《みかどかたぶ》けむとする表《しるし》ならむ」〈日本書紀・五・崇神一〇年〉と動詞形しか確認できない。「御位あらたまり」〈源氏物語・蓬生〉は、譲位ではなく、「昇格」の意である。なお、幕末に「世直し」が考えられるが、この語は「世直し世直し桑原桑原」という呪文であったという。

がくもん（学問）

①**ふみ。**「やんごとなき御前に近づき参り、さべき事など問はせ給ひて、御ふみの師にて侍ふは、うらやましくめでたくこそおぼゆれ」〈枕草子・めでたきもの〉②**ふみの道。**「ふみの道は、少したじろぐとも、そのすぢは多かり」〈宇津保物語・俊蔭〉③**もじ（文字）。**「コウコウ足下でもねえぜ。それだから、ちつとは文字の方へも這入て見ろといふ事よ」〈滑稽本・浮世床・初・中〉④**まなび。**「ちょこざいな学びを為て、人に勧める者もあり」〈古道大意・上〉

かし（菓子）

①**くだもの。**「はかなきくだもの、強飯《こはいひ》ばかりは聞こし召す時もあり」〈源氏物語・薄雲〉②**からくだもの。からがし。**「おもてをり、綾・縑《かとり》にうす物重ねて、打敷にし、蓮の銀のだうばんにだにすゑて参り、からくだ物の花いと異なり」〈宇津保物語・吹上・上〉③**てんじん（点心）。**「十番の斎羹《さいかう》、点心百種、五味の魚鳥、甘酸苦辛の菓子ども」〈太平記・三三・公家武家〉④**ちやうけ（茶受）。**「ちやうけとこれを名付けつつ、しほらしき菓子ども

を、色色組みて出しければ」〈御伽草子・酒茶論〉**⑤ちやのこ（茶の子）。**「チャノコ　茶を飲む際に食べる、味のよいもの」〈日葡辞書〉**⑥あさぶさ。**「朝ぶさや朝《あした》の原の萩の花」〈続山の井・三〉**⑦おめざまし。おめざ。**「朝は豆腐、昼はおめざましお茶菓子、暮がたはともし油、夜更は大平しつぽくなど、一人で八人芸の様にかせぐときは」〈黄表紙・這奇的見勢物語〉「朝《あつた》、起き起きしたら、お目覚《めざ》にお薩をやらうよ」〈滑稽本・浮世風呂・二上〉**⑧おやつ（御八）。**「肩衣の鬼綟角をもぐお八時」〈雑俳・広原海・一九〉

【補】①「くだもの」は果実のことで、②「からくだもの」は中国伝来の油で揚げた菓子類をいう。③「点心」は間食の物から、⑥〜⑧はその時刻からの名称。個別的な菓子名としては、「あをざし」「かくのあわ・かくなわ（結果）」「けいしん（桂心）」「だんぎ（団喜）」など、平安期から見える。

かじ（火事）

①ひのこと。「宵うちすぎてののしる。火のことなりけり」〈蜻蛉日記・下〉**②ひ。**「このころ、盗人いと多かなり。火危ふし」〈枕草子・宮仕人の里なども〉**③ひのさわぎ。**「夜中許に火のさわぎするところあり」〈蜻蛉日記・下〉**④せうまう（焼亡）。**「冷泉院の、南院におはしましし時、焼亡ありし夜」〈大鏡・伊尹〉**⑤くわさい（火災）。**「弘仁九年火災に逢

ふ、皆悉に焼亡す」〈山城国広隆寺資材交替実録帳〉⑥**ひごと。**〈文明本節用集〉

かしこい（賢い）

①**さとし。**「乗燭人《ひともしびと》の聡《さときこと》を美《ほ》め給ひて敦く賞《めぐ》み給ふ」〈日本書紀・七・景行四〇年〉②**とし。**「人となり力強くして軽く捷《とし》」〈北野本日本書紀・一二・履中六年〉③**さかし。**「斑鳩のなきの宮に立てし法《のり》今のさかしき御代に会ふかな」〈日本紀竟宴和歌・上〉④**かしこし。**「年ごろ訪れざりける女、こころかしこくやあらざりけむ、はかなき人の言につきて」〈伊勢物語・六二〉

かしゅ（歌手）

①**うたびと。**「歌人《うたびと》と我を召すらめや笛吹きと我を召すらめや琴弾きと我を召すらめや」〈万葉集・一六・三八八六〉②**うたを（歌男）。うため（歌女）。**「凡そ諸の歌男・歌女・笛吹く者」〈日本書紀・二九・天武一四年〉③**うたうたひ。**「橘世忠などはうたうたひにぞ侍ふ」〈天徳四年内裏歌合〉④**うたひて。**「まづうたひてを民部卿申入て、ちかき比おもしろき声どもにて」〈御湯殿上日記・文明一五年二月五日〉⑤**うたひめ（歌女）。**「往古《むかし》戦国の最

中に白拍子とて歌妓《うたひめ》はあれど」〈人情本・恋の若竹・中〉

かぞく（家族）

①**うから。うがら。**「栲綱の新羅の国ゆ人言をよしと聞かして問ひ放くる親族兄弟《うからはらから》無き国に渡り来まして」〈万葉集・三・四六〇〉②**やから。**「縦《も》し、詔に違ひて、禁むる所を犯すこと有らば、必ず其の族《やから》を罪せむ」〈日本書紀・二五・大化二年〉③**いへびと（家人）。**「いへびとは帰り早来《はやこ》といはひ島斎ひ待つらむ旅行くわれを」〈万葉集・一五・三六三六〉④**よすが。**「あまた行くところもあり、もとよりのよすがなどもあれば、しげくも見えぬを」〈枕草子・成信の中将は、入道兵部卿の宮の〉⑤**ゆかり。**「すべてこの御ゆかりの御よろこびし給へる、いとめでたく」〈落窪物語・三〉⑥**けご（家子）。**「然るに禄いまだ給はらず。是を給ひてわろきけごに給はせん」〈竹取物語〉⑦**ひといへ。**「いかにいかにとひといへおぼし歎く程に」〈栄花物語・花山たづぬる中納言〉⑧**いつか（一家）。**「この大納言殿、入道殿とは一家にて睦しき御中ぞかし」〈栄花物語・衣の華〉⑨**ひとぞう（一族）。**「ひとぞうの歎き、いとほしげ也」〈増鏡・一四〉⑩**さんぞく（三族）。**「今は残り留りたる者とては、三族に遁れざる一家の輩」〈太平記・一一・越中守護自害事〉⑪**けんぞく（眷族・眷属）。**「世の人の住みかを作る習ひ……あるは妻子、眷族のために作り」〈方丈記〉⑫**うちわ（内輪）。**

「内輪の茶番こそ、すこし意地悪をして」〈滑稽本・八笑人・三の下〉⑬**みより（身寄）**。「身寄の者も長き年月の中に死に果てて」〈人情本・恩愛二葉草・三の八〉

【補】①うから、②やからの「から」は血族集団をさす言葉らしく、「うから」も「やから」も現在の「家族」よりも広い範囲をさすようだ。なお、ヤカラは「家・から」で、家屋を共有する一族をいうか⑥の「けご（家子）」は、弟子・配下の者の意とみる説が有力である。

かたづける（片づける）

をさむ。「孫晨は冬の月に衾なくて、わら一束ありけるを、夕べには、これに臥し朝にはをさめけり」〈徒然草・一八〉

がっかりする　きおちする。らくたんする。

①**わぶ。わぶる**。「今は吾《わ》はわびぞしにける気《いき》の緒に思ひし君をゆるさく思へば」〈万葉集・四・六四四〉②**わびし**。「君は来ず我は故なく立つ波のしくしくわびしかくて来ずやと」〈万葉集・一二・三〇二六〉③**あへなし（敢無）**。「艶なる歌も詠まず、気色ばめる消息《せうそこ》

もせで、いと直家《ひたや》ごもりに情なかりしかば、あへなき心地して」〈源氏物語・帚木〉④**くづほる。おもひくづほる。**「大臣《おとど》の御おきて、あまりすくみて、名残なくくづほれ給ひぬるを、世の人も言ひ出づる事あらむや」〈源氏物語・藤裏葉〉⑤**くちをし。**「我亡くなりぬとて、口惜《くちを》しう思ひくづほるな」〈源氏物語・桐壺〉⑥**しほしほ。**「女にておはしましかば、いかにしほしほと口惜しからまし」〈増鏡・五〉⑦**しよげる。**「引き金損ねし大筒に、放した嘘の当て違ひ、しよげり入ってぞ控へゐる」〈浄瑠璃・蝶花形名歌島台・一〉

かっこう（恰好・格好）

①**すがた。**「立ちしなふ君がすがたを忘れずは世の限りにや恋ひ渡りなむ」〈万葉集・二〇・四四四一〉②**ふるまひ。**「常なりし咲まひ振まひいや日異に変らふ見れば」〈万葉集・三・四七八〉③**なり。**「落窪をさしのぞいて見給へば、なりのいとあしくて」〈落窪物語・一〉④**さま。**「いといたく苦しがりたるさまして居たり」〈竹取物語〉⑤**かたち。**「かぐや姫かたち世に似ずめでたき事を帝聞こしめして」〈竹取物語〉⑥**かほかたち。**「かほかたちよしと聞こし召して」〈竹取物語〉⑦**みめ。**「経たふとく読み、みめ清げなるにつけても」〈枕草子・位こそ猶めでたき物はあれ〉⑧**みめかたち。**「みめかたちよりも、うちいだしたるさえ、うちいだしたることなどを見るに」〈宇津保物語・内侍督〉⑨**かた。**「白銀を筆のかた

に作りて」〈落窪物語・三〉⑩**さまかたち**。「様かたちも清げなりければ、あはれがりたまうて」〈大和物語・一四六〉⑪**なりかたち**。「馬鞍の飾りも舎人・馬添などのなりかたちなども」〈狭衣物語・四〉⑫**ありさま（有様）**。「人は位かは。ありさま、すること、するわざなどこそ」〈宇津保物語・国譲・上〉⑬**けしき（気色）**。「この女、けしきいとよし」〈伊勢物語・六三〉⑭**いきほひ**。「大方世ゆすりて、所せき御いそぎのいきほひなり」〈源氏物語・少女〉⑮**たたずまひ**。「おほやけわたくしの人のたたずまひ」〈源氏物語・帚木〉⑯**けぶり**。「よそなりし同じときはの心にて絶ずや今も松のけぶりは」〈和泉式部続集・下〉⑰**けはひ**。「気はひ気高く、愛敬付きて故有り」〈今昔物語集・二四・三一〉⑱**てい（体）**。「況や、物の躰《てい》見るに、更に只者に非ず」〈今昔物語集・二・二六〉⑲**たい（態）**。「万の物に体と精と態と三つの事備りたり」〈ぎゃどぺかどる・上・一・一〉⑳**ありやう（有様）**。「のたまへ、まづ篤昌がありやうをうけたまはらん」〈宇治拾遺物語・四・一〇〉㉑**やうす（様子）**。「いつもより、きらびやかにおりやる。此様子をば、めききなされませい」〈狂言記・吟聟〉㉒**ふうてい（風体）**。「客の風躰は、御大名の勝手用人とも云ふかつこにて」〈洒落本・辰巳之園・通言〉㉓**ありすがた（有姿）**。「急ぎ家に帰りたれば、母ありすがたをつぶさに語り侍り」〈御伽草子・二四孝〉㉔**なりふり**。「裾《つま》を引あげ、ちよこちよことありくなりふり」〈浮世草子・好色一代男・三・五〉㉕**せいかつこう。せかつこう（背恰好）**。「背恰好《せいかつこう》はすらりとして」〈滑稽本・浮世風呂・三下〉㉖**をとこぶり（男振）**。「男ぶりにも構はれぬ証拠には」〈浮世草子・好色一代男・七・三〉㉗**をんなぶり（女振）**。「道理だ。別に女ぶりが上がつた」〈滑稽本・浮世風呂・二下〉

かならず（必ず）

①**うたがた**。「離れ磯に立てるむろの木うたがたも久しき時を過ぎにけるかも」〈万葉集・一五・三六〇〇〉②**いちぢやう（一定）**。「いちぢやう、仕まつらむずる仁に仰せ付けらるべうや候ふらむ」〈平家物語・一一・那須与一〉③**かまへて**。「かまへて参り給へ」〈宇治拾遺物語・三・八〉④**かまひて**。「この渡りは大事の渡りにて候ふ。かまひて静かに召され候へ」〈謡曲・隅田川〉⑤**せいもん（誓文）**。「せいもん酔はぬぞえ」〈歌舞伎・助六由縁江戸桜〉

かならずしも（必ずしも）

あながち。「時々入り取りせんは何か、あながちひがことならん」〈平家物語・八・鼓判官〉

かねもち（金持ち）

①とみひと。「富人《とみひと》の家の児どもの着る身無み腐《くた》し棄つらむ絁綿《きぬわた》らはも」〈万葉集・五・九〇〇〉**②ちやうじや（長者）**。「もし天竺にたまさかに持て渡しなば、もし長者のあたりにとぶらひ求めむに」〈竹取物語〉**③ざいしゅ（財主）**。「畏り忌むに足らずとも雖も、財主懼りて自ら与へたらば、亦同じ」〈律・賊盗〉**④かうけ（豪家・高家）**。「親ある人の身の才もなくて、かうけを頼み、宝を尽くして」〈宇津保物語・祭の使〉**⑤ふがう（富豪）**。「諸郡司の中、富豪恪勤の者を択び、募りて五位を以て、三年の内を期して、件の郡を治めしめよ」〈類聚三代格・七・斉衡二年正月二八日太政官符〉**⑥だいふくちようじや（大福長者）**。「この邦綱卿は大福長者にておはすれば」〈平家物語・五・都遷〉**⑦たいか（大家）**。「世の譏《そし》りをも知らず、侈《おご》りを究め欲を恣にせし大家の氏族」〈太平記・二一・天下時勢粧事〉**⑧うとく（有徳・有得）**。「或山寺に有得《うとく》の房主、弟子門徒多きありけり」〈米沢本沙石集〉**⑨ふくじん（福人）**。「あるぬすびと、ふくじんの家に忍びいらうずると思へども」〈イソポ物語（天草版）〉**⑩ふゆう（富裕）**。「当時富裕の輩が」〈太平記・一・関所停止事〉**⑪ふいう（富有・富祐）**。「我彼の恩徳に依て富有の身と成りぬ」〈三国伝記・一・一五〉**⑫きんしゅ（金主）**。**ぎんしゅ（銀主）**。「大名に金を貸す、京坂には銀主、江戸には金主と云ふ」〈守貞漫稿・七〉**⑬いうふく（有福）**。「かく有福に跡式を譲り給ひ、七年以前に身まかりぬ」〈耳袋・六〉**⑭まんぷくちやうじや（万福長者）**。「知っての通りこちの家も万福長者といふではないが」〈歌舞伎・人間万事金世中・大切〉**⑮ぶけん・ぶんげん（分**

限）。「銀五百貫目よりして、是を分限《ぶげん》といへり。千貫目の上を長者とは云ふなり」〈浮世草子・日本永代蔵・一・一〉⑯**おほどころ。おほどこ**。「この者も、同じ所から大所《おほどころ》に使はれなば、それぞれの商人になるべきものを」〈浮世草子・日本永代蔵・一・三〉⑰**だいじん（大尽）**。「ぱっぱの大小金つばに、熊谷笠を引かふて、七八文字にはだかりて、だいじんらしく歩くもあり」〈仮名草子・元の木阿彌・上〉⑱**ふうき（富貴）**。「下人、下女を置添て富貴にみせかけ」〈浮世草子・日本永代蔵・一・五〉⑲**はらふくれ**。「百万両分限と呼ばれたる大のはらふくれあり」〈黄表紙・見徳一炊夢・上〉⑳**きんまん（金満）**。「いづれ金満の息子株、色の白いいやみなしの梅幸、団十郎」〈滑稽本・八笑人・初・上〉㉑**まるもち**。「○持《まるもち》の息子株と見えて尤よし」〈洒落本・箱まくら・下〉㉒**もちまる長者**。「そもや廓へ来る人のたとへもちまるちやうじやでも、金に詰るは有る習ひ」〈浄瑠璃・冥途の飛脚・中〉㉓**おほがねもち**。「天竺の大かね持、月蓋と名に高き、さつてもしはい長者あり」〈浄瑠璃・博多小女郎波枕・長者経〉

かぶる（被る）

かづく。「黒きものかづきて、この君ふし給へる」〈源氏物語・手習〉

がまんする（我慢する） 辛抱する。堪える。

①**あふ。**「秋されば置く露霜にあへずして都の山は色づきぬらむ」〈万葉集・一五・三六九九〉②**ねんず（念ず）。**「猿の耳をいたくつめば、念じいたるほどに」〈今昔物語集・二六・八〉③**しのぶ。**「玉の緒よ絶えなば絶えねながらへばしのぶることの弱りもぞする」〈新古今和歌集・一〇三四〉④**たふ。**「この歌は、都近くなりぬる喜びにたへずして言へるなるべし」〈土佐日記〉⑤**こらふ。**「此有様を見奉るに、こらへつべしとも覚えねば」〈金刀比羅本保元・下・義朝幼少の弟悉く失はるる事〉⑥**こたふ。**「こたへんとするにこたへがたき地獄も、かくやと不便《ふびん》なり」〈浄瑠璃・心中重井筒〉

かみなり（雷）

①**いかつち。いかづち。**「頭には大雷《おほいかづち》居り、胸には火雷《ほのいかづち》居り、腹には黒雷《くろいかづち》居り、陰《ほと》には拆雷《さきいかづち》居り、……幷せて八はしらの雷神《いかづちがみ》成り居りき」〈古事記・上〉②**かみ。**「道の後《しり》こはだ嬢子《をとめ》をかみのごと聞こえしかども相枕まく」〈古事記・中・歌謡〉③**ひかるかみ。**「天地の神は無かれや愛しきわが妻離《さか》る光神《ひかるかみ》鳴はた嬢子携はり共にあらむと」〈万葉集・一九・

四二三六〉④**なるかみ**。「雷神《なるかみ》も少しとよみてさし曇り雨も降らぬか君を留めむ」〈万葉集・一一・二五一三〉⑤**かむとけ・かみとけ・かむとき・かみとき**。「霹靂《かむとけ》の光れる空の九月の時雨の降れば雁がねもいまだ来鳴かず」〈万葉集・一三・三二二三〉⑥**へきれき・ひやくらく（霹靂）**。「去月の霹靂に縁りて新田部親王に勅して神祇官を率ゐてこれを卜はしむ」〈続日本紀・天平二年閏六月一七日〉⑦**いなづま**。「秋の田の穂の上を照らすいなづまの光のまにも我や忘るる」〈古今和歌集・五四八〉⑧**いなびかり（稲光）**。「夕暮れにいなびかりのすを見て」〈宇津保物語・俊蔭〉⑨**いなつるび（稲つるび）**。「電　和名イナビカリ、一云イナツルビ、又云イナヅマ」〈和名類聚抄〉⑩**いなたま（稲魂）**。〈観智院本名義抄〉⑪**らいこう（雷公）**。「雷公、所所に堕つ」〈日本紀略・万寿四年五月二四日〉⑫**らいでん（雷電）**。「雷電の声は尤も百里の内に響く」〈将門記〉⑬**らい（雷）**。「らいの鳴るといへる、らい、如何。答、らいは雷也。いかづちとよめり」〈名語記・四〉⑭**はたがみ**。「俄に震どふはた神鳴り渡り、東の空より黒雲たなびき」〈上野国赤城山之本地・六〉⑮**はたたがみ**。「ささやく声はいかつちの如く、いかれば百千万のはたたがみ鳴り渡る如くにて」〈御伽草子・御曹子島渡〉

かりそめ

一時的。つい。

①**いささか**。「いささかに思ひて来《こ》しをたこの浦に咲きける藤見て一夜経ぬべし」〈万葉集・一九・四二〇一〉②**いささめに**。「真木柱作る杣人《そまひと》いささめに仮廬《かりほ》のためと造りけめやも」〈万葉集・七・一三五五〉③**むなし**。「世の中はむなしきものと知るときしいよよますます悲しかりけり」〈万葉集・五・七九三〉④**かり**。「人を思ふ心はかりにあらねども雲居にのみもなき渡るかな」〈古今和歌集・五八五〉（⑪参照）⑤**かりそめ**。「かりそめの行き交ひ路《ぢ》とぞ思ひ来し今は限りの門出なりけり」〈古今和歌集・八六二〉（⑫参照）⑥**あからさま**。「暇許させ給はぬを、強ひて申してあからさまに罷でぬ」〈宇津保物語・忠乞〉（⑬参照）⑦**ゆきずり**。「人待ち給へらむ人の、行《ゆ》き摺《ず》りの打ち付け心に宣はむ事、聞かむこそをかしけれ」〈今昔物語集・二八・一〉⑧**しばらく**。「匂ひなどは仮のものなるに、しばらく衣装に薫物すとは知りながら、えならぬ匂ひには必ずときめきするものなり」〈徒然草・八〉⑨**いつくわ・いつか（一花・一過）**。「一花浮気の沙汰」〈浮世草子・傾城禁短気・三〉⑩**いささかも**。「いささかも人の心をまげたることはあらじ」〈源氏物語・桐壺〉⑪**かりにも**。「生ふれども駒もすさめぬあやめ草かりにも人の来ぬがわびしき」〈拾遺和歌集・七六八〉⑫**かりそめにも**。「今より後、子とも母とも思ふべからず。かりそめにも見えず、音にも聞かざらん方へ惑ひ行け」〈曾我物語・四・母の勘当被る事〉⑬**あからさまにも**。「あからさまにも渡り給はず」〈源氏物語・葵〉⑭**あじやらにも**。「夫婦仲睦まじいとて、あじやらにも悋気《りんき》ばしして去らるるな」〈浄瑠璃・仮名手本忠臣蔵・九〉

かわいい（可愛い）

①**めぐし**。「妻子《めこ》みればめぐしうつくし」〈万葉集・五・八〇〇〉②**かなし**。「父母を見れば尊く妻子《めこ》みればかなしくめぐし」〈万葉集・一八・四一〇六〉③**うつくし**。「うつくしきあが若き子を置きてか行かむ」〈日本書紀・二六・斉明四年・歌謡〉④**まがなし**。「置きて行かば妹《いも》はまがなし」〈万葉集・一四・三五六七〉⑤**をし**。「わが背子は玉にもがもな手に巻きて見つつ行かむを置きて行かばをし」〈万葉集・一七・三九九〇〉⑥**めづらし**。「人毎に折りかざしつつ遊べどもいやめづらしき梅の花かも」〈万葉集・五・八二八〉⑦**めだし**。「今の薬師《くすりし》尊かりけりめだしかりけり」〈仏足石歌〉⑧**をかしげ**。「きたなげなき女、いとをかしげなる子をいだきて」〈大和物語・一六九〉⑨**らうたし**。「をかしげなるちごの、あからさまにいだきて遊ばしうつくしむほどに、かいつきて寝たる、いとらうたし」〈枕草子・うつくしきもの〉⑩**ふびん（不憫）**。「いとふびんなる人柄なり。仲忠の朝臣と等しくなむ、かたち、心、身の才侍る」〈宇津保物語・吹上・上〉⑪**をかし**。「うへにさぶらふ御猫は、……いみじうをかしければ」〈枕草子・うへにさぶらふ御猫は〉⑫**めづらし**。「人の顔に、とり分きてよしと見ゆる所は、たびごとに見れども、あなをかし、めづらしとこそおぼゆれ」〈枕草子・二七一〉⑬**いとほし**。「一人しもおぼし咎むるこそいとほしけれ。さらばいかがすべ

き」〈狭衣物語・四〉⑭**あいらし（愛らし）**。「わらはが養ひ姫は御みめうつくしく、御目は細細としてあいらしくおはするぞや」〈米沢本沙石集・一・一〇〉⑮**あいあいし（愛愛し）**。「御びんぐきより始めて、気高くあいあいしくて」〈源平盛衰記・一二・新院厳嶋御幸〉⑯**つぼし**。「馴れてつぼいは山伏」〈謡・大江山〉⑰**しほらし**。「あらしほらしやと思うて、通りさまにしつくりと抓つたれば」〈狂言（虎明本）・枕物狂〉⑱**かはゆし**。「慣れぬれば衣の虫もかはゆくて」〈犬筑波〉⑲**いたいけらし**。「上方衆のやうにいたいけらしき声遣ひて……軽薄を云ふ事は」〈三河物語・下〉⑳**いとし**。「御身いとしにはきりがない」〈宗安小歌集〉㉑**あいくろし**。「あなたの親御なら偏意《かたぎも》にて小《こ》面憎《づらにく》からうと思うたが、利根様と違うてあいくろしい御人ぢや」〈歌舞伎・傾城浅間嶽・上〉

【補】動詞「かわいがる」に当たるのは、「ときめかす」である。「かくなる事なき人を率ておはしてときめかし給ふこそ、いとめざましくつらけれ」〈源氏物語・夕顔〉

かわいそう（可愛そう）　⇩あわれ

かわいらしい（可愛らしい）

①**をし。**「汝、命と婦と孰《いづれ》か尤《はなは》だ愛《を》しき」〈日本書紀・一九・欽明二三年〉②**うつくし。**「それを見れば三寸ばかりなる人いとうつくしうてゐたり」〈竹取物語〉③**らうたし。**「これがいとらうたく舞ひつること語りになむものしつる」〈蜻蛉日記・中〉④**あいづかはし。**「みめなどは似通ひ給へりけるが、いま少しにほひありて、あいづかはしきやうにぞおはしける」〈今鏡・六〉⑤**あいあいし（愛愛し）。**「青黛の眉のわたりたんくゎの口付あいあいしく」〈源平盛衰記・一九・文覚発心〉⑥**あいらし。**「御目は細々として、あいらしくおはするぞや」〈米沢本沙石集・一・一〇〉⑦**かはいらし。**「ひとつは物腰程かはいらしきはなし」〈浮世草子・好色一代女・一・三〉⑧**かはゆらし。**「在郷人にはつやある若衆、然もかはゆらしき風俗して」〈浮世草子・好色一代女・六・三〉⑨**あいくろし。**「あいくろし化粧も薄ふはでならず」〈享保中折句集〉⑩**かあいらし。**「かあいらしいこゑにて　お山さんえらう寒いな」〈滑稽本・浮世風呂・二・上〉⑪**あいくるし。**「第一誰にでもあいくるしうございますから」〈滑稽本・玉櫛笥〉

【補】（1）「をし」の例は寛文版の訓による。「をし」の有名な例が、百人一首にある。「人もをし人もうらめしあぢきなく世を思ふ故にもの思ふ身は」〈続後撰和歌集・一二〇二〉

（2）「いとほし」は、中世から近世初期は「イトーシー」と長音に発音した。「四人は昔の情け深き故に乳を呑もいとうしく」〈沙石集・七・九〉などがその例である。

かわるがわる（替る替る）

①**かたみに。**「水鳥は鴛鴦いとあはれなり。かたみに居替はりて羽の上の霜払ふらむほどなど」〈枕草子・四一〉②**たがひに。**「春秋たがひにかはる」〈大唐西域記長寛元年点〉

【補】平安時代においては「かたみに」は和文調の文章で、「たがひに」は漢文訓読調の文章で用いた。

かんきょう（環境）

①**めぐり。**「愚かにそ我は思ひしをふの浦の荒磯のめぐり見れど飽かずけり」〈万葉集・一八・四〇四九〉②**くにがた（国形）。**「国忍別命、詔りたまひしく、『吾が敷き坐す地は、国形宜し』」〈出雲国風土記・島根郡〉③**よのなか。**「高き家の子として世の中の栄えに驕りならひぬれば」〈源氏物語・少女〉

かんけい（関係）

①**よすか。よすが。**「志賀の山いたくな伐りそ荒雄らがよすかの山と見つつ偲はむ」〈万葉集・一六・三八六二〉②**たより。**「女どもの知るたよりにて、おほせごとを伝へはじめ侍りしに」〈源氏物語・東屋〉③**えん（縁）。**「遠きありきする人の、つぎつぎえん尋ねて、文得んといはすれば」〈能因本枕・八二〉④**ゆかり。**「上を限りなく思ひ聞えさせ給ふ御ゆかりにこそはと」〈栄花物語・浦々の別〉⑤**つて。**「さゆる夜のね覚の枕夢絶えて嵐をつてに降るあられかな」〈続後拾遺和歌集・四七八〉⑥**かかはり。**「刀自、女官などいふものだに、かず定まらず、もとのかかはり、なからんあとなど申して参らすれば」〈たまきはる〉⑦**ちなみ。**「丸岡天竜寺の長老、古き因《ちなみ》あれば尋ぬ」〈奥の細道〉⑧**てづる。**「お郷さんの姉さんが三浦屋とやらに居るとの事、その手蔓《てづる》で」〈人情本・閑情末摘花・二・一二〉⑨**かかりあひ。**「新と云は、ねんぐ納めの時分、かかり合の役人也」〈洒落本・甲駅夜の綿〉⑩**かまひ。**「その時節かまひなき町人あまたに切先を当て」〈浮世草子・本朝桜陰比事・四・九〉⑪**ひきあひ。**「公辺そのほか他所の引き合ひ出来る時は」〈世事見聞録・六〉

かんご（看護）

①**かんびやう（看病）**。「禅師法栄、立性清潔、持戒第一にして、甚だ能く看病す」〈続日本紀・天平勝宝八年〉②**かいはう（介抱）**。「夫《それ》は気のどくな事で御ざる。それへ参て、御介抱申度うは御座れ共」〈狂言（虎寛本）・止動方角〉③**せわ（世話）**。「そして誰がおまはんの病気の世話をしますヱ」〈人情本・春色梅児誉美・初・一〉

がんこ（頑固）　偏屈。片意地。

①**かたくな**。「本性の愚かなるに添へて、子の道の闇に立ち交じり、かたくななるさまにや」〈源氏物語・若菜上〉②**かたくなし・かたくなはし**。「ひがことどもに書きなしたれば、いとどをこにかたくなしき入道の心ばへも現れぬべかめり」〈源氏物語・明石〉③**かたむくろ（堅軀）**。「偏頗は、かたむくろに、我が言うた事、我が良いと思うた人の事を、無理に誉むる事ぞ」〈玉塵抄・五〇〉④**じやうごは・じやうごはし（情強）**。「きやつは家例のじようごはでおぢやる。道すがら争ひませうず」〈狂言・宗論〉⑤「**いしんぢょ（石丈）**」〈浄瑠璃・八百屋お七・上〉、「**いちがい（一概）**」〈浄瑠璃・山崎与次兵衛寿門松・上〉、

か

「**いっこく（一刻）**」〈洒落本・傾城買四十八手〉、「**がうじやう（強情）**」〈人情本・春色辰巳之園・初〉、「**かたぢ（堅地）**」〈浄瑠璃・ひぢりめん卯月紅葉・上〉など。

かんこう（観光）

①**いうらん（遊覧）**。「松浦の県に往きて逍遥し、聊かに玉島の潭に臨みて遊覧せしに」〈万葉集・五・八五三〉②**ものみ（物見）**。「春日の祭りにまかれりける時に、ものみに出でたりける女のもとに」〈古今和歌集・四七八・詞書〉③**ことみ（事見）**。「さるべき折節のをかしき事見には、宮仕へならず参り給ひけるを」〈栄花物語・月の宴〉④**けんぶつ（見物）**。「此の暁、女方堂に渡りて見物す」〈御堂関白記・長和五年三月一二日〉⑤**ゆぎやう（遊行）**。「或時の夕暮れに臨みて、寺の外に立出でて遊行する程に」〈今昔物語集・七・一五〉⑥**ふいう（浮遊）**。「本朝鼎臣の外相を以て、異国浮遊の来客に見えん事」〈源平盛衰記・一一・大臣所労事〉⑦**ものみゆさん（物見遊山）**。「物見遊山のと申して、都は殊の外賑かな事で御ざる」〈狂言（虎寛本）・茫々頭〉⑧**ゆさん（遊山）**。「我儘なる故、我身を忘れ、遊山・見物・月見・花見」〈甲陽軍鑑・品川〉⑨**いうかう（遊行）**。「花紅葉に遊行せしさまなども」〈近世畸人伝・四〉

かんじ（漢字）

①**な**。「高麗の上れる表疏《ふみ》烏の羽に書けり。字《な》、羽の黒き随《まま》に、既に識る者無し」〈日本書紀・二〇・敏達元年〉②**じ（字）**。「文を敷き句を構ふること、字におきてすなはち難し」〈古事記・序〉③**をとこもじ（男文字）**。「言の心ををとこもじに、さまを書き出だして」〈土佐日記〉④**をとこで（男手）**。「その次にをとこで、はなちがきに書きて」〈宇津保物語・国譲〉⑤**まな（真名）**。「いみじう、まなも仮名《かんな》もあしう書くを」〈枕草子・雨のうちは〉⑥**まんな（真名）**。「たどたどしきまんなに書きたらんも、いと見苦しと」〈枕草子・頭の中将の〉⑦**ほんじ（本字）**。「清濁は、本字に、直に濁也」〈洒落本・辰巳之園・通言〉

【補】「かな」「まな」は、それぞれ仮りの「な」、ほんとうの「な」の意だから、「字」は①のように「な」と訓読されていただろう。「まな（まんな）」あるいは「男文字（男手）」「本字」といった呼称は、かな文字が発明された以降にしか出てこないのはいうまでもなかろう。

かんじ（感じ）

①**けしき（気色）**。「かぐや姫のある所に至りて見れば、猶物思へるけしきなり」〈竹取物語〉②**こころばへ**。「『みちのくの忍ぶもぢずり誰ゆゑに乱れそめにし我ならなくに』といふ歌の心ばへなり」〈伊勢物語・一〉③**ここち**。「女君、ありつる花の、露に濡れたる心ちして」〈源氏物語・紅葉賀〉④**こころのいろ**。「ときはなる日かげのかつら今日しこそ心の色に深く見えけれ」〈後撰和歌集・七三六〉⑤**け（気）**。「口つき愛敬づきて、少しにほひたるけつきたり」〈落窪物語・一〉⑥**けはひ**。「秋のけはひ入り立つままに土御門殿のありさま、言はむかたなくをかし」〈紫式部日記〉⑦**おもむき**。「人の心の、とあるさま、かかるおもむきを見ゆるに」〈源氏物語・若菜上〉⑧**おぼえ**。「我は物の覚え侍らぬぞ。助けたまへ」〈讃岐典侍・上〉⑨**きみ（気味）**。「閑居の気味もまた同じ」〈方丈記〉⑩**き（気）**。「程なく鼠をぢ恐れて、逃げ隠れ、桁、梁をも走らず。歩くといへ共、さなりもなく忍び歩きのてい也。かかるきのうまき事なし」〈御伽草子・猫の草紙〉⑪**こころもち**。「宜敷き気もち心持《こころもち》、嗅《かか》もやき餅打ち忘れ」〈談義本・古朽木・二〉

かんしゃ（感謝）

①**よろこび**。「よろこび奏するこそをかしけれ」〈枕草子・よろこび奏するこそ〉②**きえつ（喜悦）**。「偏に鴆毒の甘きに随ひて喜悦極りなし」〈将門記〉③**かたじけなさ**。「喜悦の思《おもひ》をなす処に、この額のゆゑなり、と夢想の告《つげ》あり、此事のかたじけなさに」〈著聞集・七・二九一〉④**れい（礼）**。「宿へも礼をいうて帰りける」〈浮世草子・好色一代男・七・三〉⑤**ありがたい（有難）**。「花車《くわしや》がお有がたいの挨拶」〈浮世草子・当世銀持気質・一・一〉

かんじょう（感情）

①**こころ**。「磐代の野中に立てる結び松情《こころ》も解けず古思ほゆ」〈万葉集・二・一四四〉②**ここち**。「あれも戦はで、心ちただ痴《し》れに痴れて、守り合へり」〈竹取物語〉③**なさけ**。「木・草・山・川・鳥・獣・魚・虫など……なさけなきものに」〈三宝絵詞〉

かんしょうする（鑑賞する）

かる。「折りにつけつつ桜をかり、紅葉を、もとめ」〈方丈記〉

かんじる（感じる）

①**おもほゆ。**「瓜はめば子どもおもほゆ」〈万葉集・五・八〇二〉②**おぼゆ。**「隅田川のほとりに至りて都のいと恋しうおぼえければ」〈古今和歌集・四一一・詞書〉

かんしん（感心）

①**あはれ。**「俗聖《ぞくひじり》とか、この若き人々のつけたなる。あはれなることなり」〈源氏物語・橋姫〉②**あつぱれ。**「あつぱれ、この世の中は只今乱れ、君も臣も滅びうせんずるものを」〈平家物語・五・文覚被流〉③**かんどう（感動）。**「和琴の調の間には鬼神も感動するかとぞ覚えし」〈太平記・四〇〉

かんしん（関心）

①**こころびき。**「あらたまの年の緒長く相見てしその心引《こころび》き忘れえめやも」〈万葉集・一九・四二四八〉②**きよう（興）。**「をかしき事にもあるかな。もつともえ知らざりけり。興ある事申したり」〈竹取物語〉③**きがかり（気懸）。**「遣り付た物を遣らねば気がかりな」〈狂言（虎寛本）・米市〉

かんぜん（完全）

①**まつぶさ。**「ぬばたまの黒き御衣《みけし》をまつぶさに取り装《よそ》ひ」〈古事記・上〉②**つぶさに。**「教へのまにまに少し行《いでま》ししに、備《つぶさ》に其の言の如し」〈古事記・上〉③**またし。まつたし。まつたく。まつたう。**「あらたまの年の緒長くかく恋ひばまこと我が命またしからめやも」〈万葉集・一二・二八九一〉④**まほ。**「女君の御貌《かたち》のまほに美しげにて」〈源氏物語・総角〉

【補】③は、生命・肉体について言うことが多い。

かんぜんだ（完全だ）

①**くまなし。**「八月十五夜、隈なき月かげ、ひま多かる板屋、のこりなく漏り来て」〈源氏物語・夕顔〉②**またし。**「いとまたくすきまなき心もあり」〈源氏物語・東屋〉③**まほ。**「まほにはあらぬ御けしきを、心苦しく見奉り給ふ」〈源氏物語・若菜上〉

【補】「まほ」の対義語として、「不完全」の義を持つ「かたほ」があげられる。

きおちする（気落ちする）

⇩がっかりする

きがかりだ（気掛かりだ）

⇩しんぱいだ

きがねする（気兼ねする）

⇩えんりょする

きげん（機嫌）

①**けしき（気色）**。「おほやけの御けしきあしかりけり。おのが齢を思ひけれど、若からぬ人は聞きおひけりとや」〈伊勢物語・一一四〉②**きしよく（気色）**。「明雲は法皇の御気色《きしよく》あしかりければ、印鎰を返したてまつりて、座主を辞し申さる」〈平家物語・二・座主流〉

きけんだ（危険だ）

①**あやふし**。「もはら風やまで、いやふきに、いやたちに、かぜなみのあやふければ」〈土佐日記〉②**ほとほとし**。「かぞへの頭が、ほとほとしかりけむなどぞ、かの監がゆゆしさを、思しなずらへ給ふ」〈源氏物語・蛍〉③**あぶなし**。「内裏ちかき火の事ありてすでにあぶなかりしかは」〈右京大夫集・五八・詞書〉

ぎじゅつ（技術）

①**わざ**。「口鼓《くちつづみ》を撃ち、伎《わざ》を為《な》して」〈古事記・中〉②**ざえ（才）**。「文才をばさるものにて

き

言はず、さらぬ事の中には、琴弾かせ給ふ事をなん一の才にて、次には横笛、琵琶、箏の琴をなむ、次々に習ひ給へる」〈源氏物語・絵合〉③**のう（能）。**「能を付かんとする人」〈徒然草〉

きだて（気立て）

①**こころ。**「その人、かたちよりは心なんまさりたりける」〈伊勢物語・二〉②**こころばせ。**「昔、山にて見つけたる。かかれば、心ばせも世の人に似ず侍り」〈竹取物語〉③**こころばへ。**「たち別れなむことを、心ばへなどあてやかにうつくしかりつる事を見ならひて、恋しからん事のたへがたく」〈竹取物語〉④**こころざま。**「この姫君は、悪しき事をもかしがましく言ひ、良き事をば掲焉《けちえん》にほむる心様なれば」〈落窪物語・一〉⑤**こころもち。**「歌の方は式部、さうなき上手なれども、身のふるまひ、もてなし、心持《こころもち》など、赤染には及び難かりけるにや」〈無名抄〉

きたない（汚い）

①**しこめし。**「吾《あ》は、いなしこめしこめき、穢《きたな》き国に到りてありけり」〈古事記・上〉②**き**

たなし。「いみじうきたなきもの、なめくぢ」〈枕草子・いみじうきたなきもの〉③**いぶせし**。「五月雨さへかきくらし、まことにいぶせかりけるに」〈平家物語・二・祇園女御〉④**むさし**。「定まりて未練なる大将は心せばく意地むさけれど器用だてをして」〈甲陽軍鑑・一三〉

きっかけ

①**ついで**。「常にかく遊び給ふと聞くを、ついでなくて、親王の御琴の音の名高きも、え聞かぬぞかし」〈源氏物語・橋姫〉②**つま**。「わが心にもなかなか物思ひのつまなるべきをなど思し返すを」〈源氏物語・須磨〉③**たより**。「重ね着る藤の衣《ころも》をたよりにて心の色を染めよとぞ思ふ」〈山家集・中〉④**とりえ**。〈日葡辞書〉

きっと

①**うたがた**。「離れ磯に立てるむろの木うたがたも久しき時を過ぎにけるかも」〈万葉集・一五・三六〇〇〉②**いちぢやう（一定）**。「この若者、いちぢやう仕まつり候らひぬと覚え候ふ」〈平家物語・一一・那須与一〉③**さだめて**。「この御社の獅子の立てられやう、さだめ

て習ひあることに侍らむ」〈徒然草・二三六〉④**かまへて。**「かまへて茶ばかりでおりゃるぞや」〈狂言・釣り狐〉⑤**かまひて。**「この渡りは大事の渡りにて候ふ。かまひて静かに召され候へ」〈謡曲・隅田川〉

きにくわない（気に食わない）⇩いやだ

きのどく（気の毒）⇩あわれ

きぶん（気分）

①**こころ。**「磐代の野中に立てる結び松こころも解けず古思ほゆ」〈万葉集・二・一四四〉②**ここち。**「あれも戦はで、心地《ここち》ただ痴れに痴れて守り合へり」〈竹取物語〉③**き（気）。**「時々気を転じ、日々に情を改む」〈笈の小文〉

きまじめだ（生真面目だ）

⇩まじめだ

きまりがわるい（きまりが悪い）

①**はずかし。**「里人の見る目ははづかしさぶるこにさどはす君が宮出しりぶり」〈万葉集・一八・四一〇八〉②**やさし。**「なにをして身のいたづらにおいぬらむ年のおもはむ事ぞやさしき」〈古今和歌集・一〇六三〉③**はしたなし。**「いとはしたなくて　蘆もうち捨てて逃げにけり」〈大和物語・一四八〉④**かたはらいたし。**「たれと知るべきにもあらなくに　われひとり苦しうかたはらいたし」〈蜻蛉日記・下〉⑤**つつまし。**「かかる里住にも　うひうひしき心地し侍れば　つつましく思ひ給へられて」〈宇津保物語・蔵開・上〉⑥**まばゆし。**「女はとしごろにいみじうやつれぬらんと思ふに、いとまばゆきまではづかしきに」〈宇津保物語・俊蔭〉⑦**ものはづかし。**「かたみにものはづかしく胸つぶれて物も言はで泣き給ふ」〈源氏物語・少女〉⑧**かかやかし。**「見つけて入る様どももかかやかし」〈源氏物語・蜻蛉〉⑨**ものはしたなし。**「いとど物はしたなくてかかやかしき心地すれば」〈紫式部日記〉⑩**はゆし。**「あふむかへし聞こえむもはゆければ」〈和泉式部集・上〉⑪**かははゆし。**「極めて

かははゆくおぼえて此の事を人に云はずして耄《ほ》け行く程に」〈今昔物語集・一九・九〉⑫**かはゆし。**「いたく思ふままのことかはゆくもおぼえてせうせうをぞ書きて見せし」〈右京大夫集・三五九・詞書〉⑬**おもはゆし。おもばゆし。**「いとおもはゆければ　いかにせましと思しみだるれど」〈有明の別・一〉

きみがわるい（気味が悪い）

①**おどろおどろし。**「目に見えぬ鬼の顔などの、おどろおどろしく作りたる物は、心に任せて、ひときは目驚かして」〈源氏物語・帚木〉②**すごし。**「琴を、すこし掻き鳴らし給へるが、われながら、いとすごう聞ゆれば、ひきさし給ひて」〈源氏物語・須磨〉③**けうとし。**「しひておぼめかしう、けうとうもてなさせ給ふめれば」〈源氏物語・夕霧〉④**うとまし。**「手をたたき給へば、山彦のこたふる声、いとうとまし」〈源氏物語・夕顔〉⑤**むくつけし。**「いとあさましくむくつけきことをも聞くわざかな」〈堤中納言物語・虫めづる姫君〉⑥**むつかし。**「ただ、あなむつかしと思ひける心地、皆さめて泣きまどふさま」〈源氏物語・夕顔〉

きもの（着物）

①**きぬ。**「一つ松人にありせば太刀佩けましを衣着せましを」〈古事記・中・歌謡〉②**ころも。**「春過ぎて夏来たるらし白栲の衣干したり天の香具山」〈万葉集・一・二八〉③**きもの。**「草木の根を食ひものにして、いは木の皮をきものにし」〈宇津保物語・俊蔭〉④**おんぞ。**「願ひをかなふることのうれしさ、とのたまひて、御衣《おんぞ》ぬぎてかづけ給うつ」〈竹取物語〉

【補】平安時代の仮名の散文では「きぬ」を用いるのが普通で、「ころも」は和歌（的表現）に多く用いられる。「おんぞ」は着る人を敬ってその衣服を丁寧に言う語。お召し物。

きゃく（客）

①**まらひと。**「薬師は常のもあれどまらひとの今の薬師貴かりけり賞《め》だしかりけり」〈仏足石歌〉②**まらうと。まらうど。**「やまと歌、主も客人《まらうと》もこと人も言ひ合へりけり」〈土佐日記〉③**まれひと。**「まれ人の饗応なども、ついでをかしきやうにとりなしたるも」〈徒然草・二三一〉④**きゃく（客）。**「宵に客があったと見えて道具が取り散らかしてある」〈狂言・子盗人〉

【補】「まらうと」「まらうど」は、「まらひと」（「まら」は「まれ」（稀）と関係のある語）から変化したものと考えられる。

きゅうか（休暇）

①**か（暇・仮）**。「父母の喪に遭ふ。……自余……皆仮を給ふ」〈令義解・仮寧〉②**けにやう（仮寧）**。「仮寧令」〈今義解・仮寧〉③**きうか（休暇）**。「勅、一位已下、休暇を賜ふ。十五日を過ぐること得ず」〈続日本紀・大宝元年五月己卯〉④**いとま**。「おほやけには、筑紫の国に湯浴みに罷らむ、とて暇《いとま》申して」〈竹取物語〉⑤**やぶいり（藪入）**。「やぶいりの春秋をたのしみ、宿下して隠し男に逢ふ時は」〈浮世草子・好色一代女・四〉⑥**やどいり（宿入）**。「ナニうなぎなんざア、年期野郎が盆と正月の宿入の時に食ふもんだ」〈洒落本・にゃんの事だ〉

【補】（1）「仮寧」は、令制で官人に賜った休暇。「仮」は六日ごとに一日与えられるもの。「寧」は、父母が畿外にいる者に帰省のため、三年に一度、三〇日与えられたもの。（2）「やぶいり」「やどいり」は、奉公人が、正月と盆の一六日前後に休暇をもらって実家に帰ること。

きゅうくつだ（窮屈だ）

①せばし。「谷せばみ峯に延ひたる玉葛絶えむの心我が思はなくに」〈万葉集・一四・三五〇七〉**②ところせし。**「かかる歩きも習い給はず、ところせき御身にて、珍しう思されけり」〈源氏物語・若菜上〉**③けぶたし。**「いと苦しき判者《はんざ》にもあたりて侍るかな。いとけぶたしやとなやみ給ふ」〈源氏物語・梅枝〉

【補】江戸時代ではすでに、半天のことを「窮屈羽織」とも称しており、「窮屈」が用いられていた。「羽折には腋にまちを用ふ、半天不レ用レ之、故に窮屈羽折とも異名す」〈守貞漫稿〉とある。

きゅうこん（求婚）

①よばひ。「さよばひにあり立たしよばひにあり通はせ」〈古事記・上・歌謡〉**②つまどひ（妻問）。**「我が背子が形見の衣つまどひに我が身は離けじ言問はずとも」〈万葉集・四・六三七〉**③けさう（懸想）。**「私の懸想もいとよくしおきて、案内も残る所なく見給へおきながら」〈源氏物語・夕顔〉

きゅうに（急に）

①**とみに（頓に）**。「母君もとみにえものものたまはず」〈源氏物語・桐壺〉②**とにに（頓に）**。「風波、とにに止むべくもあらず」〈土佐日記〉③**つと**。「涙のつと出で来ぬ、いとはしたなし」〈枕草子・はしたなきもの〉④**こつぜんと（忽然と）**。「一人は居りと見るにこつぜんとして失せぬ」〈宇治拾遺物語・一二・二〉⑤**はたと**。「大納言入道、はたと詰まりて」〈徒然草・一三五〉⑥**がはと**。「横様に泥田へがはとこけ込んだり」〈浄瑠璃・冥途の飛脚・下〉

きゅうりょう（給料）

①**ろく（禄）**。「凡在京文武職事、及大宰、壱岐、対馬、皆依二官位一給レ禄」〈令義解・禄〉②**ほうろく（俸禄）**。「又官途のみにあらず、奉禄もなほ心のまま也」〈平治物語・上・信頼・信西不快の事〉③**ふち（扶持）**。「召し使ふ者に扶持を加へざれば」〈仮名草子・伊曾保物語〉

きょういく（教育）

①**をしへ。**「誰が教へを聞きて、人のなべて知るべうもあらぬことをば言ふぞ」〈枕草子・五月ばかり、月もなういとくらきに〉②**しつけ。**「しつけも無い者を出し置きまして、面目も御ざらぬ」〈狂言・察化〉

ぎょうぎょうしい（仰々しい）

⇩おおげさだ

ぎょうじ（行事）

①**わざ。**「吾が妻にひとも言問へ此の山をうしはく神の昔よりいさめぬ行事《わざ》ぞ」〈万葉集・九・一七五九〉②**くじ（公事）。**「けふは公事ある日なれば、とく参らるらん」〈大鏡・伊尹〉

きょうそう（競争）

①あらそひ。「たまきはる命も捨ててあらそひに妻問ひしける」〈万葉集・一九・四二一一〉
②いどみ。「この御中どものいどみこそ、あやしかりしか」〈源氏物語・紅葉賀〉③きほひ。「さるきほひには、われもわれもときしろひけれど」〈源氏物語・鈴虫〉

きょうみ（興味）

①きょう（興）。「をかしき事にもあるかな。もつともえ知らざりけり。興ある事申したり」〈竹取物語〉②おもしろさ。「これらにおもしろさの尽きにければ、異事に目も移らず」〈源氏物語・紅葉賀〉

きょうみしんしん（興味津々）

ゆかし。「そも、参りたる人ごとに山へ登りしは、何事かありけん、ゆかしかりしかど、神へ参るこそ本意なれと思ひて、山までは見ず」〈徒然草・五二〉

【補】「ゆかし」は「行く」と同根の形容詞で、対象が何であるかによって、「見たい」「聞きたい」「知りたい」などの意に解釈できる。この例は「見たい」の意。

ぎょぎょう（漁業）

①いざり。いさり。「しかの浦にいさりする海人《あま》家人の待ち恋ふらむに明かし釣る魚」〈万葉集・一五・三六五三〉②すなどり。「しほがまの浦にはあまやたえにけんなどすなどりの見ゆる時なき」〈大和物語・五八〉

きらう（嫌う）

①いとふ。「手束杖腰にたがねてかく行けば人にいとはえかく行けば人に憎まえ」〈万葉集・五・八〇四〉②いなぶ。「冬をいなぶるとり」〈宇津保物語・春日詣〉③いやむ。「国司むつかりて、……いやみ思ひて」〈宇治拾遺物語・三・一四〉

きんがん（近眼）

ちかめ。「頗る近目の間、馬を引きたるを見失ひて尋ねられけるを」〈古事談・二〉

きんべん（勤勉）

①**かくごん（恪勤）。**「すべて夙夜の恪勤、倫に超る」〈古事談・六〉②**せいれい（精励）。**「されば手柄のせいれい、立合に見ゆべし」〈風姿花伝・三〉③**まめ。**「これ程にまめなる者あらじとて、三月の長夫を七月まで召し使はれ」〈御伽草子・物くさ太郎〉

ぐうぜん（偶然）

①**たまさか。**「たまさかわが見し人をいかにあらむよしをもちてかまた一目見む」〈万葉集・一四・三三九六〉②**わくらば。**「わくらばに人とはあるを人並みにあれもなれるを」〈万葉集・五・八九二〉③**たまたま。**「知らぬ世にまどひ侍りしを、たまたまおほやけに数まへられ奉りては」〈源氏物語・胡蝶〉

くさる（腐る）

あざる。「海人《あま》の苞苴《おほにへ》往還《かよ》ふあひだに鯘《あざ》れぬ」〈日本書紀・一一・仁徳即位前紀〉

くださる（下さる）

⇩敬語動詞一覧

くだらない

①**はかなし。**「はかなき親に賢き子の勝る例は、いと難きことになむ侍れば」〈源氏物語・少女〉②**いふかひなし。**「されど、とかくいふかひなくて、帝より始め奉りて、大臣・公卿みな悉く移ろひ給ひぬ」〈方丈記〉

くようする（供養する）

とぶらふ。「はかなく日頃過ぎて、後のわざなどにも、細かにとぶらはせ給ふ」〈源氏物

語・桐壺〉

くらべる（比べる）

①**よそふ。**「花鳥の色にもよそふべき方ぞなき」〈源氏物語・桐壺〉②**なずらふ。**「秋の夜の千夜を一夜になずらへて八千代し寝ばや飽く時のあらむ」〈伊勢物語・二二〉③**たぐふ。**「ほたるは、たぐふべきものなく景物の最上なるべし」〈鶉衣・前下・四六〉

くる（来る）

⇩いく

くるしい（苦しい）

①**つらし。**「命長さの、いとつらう思ひ給へ知らるるに」〈源氏物語・桐壺〉②**わりなし。**「いとうたて、乱り心地の悪しう侍れば、うつぶし臥して侍るなり。御前にこそわりなく思さるらめ」〈源氏物語・夕顔〉③**いたし。**「胸いたき事なしたまひそ」〈竹取物語〉

くるしむ（苦しむ）

①**わづらふ**。「かにかくに思ひわづらひねのみし泣かゆ」〈万葉集・五・八九七〉②**こうず（困ず）**。「いかにいかにと日々に責められこうじて」〈源氏物語・若菜下〉③**たしなむ**。「留り休むことを得ずして辛苦《たしなみ》つつ降《くだ》りき」〈日本書紀・一・神代上〉④**くるしぶ**。「後に子を失ひつる時には、愁へくるしぶ事多し」〈三宝絵詞・上・二〉

くわしい　こまかい。つまびらか。詳細。

①**つぶさに**。「故《かれ》、還復《かへ》りて天に上り詣でて、具《つぶ》さにその状《ありさま》を奏し給ふ」〈日本書紀・一・神代上〉②**つばら**。**つばらか**。**つばらつばらに**。「朝びらき入り江漕ぐなる梶の音《ね》のつばらつばらに、我家《わぎへ》し思ほゆ」〈万葉集・一八・四〇六五〉③**つばひらか**。**つまひらか**。**つまびらか**。「聖武天皇の御世に山城国相楽郡に願を起こせる人あり。姓名はいまだつまひらかならず。」〈三宝絵詞・中・一〇〉④**つばひらけし**。**つまびらけし**。「我等、つばひらけくこの人の咎にあらざる事を知り、鬼神の咎なることを識《し》る」〈日本霊異記・中・五〉⑤**くはし**。「くはしく御覧ずるに」〈宇津保物語・蔵開・下〉⑥**こまか**。**こまやか**。「朱雀院、こま

かに御覧ずるに、飽かずめでたければ」〈宇津保物語・楼上・下〉⑦**ことこまか。ことこまやか。**「事こまかに知らぬ事も、ただ負せに負せ給ふこそよからめ」〈落窪物語・一〉⑧**さいさい（細細）。**「正理を正しく申せば、細細に聞し召され」〈保元物語・上・新院御謀叛思し立つ〉⑨**ゐさい（委細）。**「委細談話する能《あた》はずして、帰り畢んぬ」〈吾妻鏡・治承四年八月〉⑩**せいさい（精細）。**「セイサイ（精細）セイサイニ申ス」〈日葡辞書〉

【補】こまかいことの意には「子細《しさい》」を用いた。「この仏を損じ奉る者を搦めつ。子細を問ふに答へていはく」〈今昔物語集・一二・一三〉

けいかく（計画）

①**あらまし。**「かねてのあらまし、みな違ひゆくかと思ふに、おのづから違はぬこともあれば」〈徒然草・一八九〉②**むねざんよう・むなざんよう（胸算用）。**「我れ大分の譲り物を取りながら、胸算用の悪しきゆゑ、江戸を立ち退き」〈浮世草子・世間胸算用・三・三〉③**もくろみ。**「我が宿の普譜のもくろみ」〈浮世草子・好色二代男・六・四〉

けいかくする（計画する）

①**はかる**。「必ずその大神、はかりたまひなむ」〈古事記・上〉②**かまふ**。「『川より遠方なる人の家に率《ゐ》ておはせむ』とかまへたりければ」〈源氏物語・浮舟〉③**おきつ**。「〔山吹は〕品高うなどはおきてざりける花にやあらむ」〈源氏物語・幻〉④**たばかる**。「さりぬべき折をも見て対面すべくたばかれ」〈源氏物語・空蟬〉

けいかん（警官）

①**ゑもん（衛門）**。「衛門督《ゑもんのかみ》のおはするなめり。我を嫌疑のものとや、とらふると思ひつるに」〈落窪物語・一〉②**ゆげひ（靫負）**。「ゆげひの佐《すけ》の夜行姿も、いとあやしげなり」〈枕草子・にげなきもの〉③**けびゐし（検非違使）**。**ひゐ（非違）**。「おはします所の帽額《もかう》の破れたれば、けびゐしにあひたる御簾の縁かななど宣はするもをかし」〈栄花物語・見はてぬ夢〉④**かがりや（篝屋）**。**かがりもり（篝守）**。**篝屋守護（人）**。「かかる程に、二条京極のかがりや備後の守とかや、五十余騎にて馳せ参て」〈増鏡・一二〉「明けやすき富士を背中や篝守」〈俳諧・続三寄誌〉⑤**さきて（先手）**。**先手組**。**先手同心衆**。「先手頭火災の地に赴く事をゆるされて、平川門勤番を命ぜらる」〈徳川実記・寛文二年二月七日〉⑥**ちやうまはり（定廻）**。**定町廻**。「町奉行へ。組々御番衆之内定廻幷仮廻之面々、只今まで無懈怠相廻候事に候得共」〈御触書天明集成・二四・天明六年六月〉⑦**どうしん（同心）**。「間

もなく同心らしき、大男二三十人乱れ入て」〈浮世草子・西鶴諸国はなし〉⑧**よりき（与力）**。「奉行の人々望請ふごとくに、寄騎《よりき》同心等のものどもを属《つけ》られき」〈折たく柴の記・中〉

【補】（1）①〜③は古代、④は鎌倉時代、⑤〜⑧は江戸時代。（2）平安時代に、靫負などがよまわりをすることを、「やかう・やぎゃう（夜行）」といった。「勅ありて、夜京中を巡りて、夜行する事ありけり」〈今昔物語集・一七・三五〉（②参照）

けしょう（化粧）

①**けさう。**「この女、いとよう化粧じて、うちながめて」〈伊勢物語・二三〉②**よそおひ。**「中宮の、よそほひ殊にて参り給へるに」〈源氏物語・少女〉③**けはひ。**「しろいものをつけてけはひをするぞ」〈史記抄・一七〉

けちだ（吝嗇だ）

①**いやし。**「いかにいやしくもの惜しみせさせ給ふ宮とて」〈枕草子・関白殿、二月廿一日に〉②**あたじけなし。**「年中あたじけなくして、食ふものも食はずに金をためて」〈滑稽

本・浮世床・初下〉③**しわし。**「ああしわしいことを仰せらるる。一つつがせられい」〈狂言・素襖落〉

【補】性格が卑劣だという意味で「せちべん（世智便）」などもある。ここから「けちんぼ」の義で、「せちべんぼう（世智弁坊）」も江戸時代に見られる。

けっこんする（結婚する）

①**あふ。**「むかし男、大和にある女を見て、よばひてあひにけり」〈伊勢物語・二〇〉②**ちぎる。**「いときなき初元ゆひにながき世をちぎる心は結びこめつや」〈源氏物語・桐壺〉③**かたらふ。**「その国にありける女をかたらひける程に」〈今昔物語集・二四・五〇〉④**をとこす。**「この女、むすめあり。をとこして二人の子生めり」〈三宝絵詞・中・一二〉⑤**えんぺん（縁辺）。**「エンペン　結婚。エンペンノ約諾　結婚の契約。エンペンオ結ブ　結婚する」〈日葡辞書〉

【補】「をとこす」は、女が夫を持つ意。

けっしん（決心）

①**おもひあふ（思ひ敢ふ）**。「忘らるる身はことわりと知りながら思ひあへぬは心なりけり」〈詞花集・二六三〉②**思ひたつ**。「朝なけに見べき君とし頼まねば思ひたちぬる草枕なり」〈古今和歌集・三七六〉③**おもひつむ（思ひ詰む）**。「いかで物越しに対面して、おぼつかなく思ひつめたること、少し晴るかさむ」〈伊勢物語・九五〉④**おもひきる（思ひ切る）**。「思ひ切ったることなれば、くもで十文字に散々に駆け破りてつつと通す」〈保元物語・上・官軍方々手分けの事〉⑤**おもひきはむ（思ひ極む）**。「いよいよ思ひ極めて舌喰ひ切る色めの時」〈浮世草子・好色五人女・四・五〉

けんか（喧嘩）

①**あらそひ**。「たまきはる命も捨ててあらそひに妻問ひしける」〈万葉集・一九・四二一一〉
②**いさかひ**。「この春いみじき御いさかひありて御衣ひきやられ」〈宇津保物語・蔵開・中〉
③**こうろん（口論）**。「実方と行成と殿上にて口論の間」〈古事談・二〉

げんかい（限界）

①**かぎり。**「いみじき絵師といへども、筆のかぎりありければ、いと、にほひなし」〈源氏物語・桐壺〉②**きり。**「兄弟共に兵《つはもの》也けれども、景廉は殊更きりもなき剛の者」〈源平盛衰記・二〇・八牧夜討事〉③**きはみ。**「この照らす日月の下は天雲の向伏《むかぶ》すきはみ谷蟆《たにぐく》のさわたるきはみ」〈万葉集・五・八〇〇〉

【補】①「かぎり」は時間、空間、程度、数量などにおける限界、限界点に達するまでの範囲を表すのが特徴である。ここには程度の例をとりあげた。③「きはみ」は同義ではあるが、本来空間的な限界を表すのが特徴。なお、②「きり」は「きりなし」の形で用いられることが多い。

げんき（元気）

①**いきほひ。**「人の子なれば、まだ心いきほひなかりければ、とどむるにいきほひなし」〈伊勢物語・四〇〉②**ちから。**「今は世末になって、国の力も衰へたれば、其後は遂につくられず」〈平家物語・一・内裏炎上〉③**いかめし。**「さて仕うまつる百官の人々、あるじいか

めしう仕うまつる」〈竹取物語〉

【補】②「ちから」は腕力、膂力などの物理的に働くエネルギーのほか、物事へ作用する場合、精神的な働きをいう場合、備わっている能力をいう場合等があり、その中に元気を示す内容も加えることができる。元気とは万物の生成の根源の〈気〉を示すのが元義である。③「いかめし」は内に秘めた力を示す例である。

けんきゅう（研究）

①けんせい（研精）。「子の允亮、其の父の恥を思ひ、此の事を研精する事七八年許」〈水言鈔・四三〉②けんきう（研究）。「諸道士我経を窃むといへども研究する能はず」〈済北集・一七〉③たんだえ（探題）。「Inuestigatio, onis　タンダエ、タヅヌル　コト　ナリ」〈羅葡日辞書〉

【補】仏教用語で研究することを探題といい、それが動詞化して「探題ゆる」となり、その連用形が「たんだえ」であろう。

けんこう（健康）

①**すくよか。すぐよか。**「昼は日一日、寝をのみ寝暮らし、夜はすくよかに起きゐて」〈源氏物語・明石〉②**すくやか。**「『もし、さやうならん気色や』と、心づかひしつつ待ちわたれど、ただいとすくやかにて」〈狭衣物語・二〉③**すこやか。**「誰とても健《すこやか》ならば雪のたび」〈猿蓑・一〉④**つつがなし。**「あたらしく、惜しければ『つつがなくて、思ふごと、見なさむ』と思ふに」〈源氏物語・東屋〉⑤**まめ。**「心、身の苦しみを知れれば、苦しむ時は休めつ、まめなれば使ふ」〈方丈記〉⑥**そくさい（息災）。**「皇太后宮、ならびに一品宮の御息災を祈り奉り」〈栄花物語・もとのしづく〉⑦**たつしや（達者）。**「兼て達者な者で御座ったに依って」〈狂言（虎寛本）・塗師〉⑧**ぢやうぶ（丈夫）。**「誠に日頃丈夫な者で御座るが、何と致いてむつけましたか」〈狂言（虎寛本）・梟〉

げんめつする（幻滅する）

こころおとりす。「ふと心おとりとかするものは、男も女もことばの文字いやしう使ひたる」〈枕草子・ふと心おとりとかするものは〉

こいびと（恋人）　彼氏。彼女。

①**いも（妹）。**「いもと言はば無礼《なめし》かしこししかすがに懸けまくほしき言《こと》にあるかも」〈万葉集・一二・二九一五〉②**せ（兄・夫・背）。**「ながらふる妻《つま》吹く風の寒き夜に我がせの君はひとりか寝《ぬ》らむ」〈万葉集・一・五九〉③**つま。**「鴨すらも己がつまどち求食《あさり》して後るるほどに恋ふといふものを」〈万葉集・一二・三〇九一〉④**おもひびと。**「心ちなどのむつかしきころ、まことまことしきおもひびとの言ひ慰めたる」〈枕草子・たのもしきもの〉⑤**ひと。**「ひともなき空しき家は草枕旅にまさりて苦しかりけり」〈万葉集・三・四五一〉⑥**いろ。**「今はただどうしてゐるぞ江戸のいろ」〈大和のかまど〉

【補】①「いも」と②「せ」は対。③「つま」は男女どちらからもいう。⑥「いろ」は、同母の兄妹を指す語から派生。

こうがい（郊外）

①**みやこほとり。**「下臈なれども、みやこほとりいふこと侍れば」〈大鏡・序〉②**なまゐなか。**「この男、逍遥しに（と）て、なまゐなかへいけるに、はるか鶯の鳴きければ」〈平仲

物語・六〉③**かうぐわい（郊外）**。「ひとひ、郊外に逍遥して、犬追者の跡を一見し」〈奥の細道〉④**きんざい（近在）**。「是昔、大和・河内・津の国・和泉近在の物作りせし人の子供」〈浮世草子・日本永代蔵・一・三〉⑤**きんかう（近郊）**。「そのほか近郊どもへもおほぜいだせる」〈御湯殿上日記〉

【補】「下臈なれども、みやこほとり」は、身分の低い無教養の者でも、都の近辺にいれば教養もつく、の意の諺らしい。「なまゐなか」は、ナマが生煮えなどのナマで、中途半端な状態を表すから、まだ田舎に成りきっていない田舎ということで、郊外の内容になる。なお、古代の春日野などの野辺も、野菜を摘んだり、逍遥したりする場所として郊外の役割をもっていたようだ。

こうかいする（後悔する）

①**くゆ**。「橘を屋前《やど》に植ゑ生ほし立ちてゐて後にくゆともしるしあらめやも」〈万葉集・三・四一〇〉②**くやむ**。「かずかずに過ぎにしことはくやまねど思ひぞ出づる老のつれづれ」〈為忠集〉③**くやしぶ**。「言はむすべも無く、せむすべも知らにくやしび賜ひわび賜ひおほましますと」〈続日本紀・宣命・宝亀二年〉④**くやし**。「くやしかもかく知らませばあをによし国内《くぬち》ことごと見せましものを」〈万葉集・五・七九七〉

こ

こうきだ（高貴だ）

①**やむごとなし。**「いとやむごとなき際にはあらぬが、すぐれて時めき給ふありけり」〈源氏物語・桐壺〉②**あてなり。**「あてなるも卑しきも」〈竹取物語〉③**うづたかし。**「宮殿楼閣錦の戸張のその中に、さもうづたかき女性ましまし」〈浄瑠璃・源平布引滝・一〉

【補】「高貴な人」のことは単に「あてびと」とも言った。

こうさい（交際）

①**まじらひ。**「まじらひもせず、宮の御もとへも参らずながめ給へり」〈宇津保物語・あて宮〉②**よしみ。**「たとひいかなる姿にてもあれ此日ごろのよしみ何とてか忘るべき」〈平家物語・八・緒環〉③**まじはり。**「我れ君と師弟として交《まじ》はり睦ぶ。言はずは有るべからず」〈今昔物語集・九・三六〉

こうさてん（交差点）

①**ちまた**。「うるはしき嬢子、その道衢《ちまた》に遇《あ》ひき」〈古事記・中〉②**やちまた（八衢）**。「橘のかげふむ道の八衢にものをぞ思ふ妹に逢はずて」〈万葉集・二・一二五〉③**おひわけ（追分）**。「旅人の野中の道のおひわけに名残り多くも行き別れぬる」〈新撰六帖・二〉④**つじ**。「三条京極のつじに立ち給へり」〈宇津保物語・俊蔭〉

こうじつ（口実）

①**よし**。「妹が門ゆきすぎかねつひさかたの雨も降らぬかそを由《よし》にせむ」〈万葉集・一一・二六八五〉②**ゆゑ**。「尋ね給ふべき故《ゆゑ》もや、あらむとぞ」〈源氏物語・若菜上〉③**かごと**。「御返し、口ときばかりをかごとにてとらす」〈源氏物語・夕顔〉④**ことぐさ（言種）**。「宮仕へに出たる人の……むつかしき事あれば、いかでかまかでなんといふことくさをして」〈能因本枕・八一〉⑤**かこつけ**。「確かにはかり事をめぐらされたと聞いた。そのかこつけにはよるまい」〈平家物語（天草版）・三〉⑥**いひたて**。「宇治に住みたる浪人の噂、蜷川氏の筋なき事を言ひ立てして、岐阜秀信公につかへて」〈浮世草子・武家義理物語・六・一〉

【補】「よし」には、手掛かり、手段の意味もある。なお、「ゆゑ」は確かな原因、理由、事情、ある場合に用いられる。

こうつうする（交通する）

①**かよひ。**「今年こそ、なりはひにも、たのむところ少なく田舎のかよひも思かけねば、いと心細けれ」〈源氏物語・夕顔〉②**かよふ。**「おちたぎつ片貝川の絶えぬごと今見る人もやまずかよはむ」〈万葉集・一七・四〇〇五〉③**ゆきき。**「相坂のゆふつけどりにあらばこそ君がゆききをなくなくも見め」〈古今和歌集・七四〇〉④**ゆきく。**「あさもよし紀人ともしも亦打《まつち》山《やま》ゆきくと見らむ紀人ともしも」〈万葉集・一・五五〉⑤**わうらい（往来）。**「後には海辺に住み、往来の人を化《け》す」〈日本霊異記・上・七〉⑥**つうよう（通用）。**「ツゥヨゥ　交通、取引、貿易。長崎ヨリ有馬エ　ツゥヨゥ　スル」〈日葡辞書〉

こうふんする（興奮する）

①**けしきばむ。**「大臣、けしきばみ聞え給ふ事あれど、もののつつましきほどにて、ともかくも、えあへしらひ聞え給はず」〈源氏物語・桐壺〉②**けしきだつ。**「宮この人も、たたなるよりは、言ひしにたがふと思さむも、心恥かしう思さるれば、けしきたち給ふこともなし」〈源氏物語・明石〉③**のぼせる。**「逆上《のぼせ》ないで至極よいおくすりでございます」〈滑稽

本・浮世風呂・二・上〉

ごかいする（誤解する）

①**ききたがふ。**「我が宿をききたがへてぞ来たるらんあるべきものか今朝の玉づさ」〈新撰六帖・五〉②**みたがふ。**「いつくしさを聞き給ふも、たゞあさましくみたがふばかりに似給へりしものを」〈とりかへばや・下〉③**おもひたがふ。**「年頃、心づけてあらむを、目の前におもひたがへむも、いとほしう」〈源氏物語・明石〉④**ひがおもひ。**「悪き自力なんといふひがおもひをも投げ捨てて」〈蓮如御文章・二〉⑤**てんちがひ（点違ひ）。**「そこで天人の新造がくるであらうと思うたに、中年増とは点違ひな」〈歌舞伎・独道中五十三駅〉

こきゅうする（呼吸する）

①**いぶき。**「吹き棄《う》つるいぶきのさ霧に成りませる神の御名は……」〈古事記・上〉②**いぶく。**「その載《ささ》げたる角、枯樹の末《えだ》に類《に》たり。……呼吸《いぶ》く気息《いき》朝霧に似たり」〈日本書紀・一四・雄略即位前〉③**いき。**「海女のかづきしに入るは憂きわざなり……舟の端《はた》をおさへて放ちたるいきなどこそ、まことにただ見る人だにしほたるるに」〈枕草子・日のいとうららかな

るに〉

こきょう（故郷）

①ふるさと。「こころゆも我は思はずきまたさらに我が故郷《ふるさと》に帰り来むとは」〈万葉集・四・六〇九〉②さと。「里離《さか》り遠からなくに草枕旅とし思へばなほ恋ひにけり」〈万葉集・一二・三一三四〉③くに。「燕来る時になりぬと雁がねはくに思ひつつ雲隠り鳴く」〈万葉集・一九・四一四四〉④うぶすな。「葛城県は、元臣《やつがれ》が本居《うぶすな》なり。故、其の県に因りて姓名《かばね》を為せり」〈日本書紀・二二・推古三二年〉⑤ざいしよ（在所）。「大坂を離れ、女房の在所住吉の南遠里小野《をりをの》に身を隠し……」〈浮世草子・西鶴織留・一・二〉

こころがわりする（心変わりする）

うつろふ。「思はじと言ひてしものを朱華色《はねずいろ》のうつろひやすきわが心かも」〈万葉集・四・六五七〉

こころざし（志）

①ほい（本意）。「〔男は女に〕言ひ言ひて、ついに本意のごとくあひにけり」〈伊勢物語・二三〉②のぞみ。「おとど、此ののぞみを聞き給ひて」〈源氏物語・行幸〉

こころのこりだ（心残りだ）

をし。「をしとおもふひとやとまるとあしがものうちむれてこそわれはきにけれ」〈土佐日記〉

こころもとない（心許ない）

いぶせし。「旅のそらはにふのこやのいぶせさにふるさといかにこひしかるらん」〈平家物語・一〇・海道下〉

こころよい（快い）

①**よし。**「春山の咲きのををりに春菜摘む妹が白紐見らくしよしも」〈万葉集・八・一四二一〉②**こころよし。**「その秋の垂穎《たりほ》、八握《やつかほ》にしなひて、はなはだ快也《こころよし》」〈日本書紀・一・神代上〉③**うれし。**「新しき年の始めに思ふどち い群れてをればうれしくもあるか」〈万葉集・一九・四二八四〉④**おもしろし。**「生ける世に吾は未だ見ず言絶えてかくおもしろく縫へる袋は」〈万葉集・四・七四六〉⑤**ここちよげ。**「鶏もなきぬと聞き聞きねにければ、事しも心地《ここち》よげならんやうに、朝寝《あさい》になりにけり」〈蜻蛉日記・下〉⑥**ここちよし。**「われは人とても、なににつけてか心地よくおぼされん」〈浜松中納言物語・三〉⑦**こころゆきげ。**「かずもなく並み侍ひて、いとはなやかに、おのおのみな心ゆきげなるに」〈夜の寝覚・五〉⑧**うらぐ。**「是に天皇、是の献れる大御酒にうらぎ（宇羅宜）て、御歌巳《よ》みたまひしく」〈古事記・中〉⑨**こころひらく。**「ひさかたの月夜を清み梅の花 心開《こころひらけ》て吾が思へる君」〈万葉集・八・一六六一〉⑩**ここちゆく。**「いとよくはらはれたる遣水の、心地ゆきたる気色して」〈紫式部日記〉⑪**こころゆく。**「花のために情おくれたることとなれど、なにとなう心ゆきて見所あることなり」〈狭衣物語・四〉

【補】①～⑦は、形容（動）詞、⑧～⑪は動詞である。

ございます

⇩敬語動詞一覧

こざかしい（小賢しい）

⇩なまいきだ

こたえる（答える）

①**こたふ。**「たそかれと問はばこたえむすべをなみ君が使ひを帰しつるかも」〈万葉集・一一・二五四五〉②**いらふ。**「二人の子は、情けなくいらへて止みぬ」〈伊勢物語・六三〉

【補】漢文訓読では「こたふ」のみを用い、和文では「いらふ」が多く、「こたふ」は少ない。

ごちそうする（御馳走する）

①**まうけ。**「親王喜びたまうて、夜の御座《おまし》の設けせさせ給ふ」〈伊勢物語・七八〉②**あるじ**

まうけ。**あるじ**。「左中弁藤原の良近《まさちか》といふをなむ、まらうどざねにて、その日はあるじまうけしたりける」〈伊勢物語・一〇一〉「方たがへに行きたるに、あるじせぬ所」〈枕草子・二五〉③**ふるまふ**。「今夜新蔵人ふるまはれて候。康光すでに沈酔におよべり」〈古今著聞集・一八・六三五〉④**きやうおう（饗応）**。「客人《まれびと》の饗応なども、ついでをかしきやうにとりなしたるも」〈徒然草・二三一〉⑤**きやう（饗）**。「けふ、饗《きやう》百膳ばかりぞつかうまつる」〈宇治拾遺物語・九・五〉⑥**ちさう（馳走）**。「使者を一日馳走し給ひて、禄をひかせて返状ありける」〈室町殿日記〉⑦**もてなし**。「さりながらおもてなしに語って聞かせ申し候ふべし」〈謡曲・八島〉

こっか（国家）

①**おほやけ**。「若し仕へて名を成さむと欲《おも》ふ者は、還りて司《おほやけ》に仕へよ」〈日本書紀・二八・天武即位前〉②**おほやけごと**。「さても侍ひてしがなと思へど、おほやけごともありければ、え侍はで、夕暮にかへるとて」〈伊勢物語・八三〉③**くじ（公事）**。「公事ども繁く、春の急ぎにとり重ねて催し行はるるさまぞ、いみじきや」〈徒然草・一九〉④**はれ**。「かかりける晴《はれ》の事に、さるべき用意あるべかりけるものを」〈栄花物語・もとのしづく〉⑤**おもてむき**。「惣じて大名は面《おもて》むきの御勧めしげく」〈浮世草子・好色一代女・一・三〉

【補】「おほやけ」の「やけ」は「家・宅」の文字が当てられるように、「おほやけ」は大きな家が原義である。ここに時の政治の中枢がおかれるところから朝廷、幕府、政府、官庁等、国家を代表する意義を示す。

ことがら（事柄）

①**こと。**「宇治川のみなわさかまき行く水の事かへらずそ思ひそめてし」〈万葉集・一一・二四三〇〉②**ことざま。**「なほ事ざまの優におぼえて、物のかくれよりしばし見ゐたるに」〈徒然草・三二〉③**ことがら。**「いと優れて聞ゆる事もなく、叶はずもやあらむ。されども事がらの優しく聞えしなり」〈今鏡・一〇・敷島の打聞〉

【補】事柄をあらわす「こと」は、用途が広い。言葉の「こと」とも通じる。したがって、③「ことがら」には、ことばの品位、風格を意味する用例もある。「こと」は、ことのすじみち、ありさま、様子、事態、状態、世の現象、人の行為等を場合によっては具体的に、場合によっては漠然と表したりし、その内容の見分けは前後の状況による。

こ

ことさら（殊更）

①**いやましに。**「逢はなくも憂しと思へばいやましに人言繁く聞こえ来るかも」〈万葉集・一二・二八七二〉②**いとのきて。**「いとのきていたき傷には辛塩を注《そそ》くちふが如く」〈万葉集・五・八九七〉③**けに。**「ありしよりけに恋しくのみ覚えければ」〈伊勢物語・六五〉④**わざと。**「その日を最後やと思はれけん、わざと甲は着給はず」〈平家物語・四・橋合戦〉⑤**ことに。**「波の音常にかまびすしく、潮風、ことに激し」〈方丈記〉

ことば（言葉）

①**こと。**「ことに言へば耳にたやすし少なくも心のうちに我が思はなくに」〈万葉集・一一・二五八一〉②**ことば。**「ももちたび恋ふといふとも諸弟《もろと》らが練りのことばは我は頼まじ」〈万葉集・四・七七四〉③**ことのは。**「まことかと聞きて見つればことのはを飾れる玉の枝にぞありける」〈竹取物語〉

【補】言葉の「こと」、事柄の「こと」は同語源かと考えられている。ここでは、言語行為の用例にしぼった。

ことわる（断る）

①**すまふ。**「もとより歌の事は知らざりければすまひけれど」〈伊勢物語・一〇一〉②**いなぶ。**「人のいふことは強うもいなびぬ御心にて」〈源氏物語・末摘花〉③**いなむ。**「あしともよしともあらむを、いなむまじき人はこのごろ京に物し給はず」〈蜻蛉日記・中〉

このよ（此の世）

①**うつせみ。**「うつせみし神にあへねば」〈万葉集・二・一五〇〉②**うつそみ。**「うつそみの人なる吾や明日よりは二上山をいろせと吾が見む」〈万葉集・二・一六五〉

【補】「うつしおみ」（現臣）から「うつそみ」となり「うつせみ」となったという。「うつ」は移す、写す、空ろのウツで、本来の姿はむこう側にあるという考え方、感じ方を表している。

ごはん（御飯）

①**いひ。**「家にあれば笥《け》に盛る飯《いひ》を草枕旅にしあれば椎の葉に盛る」〈万葉集・二・一四二〉②**めし。**「飯《めし》など盗んでくふ物ではないぞ」〈狂言（雲形本）・苞山伏〉③**まま。まんま。**「巻絵の椀にて飯《まま》食せんと……」〈浮世草子・元禄太平記・二・三〉④**け。**「群臣を聚《つど》へて、大臣の家に饗《あへ》す。食《け》訖《をは》りて散《あか》れむとするに」〈日本書紀・二三・舒明即位前〉⑤**みけ。**「是の日に肇《はじ》めて奠進《みけたてまつり》て、即ち誄す」〈日本書紀・二九・天武朱鳥元年〉⑥**みけつもの。**「饌《みけつもの》を覆《こほ》しつ」〈日本書紀・一四・雄略一二年〉⑦**おほみけ。**「海人小舟はらに浮きておほみけに仕へまつるとをちこちに漁《いざ》り釣りけり」〈万葉集・二〇・四三六〇〉⑧**ぜん（膳）。**「まず膳に向ひ眼を塞ぎ、南無一念阿弥陀仏即滅無量」〈狂言（虎明本）・宗論〉⑨**とき。**「ここらの年ごろ、露、霜、草、葛の根を斎《とき》にしつつ」〈宇津保物語・春日詣〉⑩**おなか。**「これかまへて、すき腹にすかせ給ふな。ちとおなかをつくろひて」〈御伽草子・福富長者〉

【補】御飯には、食事の意もあり④以下はその例。⑨「とき」は仏家で食事の称。⑩「おなか」は女房詞である。

こまかい（細かい）

⇩くわしい

ごまかす

①**いつはる。**「事をいつはりて物を盗めるなり」〈宇津保物語・藤原君〉②**かすむ。**「主の身《しん》代《だい》空になし、天道をかすめをる」〈浄瑠璃・長町女腹切〉

こまる（困る）

①**なやむ。**「わたつみのかしこき路を安けくも無く悩《なや》み来て今だにも喪無く行かむと」〈万葉集・一五・三六九四〉②**なづむ。**「なほ川上りになづみて、鳥養の御牧といふほとりにとまる」〈土佐日記〉③**こうず。**「大将殿の強ひ給ひて、琴仕うまつらせ給へるに、こうじにたり」〈宇津保物語・俊蔭〉④**わづらふ。**「川のこなたなれば、舟なども煩《わづら》はで、御馬にてなりけり」〈源氏物語・橋姫〉⑤**ほねをる。**「いくすべり骨折《ほねを》る岸のかはづかな」〈俳諧・曠野・二・仲春〉⑥**こまる。**「汁の実にこまる茄子の出盛て」〈俳諧・続猿蓑・上〉

こらえきれない（堪えきれない）

①あへず。「千早振る神の斎垣《いがき》にはふ葛《くず》も秋にはあへず移ろひにけり」〈古今和歌集・二六二〉②たへず。「女房などの悲しびにたへず泣き惑ひ侍らむに」〈源氏物語・夕顔〉

こらえる（堪える）

①しのぶ。「人目多み眼こそしのぶれ少なくも心のうちにわが思はなくに」〈万葉集・一二・二九一一〉②たふ。「世の中の苦しきものにありけらく恋にたへずて死ぬべく思へば」〈万葉集・四・七三八〉③ねんず（念ず）。「いみじき心地しけり。されどねんじて泣き明かして」〈大和物語・一六八〉

こわい（怖い）

①かしこし。「天雲をほろに踏みあだし鳴る神も今日にまさりてかしこけめやも」〈万葉集・一九・四二三五〉②ゆゆし。「かけまくのゆゆしかしこき住吉の吾が大御神」〈万葉集・

一九・四二四五〉③**おずし。**「大后のおずきに因りて、八田若朗女を治め賜はず」〈古事記・下〉④**おぞし。**「〔身投げなどとは〕おどろおどろしくおぞきやうなりとて」⑤**おぞまし。**「先に羅漢あり。形量《かたち》のおぞましく大なり」〈大唐西域記長寛元年点〉⑥**おそろし。**「これやわが求むる山ならむと思ひて、さすがにおそろしくおぼえて」〈竹取物語〉⑦**けおそろし。**「けおそろしきまで悲しう覚え給ふ」〈宇津保物語・楼上・上〉⑧**ものし。**「夢にものしく見えし　など言ひて」〈蜻蛉日記・上〉⑨**けうとし。**「〔男が〕すだれに手をかくれば、〔女は〕いとけうとけれど、聞きも入れぬやうにて」〈蜻蛉日記・下〉⑩**うとまし。**「ふかき山のおくをうとましきけだもののみちみちたるなかをたづねたる心をば」〈宇津保物語・俊蔭〉「手をたたき給へば、山彦のこたふる声いとうとまし」〈源氏物語・夕顔〉⑪**すごし。**「荒れたる様は劣らざめるを、程のせばう人気のすこしあるなどになぐさめたれど、すごううたていざとき心地する夜のさまなり」〈源氏物語・末摘花〉⑫**こころすごし。**「〔琴の〕静かなる音高う響く音す。あはれにこころすごき事限りなし」〈宇津保物語・楼上・下〉⑬**つべたまし。**「今度さへおりずはいとつべたましきさまになむ世人も思はむ」〈蜻蛉日記・中〉⑭**むくつけし。**「かの男は天の逆手《さかて》の打ちてなむ呪ひをるなる。むくつけきこと」〈伊勢物語・九六〉⑮**むくむくし。**「心はうたてあれなど言ひあへるも、むくむくしく、聞きならはぬ心地し給ふ」〈源氏物語・東屋〉⑯**むつかし。**「〔女は〕冷え入りにければ、……右近はただ、あなむつかしと思ひける心皆さめて泣きまどふ」〈源氏物語・夕顔〉⑰**けむつかし。**

こ

「人の骨などを入れて埋みたりけるにかと、けむつかしく思《おぼ》えけれども」〈今昔物語集・二六・一四〉⑱**こころにくし。**「定めて討手向けられ候はんずらん。こころにくうも候はず」〈平家物語・四・競〉⑲**こはし。**「ぜひに及ばぬ、山のかみがこはひか、身共がこはひか」〈狂言（虎明本）・花子〉

コンクール

①**くらべ。**「くらべこし振り分け髪も肩過ぎぬ君ならずして誰かあぐべき」〈伊勢物語・二三〉②**あはせ。**「竹取りの翁に、宇津保の俊蔭をあはせて、争ふ」〈源氏物語・絵合〉③**きほひ。きそひ。**「きほひ馬の鼓に我を打ちこめて出も果てぬ世にこそありけれ」〈夫木和歌抄・二七〉

【補】「くらべ」「あはせ」「きほひ（きそひ）」はいずれも他との比較、闘い、あるいは優劣を争う意を持つ。これらは、例えば、①は「くらべうま、力くらべ」といった、くらべもの、②は「歌合わせ、絵合せ、貝合せ、香合せ」といった合わせもの、③は「きそひうま、きそひぶね」等のように、それぞれの分野ごとの名称を持って表されている。

さあ

Ⅰ 決意や確認をする。また、人を誘ったり促したりする

①**いざ。**「名にし負はばいざ言問はむ都鳥我が思ふ人はありやなしやと」〈伊勢物語・九〉〈⑤参照〉②**いで。**「いで我を人な咎めそ、大舟のゆたにたゆたに物思ふころぞ」〈古今和歌集・五〇八〉③**はて。**「一旦出家沙門の言ひ交はいた事を翻すといふ事があるものか。はて、そなたが待たば愚僧も待たうはさて」〈狂言・宗論〉④**どれ。どりや。**「どれ、見せさつしやれ」〈狂言・末広がり〉⑤**いざうれ。いさうれ。いそうれ。**「いさうれ、おのれら、能登が最期の供せよ」〈浄瑠璃・平家女護島・五〉〈①参照〉

Ⅱ 判断の迷いやためらいを示す

①**いさ。いさや、いさとよ、いさ知らず。**「人はいさ心も知らず古里は花ぞ昔の香《か》に匂ひける」〈古今和歌集・四二〉②**さあ。**「与次郎兵衛といふ人、さあ知り申さない」〈滑稽本・東海道中膝栗毛・神奈川〉

【補】「いざ」「いで」は、「いざいざ」「いでいで」のようにくりかえしたり、「いざかし、いざや、いざわ、いざ給へ、いざさせ給へ、いざ然《さ》らば」のように熟して用いられることがある。

さ

サービスする　せったい

①つかへまつる。つかまつる。つかうまつる。「五人の中にゆかしき物見せ給へらんに、御心ざしまさりたりとてつかうまつらん」〈竹取物語〉②ほどこす。「妙なる宝を貧しき人に分かち施《ほどこ》し」〈三宝絵詞・序〉③もてなす。「御前へ召されまゐらせて、御引出物給はって、もてなされ給ひしありさま、めでたかりし儀式ぞかし」〈平家物語・一一・一門大路渡〉④けいめい・けいえい（経営）。「おほいなるみけいめいにこそはありけれ。さ知らましかば、いささか酒肴《すかう》かまへて、まうできましものを」〈宇津保物語・祭の使〉⑤きやうおう（饗応）。「にくしとは思はれけれど、その座にては饗応し申して」〈大鏡・道隆〉⑥きゆうじ（給仕）。「其の時、護法かたちをあらはして、花をとり、水を汲みて、給仕し給ひけり」〈古今著聞集・二・四六〉⑦せつたい（接待）。「使者、遂に京師に来る。義満、大内義弘をして之を接待せしむ」〈日本外史・七・足利氏正記〉⑧せわ（世話）。「何でも夕から、みんなこなさんのお世話ぢやの」〈洒落本・道中粋語録〉

さいき（才気）　⇩さいのう

さいこう（最高）

①**きはみ（極み）**。「天雲のむか伏すきはみ」〈万葉集・五・八〇〇〉②**（動詞による連用修飾表現）きはまる**。「言はむすべせむすべ知らず極まりて貴き物は酒にしあるらし」〈万葉集・三・三四二〉③**（形容詞による連用修飾表現）きはまりなし**。「極まりなくこそ嬉しく思う給へてしか」〈宇津保物語・楼上・上〉④**きは**。「よろしき人の幸のきはと思ひて愛《め》でうらやむ」〈枕草子・位こそ猶めでたき物はあれ〉⑤**（形容詞による連用修飾表現）きはなし**。「きはなく深き所ある人」〈源氏物語・若菜下〉⑥**かぎり**。「若君はいと清げに装束《さうず》かして、直衣のかぎり給へり」〈宇津保物語・楼上・上〉⑦**（形容詞による連体修飾表現）かぎりなし**。「いとのどやかにをかしく弾き給ふ御手つきなど、かぎりなき女もかくはえあらじと見ゆ」〈堤中納言物語・花桜折る少将〉⑧**いたり**。「懇丹《こんたん》のいたりに堪えず」〈平家物語・七・木曾山門牒状〉⑨**やま**。「わかりもせぬ狂言を、あそこが山だの爰が腹だのと見功者づらして役者を罵り」〈滑稽本・客者評判記・上〉

さ

さいのう（才能）　さいき

①**かど。**「しづ心もなくおぼえければ、あるがなかにかどある童《わらは》して、かく聞え奉る」〈宇津保物語・祭の使〉②**さえ・ざえ・さい（才）。**「女子《をみなご》のさえは霜月師走のかいこぼち」〈神楽歌・早歌〉③**さいかん・さえかん（才幹）。**「皇子、博学多通、文武の才幹あり」〈懐風藻・大友皇子伝〉④**さいのう（才能）。**「日本の使、才能奇異なり。書を読ましめてその誤りを笑はんと欲す」〈江談抄・三〉

【補】「かど」の複合語、派生語には「かたかど、かどかどし、かどめく」などがある。また、「ざえ」には「ざえざえし、ざえがる」などがある。

さかえる（栄える）

①**さかゆ。**「天皇《すめろき》の御代さかえむと東なる陸奥山に黄金《くがね》花さく」〈万葉集・一八・四〇九七〉②**さかゆく。**「今こそあれ我も昔は男山さかゆく時もありこしものを」〈古今和歌集・八八九〉③**ときめく。**「かくあやしき人のいかでときめき給ふらむ」〈宇津保物語・忠こそ〉

さがす（捜す）

①もとむ。「竜の馬を吾はもとめむあをによし奈良の都に来む人の為に」〈万葉集・五・八〇八〉②たづぬ。「渡り川いづれの瀬にか流れしとたづねわびぬる人を見しかな」〈宇津保物語・楼上・上〉③あさる。「この御文は引き隠し給ひつれば、せめてもあさり取らで」〈源氏物語・夕霧〉④とぶらふ。「遠く異朝をとぶらへば」〈平家物語・一・祇園精舎〉⑤あなぐる。「すなはち出でて畝傍山に入る。よりて以て山を探《あなぐ》る」〈日本書紀・二三・舒明即位前〉

さきだたれる（先立たれる）

おくる。「まそ鏡手に取り持ちて見れど飽かぬ君におくれて生けりともなし」〈万葉集・一二・三一八五〉

さけ（酒）

①き（酒）。みき（御酒）。おほみき（大御酒）。「このみきは我がみきならず」〈古事記・

中〉②**くし**。「くしの司常世《かみとこよ》にいます」〈古事記・中〉③**さけ**。「梅の花夢《いめ》に語らくみやびたる花と吾《あ》れ思《も》ふさけに浮かべこそ」〈万葉集・五・八五二〉④**みわ**。「哭沢《なきさわ》の森にみわ据ゑ、祈れどもわご大君は高日知らしぬ」〈万葉集・二・二〇二〉⑤**ひじり**。「酒の名を聖《ひじり》と負《おほ》せし古の大き聖の言のよろしさ」〈万葉集・三・三三九〉⑥**せいじん（聖人）**。**けんじん（賢人）**。「聖人《せいじん》　清酒を呼びて聖人と云ふ。賢人　濁酒を呼びて賢人《けんじん》と云ふ義なり」〈元和本下学集〉「にごれるを賢人と云ふことは、聖人よりは今少しひきおとりたれども、なほこれもいみじき心か」〈塵袋・九〉⑦**けんすい（硯水）**。「硯水たぶたぶと入れて来たり」〈雑談集・三〉⑧**たけのは（竹の葉）**。「竹の葉に籬の菊を折り添へて花をふくらん玉の盃」〈久安百首・秋下〉⑨**ささ**。「方々より貰うて、ささはたくさんあれども」〈狂言・比丘貞〉⑩**くこん（九献）**。「また九献参るとて、人々参りてひしめく」〈とはずがたり・二〉⑪**しゅ（酒）**。「白楽天が酒功賛《しゅこうさん》を作りし、琴、詩、酒の友」〈謡曲・松虫〉⑫**はんにゃとう（般若湯）**。「僧家、般若湯と号して専らこれを用ゆる」〈咄本・醒睡笑・五〉⑬**かすみ**。「あはれ霞《かすみ》を汲まん杯もがな」〈仮名草子・ねごと草・上〉⑭**おにころし（鬼殺）**。**おによけ（鬼除）**。**おにごのみ（鬼好）**。

【補】日本酒は、上代は濁酒が主で、室町時代から清酒も造られるようになった。⑤〜⑧は中国の故事により、特に⑤「ひじり」は⑥「聖人」の由来を歌っている。「ささ」「九献」は女房詞。その「ささ」は、⑧「竹の葉」によるとも言われ、また、「さけ」の「さ」を重ねたとも言われるが、『続鳩翁道話』（二上）に「時にかの年よりは、酒と聞いては、笹の露にも酔ふ程の下戸ぢゃ」という一節がある。⑭は、近世、辛口の酒を言う。

ささやく

①**ささめく。**「そばにある人の、『この中将に扇の絵の事言へ』とささめけば」〈枕草子・大蔵卿ばかり耳とき人はなし〉②**ささやく。**「『なほ物おぼす事あるべし』とささやけど、親をはじめて何とも知らず」〈竹取物語〉

さしつかえる（差し支える）

①**さはる。**「あしひきの山野さはらず天離《さか》る鄙《ひな》も治むる大夫《ますらを》や何か物思ふ」〈万葉集・一七・三九七三〉②**とどこほる。**「今はことつけやり給ふべきとどこほりもなきを」〈源氏物語・行幸〉

さしでがましい（差出がましい）　⇩でしゃばりだ

さすらう

①**はふる。**「親なくなりてのち、とかくはふれて、人の国にはかなき所に住みけるを」〈大和物語・五七〉②**さすらふ。**「身はかくてさすらへぬとも君が辺り去らぬ鏡の影は離れじ」〈源氏物語・須磨〉「あるまじき様にさすらふたぐひだにこそ多く侍るめれ」〈源氏物語・総角〉

【補】②の第一の例は下二段、後の例は四段。中世以降四段が次第に多くなる。

さそう（誘う）

①**いざす。**「ほつもり赤らをとめをいざささば良らしな」〈古事記・中・歌謡〉②**いざなふ。**「露霜の秋にいたれば野もさはに鳥すだけりと大夫《ますらを》の伴いざなひて」〈万葉集・一七・四〇一一〉③**さそふ。**「花の香を風の便りにたぐへてぞ鶯さそふしるべにやある」〈古今和歌集・一三〉

ざっくばらん

あけすけ。ありのまま。ずけずけ。

①**ありのまま**。**ありのまにまに**。「ありのままになん聞こえさせつる」〈蜻蛉日記・中〉②**ありありし**。「心深く大人のやうにおはすれば、ありありしうは世にのたまはじ」〈宇津保物語・楼上・下〉③**ありをり（在居）**。「頼うだる人のやうにありをりに仰せらるる所で、え答へまらせぬ」〈狂言・今参〉④**すぐばけ（直化）**。**しらばけ（白化）**。「直化《すぐばけ》。実事《じつじ》にあらず。これは手立ての内にて、言ひ廻さず、ありのままに言ひて聞かしむる謀なり」〈評判記・色道大鏡・一〉。⑤**しら（白）**。「直化《すぐばけ》にしらな事を言うて喜ばす仕掛けを工夫せらるべし」〈浮世草子・傾城禁短気・五〉⑥**ありやう（有様）**。**ありてい（有体）**。「ありやうに申せど、これをさらに合点せず」〈浮世草子・好色五人女・五〉⑦**あけすけ**。「さあ牢輿になりとも嫁入りの輿になりとも、あけすけの返事したがよい」〈浄瑠璃・娥歌かるた・二〉⑧**ざつくばらん**。「ざつくばらんに言つてくりやれ」〈歌舞伎・処女翫浮名横櫛・中〉

さっそく　すみやか

①**はやい**。「残りたる雪に交《まじ》れる梅の花早くな散りそ雪は消《け》ぬとも」〈万葉集・五・八五三〉②**すみやか**。「み船すみやかに漕がしめ給へ」〈土佐日記〉③**とにに・とみに（頓）**。「風波、とにやむべくもあらず」〈土佐日記〉④**すがすがし**。「御心ゆかせ給ふばかり許されありてを、まかでさせ給へと聞こえさせ給ひしかば、今宵はあまりすがすがしうやと聞こ

えたるを」〈源氏物語・真木柱〉⑤**たちまちに。たちまち。**「この君の御徳に、たちまちに身を変へたると思へば」〈源氏物語・少女〉⑥**さうそく（早速）。**「勝負は事の外に早速なり」〈中外抄〉⑦**さつそく・さそく（早速）。**「朝敵追討早速にその功を致す由」〈保元物語・中・朝敵の宿所焼き払ふ〉⑧**ひたひたと。**「馬の足立ち、鞍爪浸るほどにならば、ひたひたと乗つて駈けよ、者ども」〈平家物語・一一・大坂越〉⑨**はやらか。**「元の道のかたへ、いと早らかに帰り給ふ」〈擬古物語・あさぢが露〉

さっぷうけいだ（殺風景だ）

①**すごし。**「ふるはたのそばの立木にゐるはとの友よぶ声のすごき夕暮」〈新古今和歌集・一六七四〉②**すさまじ。**「夜中ばかりに、風ふき、雨ふりて、すさまじかりけるに」〈宇治拾遺物語・一二・二四〉

【補】元来「殺風景」は、風流を殺《そ》ぐつまり無風流さを意味した。「琴を焼き鶴を烹る殺風景をなすにこそ」〈読本・青砥藤綾模稜案・四〉

さびしい（寂しい）

①**さぶし。**「山の端にあぢ群騒ぎ行くなれど我はさぶしゑ君にしあらねば」〈万葉集・四・四八六〉②**わびし。**「君は来ず我は故無み立つ波のしくしくわびしかくて来じとや」〈万葉集・一二・三〇二六〉③**あはれ。**「荒れにけりあはれいく世の宿なれや住みけむ人のおとづれもせぬ」〈古今和歌集・九八四〉④**さびし。**「うちつけにさびしくもあるか紅葉ばも主なき宿は色なかりけり」〈古今和歌集・八四八〉⑤**うらさびし。**「君まさで煙絶えにし塩釜のうらさびしくも見えわたるかな」〈古今和歌集・八五二〉⑥**つれづれ。**「御室にまうでてをがみ奉るに、つれづれといと物がなしくておはしましければ」〈伊勢物語・八三〉⑦**こころぼそし。**「わが入らむとする道は、いと暗う細きに、つたかへでは茂り、物心ぼそく、すずろなるめを見ることと思ふに」〈伊勢物語・九〉⑧**こころすごし。**「かくおもしろき所になどか心すごき住まひはし給ふらん」〈宇津保物語・吹上・上〉⑨**さうざうし。**「今日ここにこの好き者どもの一人なきさうざうしや」〈宇津保物語・祭の使〉⑩**すごし。**「琴を少し掻きならし給へるが我ながらいとすごう聞ゆれば」〈源氏物語・須磨〉⑪**さみし。**「水底の魚なども、人音がないゆゑに上へ泳ぎ出て波などを立つるが見え、さみしうなってくる」〈唐詩選国字解〉

【補】⑨「さうざうし」は、新撰字鏡に「独坐不楽皃佐久佐久志」とある「さくさくし」の転。

サボる

①おこたる。「宿直つかうまつることは、月ごろおこたりてはべれば」〈源氏物語・浮舟〉②たゆむ。「御行ひを時の間もたゆませ給はずせさせ給ふ」〈源氏物語・薄雲〉

さらに（更に）

①さらに。「またかかることさへ侍りければ、さらにいと心憂くなむ思ひなり侍りぬる」〈源氏物語・賢木〉②さらにさらに。「さらにさらに思し寄るまじきことなり」〈大鏡・師輔〉③いとど。「めでたく書き給へるをみて、いとど涙を添えまさる」〈更級日記〉④なほ。「切りぬべき人なくは賜べ、切らむといひたらむは、なほよかりなむ」〈徒然草・二三一〉⑤ひときは。「いまひときは心も浮き立つものは春の景色にこそあれ」〈徒然草・一九〉

さわぐ（騒ぐ）

①さやぐ。「豊葦原の千秋五百秋の水穂の国は、いたくさやぎてありなり」〈古事記・上〉

②**ののしる。**「『我こそ死なめ』と泣きののしる」〈竹取物語〉③**ののしりさわぐ。**「ののしりさわぐ程に、夜中ばかりなりければ」〈源氏物語・葵〉④**ささめく。**「『これぞなこれぞな』とめでて、ささめき騒ぐ声いとしるし」〈源氏物語・真木柱〉⑤**ざざめく。**「花見の貴賤雲のごとく霞のごとくにてざざめくに」〈中華若木詩抄・中〉⑥**さわぐ。**「思ひ切つたる色遊びして、世を心のままにさわぐべし」〈浮世草子・好色盛衰記〉

ざんこくだ（残酷だ）

①**からし。**「いれひものさしてきつれど唐衣からくいひても帰しつる哉」〈古今和歌六帖・三〇二四〉②**むざう（無慙）。**「むざうの申やうかな。ゆゆしきつみにも候」〈宇治拾遺物語・三・四〉③**むざん（無慙）。**「薪につみこめて焼殺せし事こそ、無慚にはおぼゆれ」〈日蓮遺文・報恩抄〉④**ざんこく。**「酷史は、きつくつべらしく、人にあたる事が残酷なる者を云ぞ」〈史記抄・一六・酷吏列伝〉⑤**むごし。**「むごきもの、一、飼鳥の頸絞むる」〈仮名草子・犬枕〉⑥**むごらし。**「人にはあらで人にこそあれ、猿の皮はぎたをみればむごらしや」〈新増犬筑波集・油糟・雑〉⑦**むごたらし。**「あんまりむごたらしい仕形」〈談義本・当世下手談義・三・娯足斎園茗小栗の亡魂に出逢ふ事〉

さ

さんじょうする（参上する）

⇩おじゃまする

ざんねんだ（残念だ）

①**うらめし。**「天地の神しうらめし草枕この旅の日に妻離《さ》くべしや」〈万葉集・一三・三三四六〉②**くやし。**「わが心しぞいや愚《をこ》にして今ぞくやしき」〈古事記・中・歌謡〉③**をし。**「汝《いまし》、命と婦《たをやめ》と孰《いづれ》か尤《はなは》だ愛《をし》き」〈日本書紀・一九・欽明二三年〉④**くちをし。**「許さぬ迎へまうで来てくちをしく悲しきこと」〈竹取物語〉⑤**ねたし。**「淡路の御歌におとれり。『ねたき。いはざらましものを』とくやしがるうちに」〈土佐日記〉⑥**のこりおほし。**「頭の弁の、職にまゐり給ひて『けふはのこりおおかる心地なんする』」〈枕草子・頭の弁の、職にまゐり給ひて〉⑦**ほいなし（本意無）。**「かへすがへすほいなくこそ覚え侍れ」〈竹取物語〉⑧**をしけし。**「紫の故に心をしめたれば淵に身投げむ名やはをしけし」〈源氏物語・胡蝶〉⑨**ねんなし（念無）。**「殺したらんは無下にねんなかるべし。いけどりにせん」〈平家物語・六・祇園女御〉

さんぱつする（散髪する）

Ⅰ 調髪

①**あぐ**。「橘の寺の長屋に吾が宿《い》ねし、童女放髪《うなゐはなり》は髪上《あ》げつらむか」〈万葉集・一六・三八二二〉②**けづる**。**くしけづる（髪梳）**。「けづることをもうるさがり給へど、をかしの御髪や」〈源氏物語・若紫〉③**そぐ**。「尼にそぎたる乳児《ちご》の、目に髪のおほひたるを搔きはやらで」〈能因本枕草子・一五五〉④**かく**。「御鬢かき給ふとて鏡台に寄りゐ給へるに」〈源氏物語・須磨〉⑤**つくろふ**。「御くしすまし、ひきつくろひておはする」〈源氏物語・若菜上〉⑥**とりあぐ**。「鏡の宿に着て、夜中ばかりに手づから髪を取り上げて」〈平治物語・下・牛若奥州下りの事〉⑦**ゆふ**。「かみゆひは下手《へた》なりけりな名の立ちて鳥井の前に居るかねたたき」〈鷹筑波集・二〉⑧**すく**。「ぶちどころ悪く、片息となって、かみすきどころではなく、気付けよ鍼《はり》よとさわぎて」〈黄表紙・江戸生艶気樺焼・中〉

Ⅱ 儀式

①**かみたれ（髪垂）**。「祇園女御の御安産、けふ髪垂の規式《ぎしき》の中」〈浄瑠璃・祇園女御九重錦・四〉②**うぶぞり**。**うぶずり（産剃）**。「うぶぞりにたすきはづして膳に付」〈誹風柳多留・二〉③**かみおき（髪置）**。**かみたて（髪立）**。「四つの年の霜月は髪置、袴着の春も過

ぎて」〈浮世草子・好色一代男・一・二〉④**かみそぎ（髪削・髪除）**。「ふりにける卯月のけふのかみそぎは山橘の色も変はらず」〈夫木和歌抄・二八〉⑤**びんそぎ（鬢削）**。「息女びんそぎなり。形の如く祝ひ着」〈十輪院内府記・文明一七年二月〉⑥**かみあげ。みぐしあげ**。「よき程なる人になりぬれば、髪あげなどさうして、髪あげさせ、裳着す」〈竹取物語〉

【補】なお、髪を結わないでばらばらにした状態は、近世「さばきがみ」（捌髪）、「ざんばらがみ」、「ざんぎり」（散切）、「みだりがみ」（乱髪）、「ちらしがみ」（散髪）、「さんぱつ」（散髪）、「ざんぱつ」（斬髪）などのように言った。

さんぽ（散歩）

①**すずろあるき。すずろありき。そぞろあるき。そぞろありき**。「はし鷹のすずろありきにあらばこそかりとも人の思ひなされめ」〈歌仙清正集〉②**ゆぎやう（遊行）**。「もし、つれづれなる時は、これを友として遊行す」〈方丈記〉③**さんさく（散策）**。「林間に散策するに、歩遅遅たり」〈五山文学・雲壑猿吟・晩涼散策〉④**さんぽ（散歩）**。「老少相ひ率ゐ散歩して去る」〈良寛詩・遊松之尾〉

しいて（強いて）

①**あへて**。「いざ子どもあへて漕ぎ出でむ」〈万葉集・三・三八八〉②**せめて**。「打ち捨てられたるが辛《つら》うも侍るかなと、せめて思ひ静めて宣ふ気色、いとわりなし」〈源氏物語・葵〉③**まげて**。「現《うつ》し心なく酔《ゑ》ひたる者に候。まげて許し給はらむ」〈徒然草・八七〉

しかたがない（仕方がない）

①**ちからなし**。「今は力なしと集りて歎くをも知らで、遊びののしる」〈落窪物語・三〉②**わりなし**。「頰杖《つらづゑ》つきて、しばしより居給へり。帯刀《たちはき》わりなしと思へり」〈落窪物語・一〉③**せんかたなし**。「わかびたる人にて、物にけどられぬるなめりと、せむかたなき心地し給ふ」〈源氏物語・夕顔〉④**あへなし**。「絶え果て給ひぬるとて泣き騒げば　御使もいとあへなくて帰り参りぬ」〈源氏物語・桐壺〉⑤**よしなし**。「いまさらによしなし。これぞめでたき事」〈大鏡・道長・上〉⑥**しよせんなし（所詮無）**。「此児《ちご》歌をのみすきて所詮なき物なり」〈沙石集・五本・一二〉⑦**ぜひなし（是非無）**。「是非なうこれにとどまつて、力を添えいでわ」〈イソポ物語（天草版）・狼と豚の事〉⑧**ぜひもなし（是非無）**。「近頃残りをしい

事ぢやがぜひもない」〈狂言（虎寛本）・鎌腹〉⑨**しやうがなし。**「自然とながれて来て行きあたつたのぢや。どうも仕やうがない」〈松翁道話・三・中〉⑩**しかたがなし。**「なごりをしけれどもしかたがない程に郡国族の処へ行ぞ」〈毛詩抄・一一〉⑪**しかたなし。しがたなし。**「いはれを知らず聞かぬ内はそりやしかたないが」〈古道大意・上〉

じかん（時間）

①**あひだ。**「行く水のあひだもなくも思ほゆるかも」〈日本書紀・二六・斉明四年・歌謡〉②**とき。**「時移りなば逢はずかもあらむ」〈万葉集・一四・三三五五〉③**ま。**「人言の繁き間守《まも》りて逢ふともや」〈万葉集・一一・二五六一〉④**ほど。**「青波に袖さへ濡れて漕ぐ船のかし振る程にさ夜更けなむか」〈万葉集・二〇・四三一三〉⑤**しだ。**「我が面《おも》の忘れむしだは国はふり嶺《ね》に立つ雲を見つつしのはせ」〈万葉集・一四・三五一五〉

じぎょう（事業）

①**こと。**「我が大君の諸人を誘なひ給ひ良きことを始め給ひて」〈万葉集・一八・四〇九四〉
②**わざ。**「朕《あ》が敬まひ報いまつるわざとしてなも此の位冠を授けまつらく」〈続日本紀・天

平神護二年一〇月二〇日・宣命〉③**しわざ**。「法の行《しわざ》を行なひ仕へまつる」〈東大寺諷誦文稿〉④**じごふ・じげふ（事業）**。「事業伴　是吉」〈源昇家領近国土田荘田地注文〉⑤**げふ・ごふ（業）**。「業を修し学を好まんには」〈正法眼蔵随聞記〉

しきりに（頻りに）

①**いやしくしくに**。「しぶたにの崎の荒磯に寄する波いやしくしくにいにしへ思ほゆ」〈万葉集・一七・三九八六〉②**しくしく**。「奥山の樒《しきみ》が花の名のごとやしくしく君に恋ひわたりなむ」〈万葉集・二〇・四四七六〉③**しきりに**。「二日ばかりありて参り給へり。しきりに参り給ふ時は、大宮もいと御心ゆきうれしきものに思ひたり」〈源氏物語・少女〉④**ひらに**。「新大納言成親卿もひらに申されけり」〈平家物語・一・鹿谷〉

しけん（試験）

⇩テスト

じけん（事件）

①**わざはひ。**「此の時に当たりて妖気《わざはひ》稍《やうや》くに動きて叛《そむ》く者一二《ひとりふたり》始めて起る」〈日本書紀・一一・仁徳六七年〉②**こと。**「鶏が鳴く東の国にいにしへにありける事と」〈万葉集・九・一八〇七〉③**わざ。**「いにしへにありけるわざのくすばしき事と言ひ継ぐ」〈万葉集・一九・四二一一〉

【補】「わざ」は本来神や霊の神秘な働きを言った。「わざはひ」も同じで、①の例文もむしろ事件を導く神秘な力の働きの方を指している。

しご（死後）

①**こむよ（来む世）。**「現世《このよ》には人言繁し来世にも逢はむ我が背子今ならずとも」〈万葉集・四・五四二〉②**ごしやう（後生）。**「余罪の後生の世に至らん事を怒り」〈日本霊異記・中・七〉③**らいせ（来世）。**「仏に奉る物はいたづらならず。来世未来の功徳あり」〈宇津保物語・藤原君〉④**のち。**「後にまた相見む事を思はなむこの世の夢に心惑はで」〈源氏物語・夕顔〉⑤**のちのよ。**「忠《ただ》しく浄き名を顕《あらは》し、後世には人天の勝楽を受けて、終に仏と

成れ」〈続日本紀・神護景雲二年一〇月一日・宣命〉⑥**なきよ。**「あやしき有り様をもし給はば、なきよなりとも必ず恨み聞こえむずる」〈大鏡・道隆〉⑦**あと。**「またおのづから残りて後問《あと》ふ人もさすがあるらめど」〈建礼門院右京大夫集〉⑧**なきあと。**「人のなきあとばかり悲しきはなし」〈徒然草・三〇〉⑨**ごせ（後世）。**「今世《こんぜ》後世、よく引導の御誓ひ頼もしかるべき御事なり」〈太平記・二〇・結城入道堕地獄〉⑩**くさばのかげ（草葉の陰）。**「今汝を打つ程に、必ず草葉のかげでも某を恨みとばし思うてくれるな」〈狂言・靫猿〉

しごと（仕事）

①**いとなみ。**「いとなみ、いつしかと待つ事の、さはりあり、俄かにとまりぬる」〈枕草子・くちをしきもの〉②**なりはひ。**「あはれ、いと寒しや。今年こそ、なりはひにも頼む所すくなく」〈源氏物語・夕顔〉③**しごと。**「善勝寺の大納言、故なく剝がれぬる事、さながら父の大納言がしごとやと思ひて深く恨む」〈とはずがたり・二〉④**しわざ。**「百姓太郎となって、農作をしわざとして居たぞ」〈三体詩抄・三〉⑤**はたらき。**「つねづねはたらきがぶせいなによつてぢや」〈狂言記・米市〉⑥**せけん（世間）。**「語る人々、世間をやめさせず」〈浮世草子・西鶴諸国はなし・五〉

しじ（私事）

①**わたくしごと。**「伊勢の斎宮に、内の御使にて参れりければ、かの宮にすきごといひける女、わたくしごとにて」〈伊勢物語・七一〉②**わたくし。**「年頃おほやけ、わたくし、御いとまなくて」〈源氏物語・明石〉

じじつ（事実）

①**まこと。**「葛飾の真間《まま》の手児名《てこな》をまことかも我に寄すといふ」〈万葉集・一四・三三八四〉
②**うつつ。**「うつつにも夢にも我は思はずき」〈万葉集・一一・二六〇一〉③**じつ（実）。**「尊氏が不義叡聞《えいぶん》に達すと雖ども、未だ其の実を知らず」〈太平記・一四・新田足利確執奏状事〉④**じじつ。**「真蹟の落柿舎の短冊に、先生の事実一軸を著述しておくらる」〈落柿舎日記〉

じしん（地震）

なゐ。「神いとさわがしくひらめきて、なゐのやうに土動く」〈宇津保物語・楼上・下〉

しずかに（静かに）

①**やをら。**「廊の戸の開きたるに、やをら寄りてのぞきけり」〈源氏物語・竹河〉②**やはら。**「火のほの暗き方に向かつて、やはらこの刀を抜き出だし」〈平家物語・一・殿上闇討〉

しぜんに（自然に）

①**おのづから。**「母、物語など求めて見せ給ふに、げにおのづから慰みゆく」〈更級日記〉②**おのれと。**「おのれと枯るるだにこそあるを、名残なく、いかが取り捨つべき」〈徒然草・一三八〉

したう（慕う）

①**こふ。**「わが背子に恋《こ》ふれば苦しいとまあらば拾《ひろ》ひて行かむ恋忘れ貝」〈万葉集・六・九六四〉②**しのぶ。**（上代は「しのふ」と清音）「わが妻も絵にかきとらむ暇《いづま》もが旅ゆく我は

見つつしのはむ」〈万葉集・二〇・四三二七〉③**こひす**。「こひするに死にするものにあらませばわが身は千遍《ちたび》死にかへらまし」〈万葉集・一一・二三九〇〉④**したふ**。「はしきよしかくのみからにしたひ来し妹が心のすべもすべなさ」〈万葉集・五・七九六〉⑤**けさうず（懸想ず）**。「懸想じける女のもとに、ひじきといふ物をやるとて」〈伊勢物語・三〉⑥**おもふ**。「おもひつつ寝《ぬ》ればや人の見えつらん夢と知りせばさめざらましを」〈古今和歌集・五五二〉⑦**ほる**。「恋はうき名の立つのみか正体もなう迷ひほれたよ、いつの世にかは君を忘れじ」〈狂言・金岡〉

したぎ（下着）

I　一般の下着

①**したも（下裳）**。「わが門にわが門に上裳《うはも》の裾ぬれしたもの裾ぬれ朝菜摘み夕菜摘み」〈催馬楽〉②**あこめ**。「ひとへかさねのあやかいねりのあこめ着たる童」〈宇津保物語・祭の使〉③**ひとへぎぬ（単衣）**。「ひとへぎぬはなし。袴一つ着て、所々あらはに」〈落窪物語・一〉④**したがさね（下襲）**。「したがさねの色、うへの袴の紋、馬鞍までみなととのへたり」〈源氏物語・葵〉⑤**はんぴ（半臂）**。「したがさねの、はんぴもなき」〈宇津保物語・祭の使〉⑥**じゆばん（襦袢）**。「この寒きに襦袢一枚になりて」〈浮世草子・武道伝来記・七・三〉

⑦**したぎ**。「上を始、おのおの下着の小袖をぬいで」〈浄瑠璃・吉野都女楠〉⑧**したはんてん（下半纏）**。「着流し白き毛織のした半夫、好《このみ》のこしらへ」〈歌舞伎・小袖曾我薊色縫〉⑨**うちぎ（内着）**。「その着物着《べ》かへ、と内着の帷子《かたびら》を渡せば、顔うち赤めながらアイというて着かへ」〈洒落本・南遊記・三〉

Ⅱ　下半身を覆うもの全般

①**たふさぎ（犢鼻褌・犢鼻・褌）**。「吾が背子が犢鼻にするつぶれ石の吉野の山に氷魚ぞさがれる」〈万葉集・一六・三八三九〉②**したのはかま**。「ふとかたびらのうへのきて、上の袴、したのはかまもなし」〈宇津保物語・祭の使〉③**したおび**。「さらぬだに寒きに、褌《したおび》ばかりに裸なり」〈源平盛衰記・一八・竜神守三種心事〉④**ててら**。**ててれ**。「夕顔の棚の下なる夕涼み男はててら妻はふたのして」〈咄本・醒睡笑・五〉⑤**ふたの（二布）**。「白綸子《しろりんず》の二布引き裂き小指を喰ひ切り、心のまま書きつけて」〈浮世草子・好色一代男・六・一〉⑥**ふんどし**。「日外《いつぞや》とらしたる緋綸子のふんどしかかせ」〈浮世草子・好色一代男・八・二〉⑦**したひも**。「白羽二重の下紐をわざと見せるはさもし」〈浮世草子・好色一代女・六・一〉⑧**ゆぐ（湯具）**。「ほのぼのと赤ゆぐほせる春の日に湯をあがりゆくふりをしぞ思ふ」〈宗因千句・下〉⑨**ゆまき（湯巻）**。「丸裸になり、白の湯巻ばかりにて、出羽吉風呂へ入る」〈歌舞伎・御国入曾我中村〉⑩**ゆもじ（湯文字）**。「女のゆもじといふ物は、白木綿二布に規した物」〈滑稽本・浮世風呂・三・上〉⑪**へこ**。「ぼうぐみ、のしのへこをはづせ」〈滑稽本・東

海道中膝栗毛・三上〉
【補】なお、直接上半身の肌に触れる下着は「シャツ」の項を見よ。

したしみやすい（親しみやすい）

①**けぢかし**。「檜の木、またけぢかからぬものなれど、三葉四葉の殿づくりもをかし」〈枕草子・花の木ならぬは〉②**こころやすし**。「朝夕の隔てあるやうなれど、かくて見奉るはこころやすくこそあれ」〈源氏物語・蛍〉③**なつかし**。「〔中納言ハ〕少しはやう恐ろしきものに思はれ給へれど、実の御心はいとなつかしうのどかになむおはしける」〈落窪物語・二〉
【補】「親しみにくい」の義では、①「けぢかし（気近し）」の対義となる「けうとし（気疎し）」がある。親しみなつき、馴れるの義では、「むつる（睦る）」「にぎぶ（和ぶ）」がある。「なれそむ」は、親しみはじめる様子、「ねむごろ・ねもころ・ねんごろ」は、親しみ深い様子。

しっ（抑制する感動詞）　うるさい。しずかに。やかましい。

①**なりたかし（鳴高）**。「音なせそや密《みそ》かなれ大宮近くて鳴り高しあなかま子供《こんども》や密かな

れ」〈風俗歌・鳴り高し〉②**おとなせそや。**〈①参照〉③**みそかなれ。**〈①参照〉④**あなかま。あなかまたまへ。**「前にゐたる人は心得て笑ふを、『あなかま』と招き制すれども」〈枕草子・正月一日は〉⑤**なりやまむ（鳴止まむ）。**「人びと皆綻《ほころ》びて笑ひぬれば、また『鳴り高し、鳴り止まむ。……』など威《おど》し言ふも、いとをかし」〈源氏物語・少女〉⑥**なりせいせむ（鳴制せむ）。**「昨日よりは人多くてかしましく、『鳴り高し、鳴り制せむ』と大路に出でて云ひ立てりけるに」〈今昔物語集・二三・二一〉⑦**やかましい。**「ああやかましい、何事ぢや」〈狂言・宗論〉

【補】ここに挙げたもののうち、「なりたかし、やかましい、あなかま」は、騒々しい状態を表現するのが、第一義であるかもしれない。しかし、現代の「うるさい」などがそうであるように、その第一義を言うことによって、その状態を制止することにもなっていて、「あなかま」の枕草子の用例は、文脈に「制す」を伴っている。

しっかりしている

①**むねむねし。**「むねむねしからぬ軒の端ごとに、はひまつはれたるを」〈源氏物語・夕顔〉②**さかし。**「中に心さかしき者、念じて射むとすれども」〈竹取物語〉③**はかばかし。**「とりたてではかばかしき後見しなければ、事あるときは、なほより所なく心細げなり」〈源氏

物語・桐壺〉④**すくよかなり**。「女君、あやしう悩ましげにのみもてない給ひて、すくよかなる折りもなくしほれ給へるを」〈源氏物語・真木柱〉⑤**こころまさり**。「継信はこころまさりの剛の人にて」〈謡曲・摂待〉

しつぎょう（失業）

①**ふちばなれ（扶持離）**。「不義密通が現はれて、浪人なされた扶持離れ」〈歌舞伎・玉藻前御園公服〉②**はいくわん（廃官）**。「廃官の列に入り、其職を免ぜらるれば」〈歌舞伎・富士額男女繁山〉

しっぱい（失敗）

①**あやまち**。「韓国《からくに》に渡るわが背は家人の斎《いは》ひ待たねか正身《ただみ》かもあやまちしけむ」〈万葉集・一五・三六八八〉②**とが**。「彼の徳を讃すべし。其のとがを謗らざれ」〈日本霊異記・下・二〇〉③**きず**。「毛を吹きてきずをば求むべからず」〈日本霊異記・下・三三〉④**しつご（失誤）**。「夢の中に人有て告げて云はく、此の序の中に失誤あり、直すべし」〈江談抄・六〉⑤**しつしやく・しつさく（失錯）**。「そこらの人のなかをわけいでられけるなん、猶懈怠《けたい》の

失錯なりける」〈大鏡・実頼〉⑥**しつ（失）**。「よき詞を続けたれど、わざと求めたるやうに成りぬるをば、また失とすべし」〈無名抄〉⑦**そそう（粗相・疎相・麤相）**。「さて、余の麤相とはちがふ程に、身に刃物をあてる事ぢや」〈狂言・忠喜〉⑧**しっこう（失行）**。「信長、義昭の失行多きを病む」〈日本外史・一三・徳川氏前記〉⑨**やりそんじ（遣損）**。「木曽殿が院参の時、車やりそんじてきられにける次郎丸」〈平家物語・一一・一門大路渡〉⑩**やりそこなひ（遣損）**。「ツイやりそこなつた。いまいましい」〈滑稽本・東海道中膝栗毛・三上〉⑪**しそんじ（仕損）**。「としどしや猿にきせたる猿の面、といふ句、全く仕損の句なり」〈許六去来俳諧問答〉⑫**しそこなひ**。「初会のざしき、女郎ぶいとの仕そこなひ」〈咄本・鹿の子餅〉⑬**しくじり**。「役者なれど、左がききすぎ、しくじりがちなり」〈洒落本・寸南破良意〉

【補】①〜③及び⑬は、和語の単純語。④〜⑧は漢語。⑨と⑪は和漢の複合語。⑩⑫は和語の複合語である。

しつもんする（質問する）　たずねる

①**とふ**。「燃ゆる火の火中に立ちてとひし君はも」〈古事記・中・歌謡〉②**きく**。「忍び給へば若君の上をだにえきかず」〈源氏物語・夕顔〉③**こととふ**。「名にし負はばいざ言問はむ

都鳥我が思ふ人はありやなしやと」〈伊勢物語・九〉④**あととむ。**「雪しのぐ庵《いほり》のつまをさし添へてあととめてこむ人をとどめむ」〈山家集〉

しつれいだ（失礼だ）　無作法だ

①**こちなし。**「ことなしび給ふを、しひて言ふもいとこちなし」〈謡曲・摂待〉②**なめげなり。**「紙などのなめげならぬも、とり忘れたる旅にて、むらさきなる蓮《はちす》の花びらに書きてまゐらす」〈枕草子・清水にこもりたりしに〉③**なめし。**「なめしと思さで、らうたくし給へ」〈源氏物語・桐壺〉

しまりがない（締りが無い）　⇩だらしない

しゃかい（社会）

①**よ。**「うつせみのよの理《ことわり》とかくさまに言ひけるものを世の人の立つる言立て」〈万葉集・一八・四一〇六〉②**よのなか。**「世の中を憂しとやさしと思へども飛び立ちかねつ鳥にしあ

らねば」〈万葉集・五・八九三〉③**せけん（世間）**。「遂に空しく見給へなして、世間の道理なれど、悲しび思ひ給ふる」〈源氏物語・若紫〉④**にんげん・じんかん（人間）**。「山の中にして道に迷ひて……憑《たの》み奉る所の本尊に人間に出む事を祈請す」〈今昔物語集・一三・一〉⑤**うきよ（浮世）**。「うきよに交らはんよりは……山の中に庵をむすび」〈仮名草子・清水物語・下〉

しゃくだ（癪だ）

①**ねたし**。「『わるしといはれては、なかなかねたかるべし』とて、夜中までおはせし」〈枕草子・頭の中将の、すずろなるそら言を〉②**つらし**。「ほととぎす鶯に劣ると言ふ人こそいとつらう憎けれ」〈枕草子・賀茂へまゐる道に〉

【補】「癪（しゃく）」とは、いわゆる「しゃっくり」などの痙攣《けいれん》のこと。

シャツ

①**はだぎぬ（肌衣）**。「朝長の御腹めされて……御はだぎぬも紅にそみ」〈謡曲・朝長〉②**はだぎ（肌着）**。「肌着さへはぎ取り」〈御伽草子・三人法師〉③**したじゅばん（下襦袢）**。

し

「下た襦袢一つでづぶづぶ踏み込むとしやうぜ」〈滑稽本・西洋道中膝栗毛〉

しゃっくり

①**さくり。**「人のむせたる様にきがきかとするをさくりとなづく」〈名語記・八〉「いらへもせで、さくりもよよと泣く」〈蜻蛉日記・中〉②**しやくり。**「世間にしやくりする人、虚言《そらごと》をもし、わびつべきことをも云ひつげつれば……その病、止るなり」〈正法眼蔵随聞記・六・一六〉

じゃま（邪魔）　邪魔する。邪魔される。

①**はばむ。**「共にとどめはばめて」〈西大寺本金光明最勝王経平安初期点〉②**さはる。**「月影ばかりぞ八重葎《やえむぐら》にもさはらずさし入りたる」〈源氏物語・桐壺〉③**さまたぐ。**「あるまじき事どもなどもさまたげ聞こえたまはず」〈源氏物語・葵〉④**ちやちや（茶茶）。**「横合から敵討の茶茶入る者があると」〈歌舞伎・幼稚子敵討〉⑤**邪魔。**「みどもが邪魔を入れ」〈狂言記・河原新市〉

じゃれる

①**あざる。**「潮海のほとりにてあざれあへり」〈土佐日記〉②**そばふ。**「そばへたる小舎人《こどねり》童などに引きはられて泣くもをかし」〈枕草子・節は五月にしく月はなし〉③**ざる。**「げすどもざれゐたる」〈枕草子・かたはらいたきもの〉④**ざればむ。**「いぎたなき夜とざればみて」〈浮世草子・好色万金丹〉⑤**じやる。**「よい男ぢやほどに女どもがじやれて」〈蒙求抄・二〉⑥**じやらつく。**「路次《ろし》にて禿《かぶろ》どちじやらつくか、よそ見などして来る時は」〈評判記・色道大鏡・四〉⑦**じやらける。**「久方のごげんとやらいつてじやらける女郎」〈洒落本・無陀もの語〉

【補】「じゃれる」に類する語は多くの場合、好色などの価値観を伴う傾向にある。

しゅうかん（習慣）

①**ならひ。**「例もあしうのみ聞き侍りつるならひに、うちたゆみてなむ」〈源氏物語・夕霧〉②**ならはし。**「手枕のすき間の風も寒かりき身はならはしのものにぞありける」〈拾遺和歌集・九〇一〉③**さが。**「後れ先立つ程の定めなさは、世のさがと見給へ知りながら」〈源氏物語・葵〉④**くせ（癖）。**「嵐から荒れたる宿のくせなればおろしこめても月は見えけり」

〈頼政集・上〉⑤**ふうぞく・ふぞく（風俗）**。「国の風俗のなれるやう、世の移り行くおもむき」〈愚管抄・二〉⑥**ふう（風）**。「この国の風は、やはらかにして、仮名の文字にて深き心をのぶれば」〈浮世草子・好色袖鑑〉⑦**ふうしゅう（風習）**。「風習といふものは、いかにともすべからず」〈随筆・閑田耕筆・一〉⑧**しきたり（仕来）**。「所の仕来といふ詞のかはりに、京都及び丹州辺にて、所法則《ところぼつそく》と云ふ」〈物類称呼・五〉

しゅうしょく（就職）　就職する

①**つかふ**。「大伴の遠つ神祖《かむおや》のその名をば大来《おほく》目《め》主《ぬし》と負ひ持ちてつかへし官《つかさ》」〈万葉集・一八・四〇九四〉②**つかへまつる。つかうまつる。つかまつる**。「苦しきにつかへまつりて今だにも国にまかりて父母も妻も見むと思ひつつ」〈万葉集・九・一八〇〇〉③**つとむ**。「もとつとめざりける家司《けいし》なれど、打ち付けに参りて」〈源氏物語・夕霧〉④**みやづかへ（宮仕）**。「この人の宮仕への本意、必ず遂げさせ奉れ。我亡くなりぬとて、口惜しう思ひくづほるな」〈源氏物語・桐壺〉⑤**ほうこう（奉公）**。「公に仕りて左《さ》馬允《まのじょう》にて有りけれども、奉公の労をも棄て、急ぎ下り」〈今昔物語集・二五・一〉⑥**はいくわん（拝官）**。「拝官、官に任ずるを云ふなり」〈名目鈔・諸公事言説〉⑦**しくわん（仕官）**。「工巧のわざを好むもあり。仕官に心ざすもあり」〈神皇正統記・中〉⑧**きゅうじ（宮仕）**。「よの中に、すさまじき

ものはきゆうじなり。我が奉公の身ならずはかかるうきめを見もやせん」〈説経節・しんとく丸・四〉

じゅうたいする（渋滞する）

⇩ちゅうちょする

じゅうぶん（十分）

①**よく。**「吾が背子が朝けの姿よく見ずて今日の間を恋ひ暮すかも」〈万葉集・一一・二八四二〉②**じゅうぶん。**「何ぞ必ずしも十分に便ち眉を開かむ」〈菅家後集・四七七・詠楽天北窓三友詩〉③**まほ。**「この落窪の君の御事、まほに知り侍らず」〈落窪物語・一〉④**とくと。**「扨《さて》是へ寄てとくと談合致《いたさ》う」〈狂言・三本柱〉⑤**ほつてと。**「さいつさされつ　こうずこまれつのうだ程に　ほつてとえふた」〈狂言（虎明本）・花子〉⑥**ろくろく。**「天下をろくろくに治て民百姓も吉ぞ」〈周易秘抄〉⑦**ろく。**「こころはやみに夜もろくにねず」〈大坂独吟集・上〉

しゅふ（主婦）　女主人

①**とじ（刀自）**。「小金門《をかなと》にもの悲しらに思へりしわが子の刀自をぬばたまの夜昼といはず思ふにし我が身は痩《や》せぬ」〈万葉集・四・七二三〉②**いへとじ・いへとうじ（家刀自）**。「まめまめしき筋を立てて、耳挟みがちに、びさうなき家とうじの、かたへにうちとけたる後身《うしろみ》ばかりをして」〈源氏物語・帚木〉③**をんなあるじ（女主）**。「をんなあるじにかはらけとらせよ」〈伊勢物語・六〇〉

しゅみ（趣味）　好み。楽しみ。嗜好。

①**このみ**。「様異なる、大臣のこのみどもなめり」〈源氏物語・行幸〉②**すさび**。**すさみ**。「長雨例の年よりもいたくして、晴るる方なくつれづれなれば、御方々、絵物語などのすさびにて、明かし暮らし給ふ」〈源氏物語・蛍〉③**すき（好・数奇）**。「河内まですきには夜半に身をやつし」〈誹風柳多留拾遺・一二・上〉④**なぐさみ**。「少しきなぐさみの芸能も諸人にすぐれ」〈仮名草子・清水物語・下〉

しゅんかん（瞬間）

①**せつな（刹那）**。「文殊、師子にのりて、刹那の間に到りてとひ給はく」〈宇津保物語・俊蔭〉②**いつせつな（一刹那）**。「一刹那の間とは一弾の間の心ぞ、又またたきする間と云ふ心」〈臨済録抄〉③**たんじ・だんし・だんじ（弾指）**。「おほよそ壮士の一弾指のあひだに六十五の刹那あり」〈正法眼蔵・発菩提心〉④**ねん（念）**。「孝を行はむものは念念に常に思ひ、年年に恩を報いよ」〈三宝絵詞・下・二四〉⑤**いちねん（一念）**。「ただ今の一念、空しく過ぐる事を惜しむべし」〈徒然草・一〇八〉

【補】一瞬の内に全生命を燃焼させるという厳しい時の観念は、一切を無常の相において把える仏教によってもたらされた。時間の最小単位を表す梵語「クシャナ」を音写したのが「刹那」であり、その長さについては一昼夜の六百四十八万分の一とする『大毘婆沙論』など諸説ある。「弾指」は、親指と人差指との腹を合わせてパチンとはじく動作。そして人間の一刹那には八億四千の想い（念）が生滅するという。なお、刹那の反対の、きわめて長い時間の単位を仏教では「劫（こふ）」という。

じゅんさ（巡査）

①**とりて。**「義時捕《と》り手《て》置きて」〈愚管抄〉②**とりかた。**「只今取方《とりかた》のいづれをも、早ふ遣《つか》はされませ」〈歌舞伎・韓人漢文手管始〉③**とつたり。**「いとけないとつたり門に二人待ち」〈川柳評万句合〉。④**まちかたがかり。**「かの桟敷に来たり居りし町方掛りの者」〈耳袋・五〉

【補】律令制の衛門、令外官の検非遺使などが巡査の役割をしていた。

じゅんびする（準備する）

①**まうく。**「渡守舟もまうけず橋だにも渡してあらば」〈万葉集・一八・四一二五〉②**よそふ。**「年によそふ吾が舟こがむ天の河風は吹くとも浪立つなゆめ」〈万葉集・一〇・二〇五八〉③**かまふ。**「帝を傾け奉らんとかまふる罪によりて」〈栄花物語・月の宴〉④**そなふ。**「明日美《うま》き物を備へて食《じき》せしめむ」〈今昔物語集・一九・一二〉⑤**しまうく。**「果物、食物しまうけて」〈宇治拾遺物語・一〉⑥**したく（支度・仕度）。**「石つくりの皇子は心のしたくある人にて」〈竹取物語〉⑦**いとなむ。**「食物、下人どもにいとなませず」〈宇治拾遺物語・一五〉⑧**しこむ。**「飯はがうぎにしこんでござりますな」〈歌舞伎・春花五大力〉

しょうぎょう（商業）

①なりはひ（生業・産業）。「家を収め、産業を営み造る」〈日本霊異記・下・二〇〉②あきなひ。「火鼠の皮衣といふなる物、買ひておこせよ……いと難《かた》きあきなひなり」〈竹取物語〉③いとなみ。「いとあはれなるおのがじしのいとなみに、起き出でてそそめきさわぐ」〈源氏物語・夕顔〉④しやうばい（商売）。「西国往反の道を打止む。之に依りて洛中の商売止《とど》まって」〈太平記・八・禁裏仙洞御法事〉⑤うりかひ。「十夕に相場極まりて売買《うりかひ》いたせし物」〈浮世草子・世間胸算用・五・一〉⑥しやうげふ（商業）。「品物を製作し商業を営むもの出来て」〈滑稽本・西洋道中膝栗毛・一二上〉

しょうじき（正直）

Ⅰ　うそやごまかしが無く素直で正しいという意味の名詞・形容動詞

①なほし。「明き浄き直《なほ》き誠の心」〈続日本紀・文武天皇元年八月一七日・宣命〉②まこと。「まことごころある人しなければ、さおもふもなし」〈宇津保物語・蔵開上〉③しやうぢき（正直）。「邪見を離れて、正直にして、物を惜しみ貪《むさ》ぼる事なし」〈今昔物語集・一五・八〉

し

④**しちぢき（質直）**。「人の心はかりがたき物なれば、必ずしも清浄質直の心よりもおこらず」〈発心集・三・蓮華城入水事〉⑤**ちきしん（直心）**。「直心舎財の人を我が友とたのめり」〈地蔵菩薩霊験記・二・一五〉⑥**すぐ**。「梓弓の、すぐなる人は苦しみて、讒臣はいや増しに世にありて」〈謡曲・安宅〉⑦**しやうろ・せいろ（正路）**。「正路なる御心立にて、少しもさやうの巧みなる事をばお嫌ひありしと見えたり」〈戴恩記・上〉⑧**またし**。「人にあなづらるるもの……あまり全《また》き人」〈仮名草子・犬枕〉

Ⅱ　本当のところという内容の副詞

①**まこと**。「聞きしごとまことたふとくくすしくも神さびをるかこれの水鳥」〈万葉集・三・二四五〉②**しやうぢき（正直）**。「しかし正直未練が残るぜ」〈人情本・春色英対暖語・四・一三〉

【補】なお「質直」を日葡辞書に従って「シッチョク」と訓ずるむきが多いが、出典である『発心集』が鎌倉期の仏教説話集であることを勘案して「しちぢき」と読むべきであろう。

じょうしゅ（情趣）

①**あはれ**。「こころなき身にもあはれは知られけりしぎ立つ沢の秋の夕暮」〈新古今和歌集・三六二〉②**えんなり（艶なり）**。「雪うち散りて艶なるたそがれ時に」〈源氏物語・朝

顔〉**③こころあり。**「こころあらん人はあはれと見るべきを」〈徒然草・三〇〉**④なまめく。**「閼伽《あか》の棚などして、その方にしなさせ給へる御しつらひなど、いとなまめきたり」〈源氏物語・鈴虫〉**⑤ふぜい（風情）。**「岡の屋に行きかふ船を眺めて、満沙弥《まんしゃみ》が風情をぬすみ」〈方丈記〉**⑥みやび。**「昔人は、かくいちはやきみやびをなむしける」〈伊勢物語・一〉**⑦いうげん（幽玄）。**「或は事神異に関《あづか》り、或は興幽玄に入る」〈古今和歌集・真名序〉**⑧ゆゑあり。**「人も立ちまさり、心ばせまことにゆゑあり」〈源氏物語・帚木〉**⑨ゆゑよし。**「あまりのゆゑよし、心ばせうち添へたらんをば喜びに思ひ」〈源氏物語・帚木〉**⑩よしよしし。**「田舎びずよしよししく」〈宇津保物語・楼上・下〉**⑪いろごのみ。**「いろごのみの家に埋もれ木の人知れぬこととなりて」〈古今和歌集・仮名序〉

しょうじょ（少女）

①をとめ。「少女、此ををとめと云ふ」〈日本書紀・一・神代上〉**②をとめご。**「人の親のをとめ児据ゑて守《も》る山辺から朝な朝な通ひし君が来ねば悲しも」〈万葉集・一一・二三六〇〉**③こ。**「この岡に菜摘ます児《こ》」〈万葉集・一・一〉**④うなゐ。**「橘の寺の長屋に我が率寝《ゐね》しうなゐ放髪《はなり》に髪あげつらむか」〈万葉集・一六・三八二二〉**⑤うなゐご。**「郭公《ほととぎす》をちかへりなけうなゐ児がうち垂れ髪のさみだれの空」〈拾遺和歌集・一一一六〉**⑥わらは。**「かのわらはを

参らせむとて仕うまつれば、宮仕へに出で立てば死ぬべしと申す」〈竹取物語〉⑦**めのわらは。**「このめのわらははたえて宮仕へ仕うまつるべくもあらず」〈竹取物語〉⑧**むすめ。**「若きむすめたちは船のうちさへ恥しう心化粧せらる」〈源氏物語・須磨〉⑨**めざし。**「花園に我をば放てやめざしたぐへて」〈催馬楽・竹河〉

【補】「うなゐ」、「めざし」はともにもとは少女の髪型の名。転じてその髪型の年頃の少女をもいう。

じょせい（女性）

①**をみな。**「舞するをみな常世《とこよ》にもがも」〈古事記・下・歌謡〉②**おみな。**「古りにしおみなにしてやかくばかり恋に沈まむたわらはの如《ごと》」〈万葉集・二・一二九〉③**め。**「男の神も許し給ひ女《め》の神もちはひ給ひて」〈万葉集・九・一七五三〉④**をんな。**「をとこもをんなもとく京へもがなと思ふ心あれば」〈土佐日記〉

【補】①「をみな」と②「おみな」は別語。概して「をみな」は若い女また美人・佳人の意に用い、「おみな」は「おむな」「おうな」と変化し老女を指すことが多い。「をみな」は「をおみな」(「を」は接頭語)の略かともいう。④「をんな」は①「をみな」の変化形で、平安時代に現れた。現代語「おんな」の源流である。

しょもつ（書物）

①**ふみ（文）**。「ふみを読み遊びをし給へど」〈宇津保物語・吹上・上〉②**さうし（冊子・草子・双紙・草紙）**。「唐の色紙を中より押し折りて、大のさうしに作りて」〈宇津保物語・蔵開・中〉③**まきもの**。「さうし、まきもの皆書かせ奉り」〈源氏物語・梅枝〉④**まきぶみ（巻文）**。「まきぶみのぢく」〈名語記・三〉⑤**ほん（本）**。「絵草紙、草双紙はこのほうの仲間違ひなれども、いづれほんと名がつけば同じ類なり」〈黄表紙・御存商売物・下〉

しりょう（死霊）

①**たま**。「亡き御魂《みたま》にさへ疵《きず》やつけ奉らむ」〈源氏物語・椎本〉②**もののけ**。「もののけ小さき童にうつりて」〈源氏物語・若菜・下〉③**まうじや（亡者）**。「亡者の御ため菩薩のたよりともならめ」〈栄花物語・楚王の夢〉④**しりよう**。「新大納言成親の死霊」〈平家物語・三・赦文〉⑤**たましひ**。「向こうより馬右衛門、庄屋のなりにて、張子の魂《たましひ》に灯ともし」〈歌舞伎・独道中五十三駅・五〉

し

じれったい（焦れったい）

①**こころもとなし。**「人の歌の返しとくすべきを、えよみ得ぬほども、心もとなし」〈枕草子・心もとなきもの〉②**もどかし。**「わが身をばさしおきて、さばかりもどかしくいはまほしきものやはある」〈枕草子・人のうへいふを腹立つ人こそ〉

しんしつ（寝室）

①**つまや。**「枕づく妻屋《つまや》の内に……夜はも息づき明かし」〈万葉集・二・二一〇〉②**ねや。**「君来ずば寝室《ねや》へも入らじ濃紫《こむらさき》我がもとゆひに霜はおくとも」〈古今和歌集・六九三〉③**ねま。**「長老様の寝間《ねま》にも赤子泣声」〈浮世草子・好色五人女・四〉

じんせい（人生）

①**よ。**「妹は忘れじ代《よ》のことごとに」〈古事記・上・歌謡〉②**いつしやう（一生）。**「一生の恥これに過ぐるはあらじ」〈竹取物語〉③**いちご（一期）。**「僧都一期の間、身に用ゐると

ころ」〈平家物語・三・有王〉④**しやうがい（生涯）**。「生涯の面目に一首なりとも御恩をかうぶらうど」〈平家物語・七・忠度都落〉⑤**じんせい（人生）**。「人生の虚なることを観じ」〈地蔵菩薩霊験記・一〉

しんぱい（心配）

①**うしろめたさ**。「よべは、道の程うしろめたさに、み迎へに参りきたりしかど、いとまを給はりたまはざりければ」〈宇津保物語・蔵開・下〉②**こころづくし**。「いづくの島守となれらんもあぢきなく、誰も千年の松ならぬ世に、中々心づくしこそまさらめ」〈増鏡・一六・久米のさら山〉③**こころもとなさ**。「さ夜もやや深行《ふけゆ》けば、千々に思ひくだけて、心もとなさ限りなきに」〈古今著聞集・八・三二二〉④**きづかひ**。「分国留守中きづかひなく、天下へ上洛令《せ》しむ」〈上杉家文書・永禄九年五月九日・上杉輝虎願書〉⑤**こころがかり**。「こなたの肝をつぶさせらるる事が御ざる、夫は心がかりに御ざるが」〈狂言（虎寛本）・墨塗〉⑥**こころづかひ**。「この母は我子を里につかはして、その身は乳母《うば》に出《いで》しかど、心づかひの期《うへ》なれば、忽ち乳の上りしゆゑ」〈人情本・春色梅児誉美・四・二一齣〉⑦**あんじ（案じ）**。「たがいふとなくお耳に入それはきついお案じ」〈浄瑠璃・仮名手本忠臣蔵・二〉

しんぱいする（心配する）

①**うれふ。**「世の人やすからずうれへあへる、実にことわりにも過ぎたり」〈方丈記〉②**おもふ。**「海賊むくいせんといふなることをおもふ上に」〈土佐日記〉③**案ず。**「空恐ろしくあんぜられて」〈中務内侍日記〉④**きづかふ。**「みどもは汝をやつた後で殊の外きづかうたいやい」〈狂言・武悪〉

【補】名詞形に「ものあんじ（物案じ）」があり。「幾瀬のものあんじをする事ぢや」〈狂言・千鳥〉のように用いる。

しんぱいだ（心配だ）　きがかりだ。ふあんだ。

①**こころもとなし。**「まことにいみじう嬉しきことの、よべ侍りしを、心もとなく思ひ明かしてなん」〈枕草子・頭の中将の、すずろなるそら言を〉②**うしろめたし。**「のちの世も、思ふにかなはずぞあらむかしとぞ、うしろめたきに、頼むこと一つぞありける」〈更級日記〉③**おぼつかなし。**「わづかに五十騎ばかりにうちなされ、旗をばまかせて、主のおぼつかなきに、宮こへとつてかへすほどに」〈平家物語・九・木曾最期〉④**こころぐるし。**「わ

づらはしかりつる事はことなくて、やすかるべき事はいと心ぐるし」〈徒然草・一八九〉⑤**きづかはし。**「お気づかはしと申しける」〈浄瑠璃・孕常磐・三〉

しんらいする（信頼する）

①**よる。**「誰《た》にかもよらむ、神の宮人」〈古事記・下・歌謡〉②**たのむ。**「大舟の思ひたのまむに」〈万葉集・五・九〇四〉③**うける（受身の「うけられる」の形で用いて「信頼される」の意味）。**「あやしきまですずろなる人にもうけられ」〈源氏物語・御法〉

すいりょうする（推量する）

⇩おしはかる

ずうずうしい（図々しい）

①**おもなし（面なし）。**「かの鉢を捨ててまた言ひけるよりぞ、おもなき事をば、はぢを捨つとはいひける」〈竹取物語〉②**あこぎ（阿漕）。**「いもりの道行じやあ有めいし、くつつきたがるもあこぎはわるい、細く長くなさりやし」〈玉の蝶〉

す

【補】ぬけぬけとした厚かましさを表す成句に「ぬすびとたけだけし（盗人猛々し）」がある。現代語と同様の意味の「ずうずうしい」は、江戸時代には十分定着していた。「図図と」と書くこともあった。

スカート

①も（裳）。「あみの浦に船乗りすらむ乙女らが玉裳の裾に潮満つらむか」〈万葉集・一・四〇〉②はかま（袴）。「今年は姫宮の御年三つにならせ給へば、四月は御袴着の事あるべし」〈栄花物語・玉の村菊〉

スカーフ

ひれ（褶）。「遠つ人松浦佐用姫夫恋にひれ振りしより負へる山の名」〈万葉集・五・八七一〉

すがた（姿）

①いでたち。「こもりくの泊瀬の山はいでたちのよろしき山」〈日本書紀・一四・雄略六年・

歌謡〉②**姿**。「我妹子が裳引きの姿朝に日に見む」〈万葉集・一二・二八九七〉③**かげ**。「ほととぎす此よ鳴き渡れ灯火を月夜になぞへそのかげも見む」〈万葉集・一八・四〇五四〉④**よそほひ**。「玉のよそほひも思ほゆるかも」〈仏足石歌〉⑤**かたち**。「もとのかたちになり給ひね」〈竹取物語〉⑥**さま**。「その山のさま高くうるはし」〈竹取物語〉⑦**なり**。「〔富士山は〕なりは塩尻のやうになむある」〈伊勢物語・九〉⑧**たたずまひ**。「はかなき石のたたずまひもただ絵に書いたらむやうなり」〈源氏物語・胡蝶〉⑨**ありさま**。「形ありさま衰へて、泣くこと限りなくして」〈今昔物語集・九一七〉

すぐに（直ぐに）

①**すなはち**。「立て籠めたる所の戸、すなはち、ただ開きに開きぬ」〈竹取物語〉②**はや**。「はや舟に乗れ。日も暮れぬ」〈伊勢物語・九〉③**とく**。「とく御覧じつけて」〈枕草子・うれしきもの〉④**とみに**。「母君もとみにえものものたまはず」〈源氏物語・桐壺〉⑤**とにに**。「風波、とにに止むべくもあらず」〈土佐日記〉⑥**いまいま**。「いまいまとてあるに使は帰しつ」〈蜻蛉日記・下〉⑦**かつ**。「かつ現るるをも顧みず、口にまかせて言ひ散らすは、やがて浮きたることと聞こゆ」〈徒然草・七三〉⑧**ただちに**。「なんぞただ今の一念において、ただちにすることのはなはだ難き」〈徒然草・九二〉⑨**やがて**。「やがてと申しながら、直

垂のなくてとかくせしほどに」〈徒然草・二一五〉⑩**おつつけ。**「おつつけ魚を取つて上ぎようが、何と内に入つて一杯のむまいか」〈狂言・武悪〉

ずけずけ

⇩ざっくばらん

すこしも（少しも）

ぜんぜん。ちっとも。

①**もつとも。**「をかしきことにあるかな。もつとも、え知らざりつる」〈竹取物語〉②**ゆめに。**「さらにかやうの好きずきしきわざ、ゆめにせぬものを」〈枕草子・大進生昌が家に〉③**いささか。**「いささかも何とも思ひたらず、つれなきもいとねたきを」〈枕草子・頭の中将の、すずろなるそら言を〉④**かけて。**「せめてつれなく知らず顔にて、かけて思ひ寄らぬさまに、たゆまず戯れありければ」〈源氏物語・夕顔〉⑤**かけても。**「よく射たりつるものかなといふこと、かけても言ひ出でずして」〈今昔物語集・二五・一二〉⑥**つゆ。**「知らぬ人の中にうち臥して、つゆまどろまれず」〈更級日記〉⑦**あへて。**「あへて凶事なかりけるとなむ」〈徒然草・二〇六〉⑧**いつかう。**「あたりも輝く体と聞いてありしが、いつかうさうにおりないよ」〈狂言・朝比奈〉⑨**そつとも。**「いやいや、そつとも気遣ひなことではおりな

い」〈狂言・武悪〉

すてきだ（素敵だ）

⇩すばらしい

すなお（素直）

①**おいらか。**「おいらかにいなといはましかば、さても止みなまし」〈落窪物語・二〉②**すなほ。**「帝と聞こゆれど、ただすなほに、おほやけざまの心ばへばかりにて、宮仕への程も物すさまじきに」〈源氏物語・若菜下〉

すばらしい（素晴らしい）

すてきだ

①**いたし。**「御さき追ふ声のしければ、うちとけなえばめる姿に小袿引きおとしてけぢめ見せたる、いといたし」〈源氏物語・野分〉②**めでたし。**「散ればこそいとゞ桜はめでたけれうき世になにか久しかるべき」〈伊勢物語・八二〉③**めざまし。**「うち解けたらぬもてなし、髪の下がり端、めざましくもと見給ふ」〈源氏物語・夕顔〉④**めづらし。**「人の顔に、

とり分きてよしと見ゆる所は、たびごとに見れども、あなをかし、めづらしとこそおぼゆれ」〈枕草子・二七一〉⑤**えならず。**「下はえならざりける水の、ふかくはあらねど、人などのあゆむにはしりあがりたる、いとをかし」〈枕草子・五月ばかりなどに山里にありく〉⑥**いみじ。**「万にきよらを尽くしていみじと思ひ」〈徒然草・二〉⑦**えもいはず。**「かぶし、かたちなど、いとよしと見えて、えもいはぬ匂ひのさと薫りたるこそ、をかしけれ」〈徒然草・一〇五〉

スマート

らうらうじ。「書を読み、さとくらうらうじく、心柄もいと賢ければ」〈落窪物語・四〉

すみやか

⇩さっそく

ずるい

①**さがなし。**「さがなき継母に憎まれんよりはこれはいとやすし」〈源氏物語・東屋〉②**さ**

かし。「痴れたる者。それしもさかしうて、まことにさかしき人を教へなどすかし」〈枕草子・さかしきもの〉

するどい（鋭い）

①**とし。**「つるぎ大刀諸刃のときに足踏みて死なば死なむよ君によりては」〈万葉集・一一・二四九八〉②**いらなし。**「さて明暮はいらなき太刀をみがき」〈宇治拾遺物語・一〇・六〉③**するどし。**「スルドイカタナ」〈和英語林集成〉

すわる（坐る）

①**う（坐、上二段）。**「たまきはるわが山の上に立つ霞立つとも坐《う》とも君がまにまに」〈万葉集・一〇・一九一二〉「春やなぎ葛城山に立つ雲のたちてもゐても妹をしそ思ふ」〈万葉集・一一・二四五三〉②**ゐる。**「立つもはしたゐるもはしたにてゐ給へり」〈竹取物語〉

せいかつ（生活）

①**なり。**「ひさかたの天路は遠しなほなほに家に帰りてなりをしまさに」〈万葉集・五・八〇一〉②**なりはひ。**「今年こそなりはひにも頼むところ少なく」〈源氏物語・夕顔〉③**たつき。**「こりや浪々のたつきにも迫り、小商ひでもするつもりか」〈歌舞伎・暫〉④**くらし。**「目利で家はよい暮しなり」〈続猿蓑・上〉⑤**生活。**「おのれ近来生活繁多にして」〈読本・椿説弓張月・続六〉

せいきがなくなる（生気がなくなる）

①**さびる。**「ささなみの国つ御神のうらさびて荒れたる都見れば悲しも」〈万葉集・一・三三〉②**しをる。**「事繁み相問はなくに梅の花雪にしをれてうつろはむかも」〈万葉集・一九・四二八二〉③**しぼむ。**「植ゑし田も蒔きし畠も朝ごとにしぼみ枯れ行く」〈万葉集・一八・四一二二〉④**ひえいる。**「ただ冷えにひえいりて息はとく絶え果てにけり」〈源氏物語・夕顔〉⑤**しなゆ。**「夏草の思ひしなえてしのふらむ妹が門見むなびけこの山」〈万葉集・二・一三一〉⑥**うんず。**「かかるものはうちうんじたるこそあはれなれ」〈枕草子・八三〉⑦

しなびる。「此の半兵衛は蔵にべらべら何してゐやる。見世の売物がしなびる」〈浄瑠璃・心中宵庚申〉

せいこうする（成功する）

①**なる**。「小山田の池の堤に刺す楊成りも成らずも汝と二人はも」〈万葉集・一四・三四九二〉②**えいが（栄花・栄華）**。「太政大臣の栄花の盛りにみまそがりて」〈伊勢物語・一〇一〉③**なす**。「一事を必ず成さんと思はば、他の事の破るるをもいたむべからず」〈徒然草・一八八〉④**しあぐ**。「あの御親父は伊勢から来て一代で仕上げた人さ」〈滑稽本・浮世風呂・前・上〉

せいじ（政治）

①**まつりごと**。「万のまつりごとを聞こしめすいとま」〈古今和歌集・仮名序〉②**おほやけごと**。「おほやけごと多く奏し下す日にて」〈源氏物語・紅葉賀〉③**くじ（公事）**。「けふは公事ある日なれば、とく参らるらん」〈大鏡・伊尹〉④**せいじ（政治）**。「政治三十年の間」〈地蔵菩薩霊験記・二〉⑤**せいだう（政道）**。「政道は一向卿の局のままなりければ」〈平家

物語・一二・六代被斬〉⑥**せいじ（政事）**。「南朝の宋の世に恵琳といふ人政事にまじらひしを」〈神皇正統記・中〉

せいしつ（性質）

①**ひととなり**。「天骨《ひととなり》邪見にして」〈日本霊異記・中〉②**こころばへ**。「こころばへなど、あてやかにうつくしかりつることを」〈竹取物語〉③**さが**。「いと隈なき御心のさがにて」〈源氏物語・椎本〉④**本性《ほんしやう》**。「本性はいと静かに心よく子めき給へる人」〈源氏物語・真木柱〉⑤**しやう（性）**。「矢は……洗いみがかば性や弱かりなんとて」〈保元物語・上・新院御所各門々固めの事〉⑥**生質**。「生質横逆にして終に仏法の名字だに聞くことなし」〈地蔵菩薩霊験記・六・二二〉⑦**たち**。「銭のかずよみて、袂の中でにぎりつめて、……あたたかなをもてくるたちなれば」〈浮世草子・好色見合・上〉

【補】①の用例は写本の訓釈に「天骨二合比止々那利」とある。③の「さが」はどうしようもない持って生れた性質についていい、よくないものを指す場合が多い。

せいじつ（誠実）

①まめなり（真実なり）。「すなはち車にてまめなるものさまざまに持て来たり」〈大和物語〉「まめなる所には、花すすきほにいだすべき事にもあらずなりにたり」〈古今和歌集・仮名序〉**②まめやか。**「せうそこつかはしける女の返事に、まめやかにしもあらじなどいひて侍ければ」〈後撰和歌集・八七五・詞書〉**③まめまめし。**「あはれにまめまめしうの給を」〈宇津保物語・楼上・下〉「まめまめしき物は、まさなかりなむ、ゆかしくし給ふなるものを奉らむ」〈更級日記〉

【補】「まめ」の語源は明らかではないが、スリランカで豆を'munme'と呼び、ネパール語、ペルシャ語などで'mung'は「あずき」を意味するという。

せいせいする（清々する・晴々する）

こころゆく。「世の中の物がたり、……聞きよきほどにかたりたる、いと心ゆく心地す」〈枕草子・こころゆくもの〉

せかい（世界）

①このよ（この世）。「この世にし楽しくあらば来む世には虫に鳥にも我は成りなむ」〈万

葉集・三・三四八〉**②あめのした**。「天の下すでに覆ひて降る雪の」〈万葉集・一七・三九二三〉**③ひとのよ**。「人の世の思ひにかなふものならば我が身は君におくれましやは」〈後撰和歌集・一三九九〉**④せかい（世界）**。「昔の契りありけるによりてなむ、この世界にまうで来たりける」〈竹取物語〉**⑤てんげ（天下）**。「天下におぼつかなくおぼゆとも」〈宇津保物語・内侍督〉**⑥しゃば（娑婆）**。「この手（琴引きの手腕）とどまらざらん悲しきに寄りなん、今まで娑婆にめぐらひつる」〈宇津保物語・吹上・下〉**⑦しゃばせかい（娑婆世界）**。「この二つの琴の音せん所には、娑婆世界なりとも必ずとぶらはむ」〈宇津保物語・俊蔭〉**⑧よ（世）**。「神鳴りひらめく。……かくて世は尽きぬるにやと心細う思ひまどふに」〈源氏物語・須磨〉

【補】①「このよ」は来世や異界（冥界）に対して、②「あめのした」、⑤「てんげ」は天上界に対して、③「ひとのよ」は神の世は対して、それぞれのこの現世をいうもの。⑥の「娑婆」は仏教語。極楽浄土に対してこの世をいう。

せけん（世間）

①よのなか（世の中）。「世の中を憂しとやさしと思へども」〈万葉集・五・八九三〉**②せけん（世間）**。「かぐや姫、見れば世間心細くあはれにはべる」〈竹取物語〉**③よ（世）**。

「世の笑はれぐさなれば」〈落窪物語・三〉④**じんかん（人間）**。「神陵三月の火、九重の雲を焦し、泉下多少の宝玉、人間の塵と成にけり」〈太平記・二六・妙吉侍者事〉⑤**しやば（娑婆）**。「娑婆に居る内一日でも、うめへ物でもたんと喰ひ」〈歌舞伎・小袖曾我薊色縫〉

【補】「娑婆」は本来極楽浄土に対して人の世をいう仏教語。近世においては遊里などに対する自由な一般社会を指していった。

せったい（接待）

⇩サービスする

せつない（切ない）

①**うし**。「世の中を憂しとやさしと思へども飛び立ちかねつ鳥にしあらねば」〈万葉集・五・八九三〉②**からし（辛し）**。「からくもここにわかれするかも」〈万葉集・一五・三六九五〉③**やりかたなし（遣り方無し）**。「わが心地は心細うなりまさりていとどやるかたなく」〈蜻蛉日記・上〉④**わびし（侘びし）**。「君は来ず我は故無く立つ波のしくしくわびしかくて来じとや」〈万葉集・一二・三〇二六〉

せわする（世話する）

①**いたつく。**「かくてねむごろにいたつきけり」〈伊勢物語・六九〉②**かしづく。**「かしづきなど親しう身に添ふべきはえり整へて」〈源氏物語・少女〉③**うしろみ。**「限りなき人も親などおはしてあつかひうしろみ聞え給ふ程こそ若び給ふもことわりなれ」〈源氏物語・末摘花〉④**世話。**「御姫様の方に世話かき給はねばならぬ也」〈浮世草子・好色重宝記〉

せんせい（先生）

①**し（師）。**「博士、助教には、皆明経に、師とするに堪へたらむ者を取れ」〈律令・学令〉②**こうじ（講師）。**「明け果ててぞ講ずる。左中弁講師仕うまつる」〈源氏物語・少女〉③**ししやう（師匠）。**「われ悲母の胎内を出て、師匠の室に入りしこのかた、いまだ禁戒を犯ぜず」〈平家物語・一〇・高野巻〉④**せんだつ・せんだち（先達）。**「少しのことにも、先達はあらまほしき事なり」〈徒然草・五二〉⑤**しはん（師範）。**「その身一人師範にあらずして、かたじけなくも太政大臣の位をけがす」〈曾我物語・二〉⑥**そうしやう（宗匠）。**「ソウシャウ　すなわち　レンガノ　シシャウ　連歌の中心的な師匠」〈日葡辞書〉

ぜんぜん（全然）　⇩すこしも

せんそう（戦争）

①**いくさ（戦）**。「昔、唐土の帝のいくさに負け給ひぬべかりける時」〈宇津保物語・初秋〉②**かつせん（合戦）**。「今朝の戦ひに敵十八騎打ちおとし、今の合戦によき敵四騎射殺したれば」〈平治物語・中〉③**きうせん（弓箭）**。「武官に備はり弓箭に携らん人々は」〈平家物語・六・入道死去〉④**たたかひ（戦ひ）**。「日頃ここにものし給ふとも見ぬ人々の、かく戦ひし給ふは、いかなる人ぞ」〈徒然草・六八〉⑤**ゆみや（弓矢）**。〈日葡辞書〉

【補】万葉の「いくさ」は軍勢、軍卒のことをいう。戦争のことをさすのは平安期に下る。乱、変、兵戈、陣なども広く「戦争」を言う。なお、万葉には「あらそふ（争ふ）」〈「香具山は畝火ををしと耳梨と相あらそひき」〈一三〉「あふ（合ふ）」〈「香具山と耳梨山とあひし時」〈一四〉〉の動詞形がある。

そうしき（葬式）

①**さうさう（喪葬）**。「喪葬の事は倹約に従へ」〈続日本紀・大宝二年〉②**さうぎ（葬儀）**。「太上天皇は大倭添上郡椎山陵に葬《はふ》らる。葬儀を用ゐず。遺詔に由ればなり」〈続日本紀・養老五年〉③**はぶり、はうぶり、はうむり（葬り）**。「神葬り葬りいませて」〈万葉集・二・一九九〉「泣きののしりてはぶりす」〈大和物語・一四七〉④**そうさう（送葬）**。「吉備内親王は無罪なり。例に准ひて送葬せよと宣ふ」〈続日本紀・天平元年〉⑤**さうそう（葬送）**。「御さうそうの事は、殿に事のよしも申させ給ひて、日定められて、いかめしうこそつかまつらめなどいひけれど」〈源氏物語・蜻蛉〉⑥**あらき（殯）**。「大君の命かしこみ大殯の時にはあらねど雲がくります」〈万葉集・三・四四一〉⑦**もがり（殯）**。「今城の谷の上に殯を起てて」〈日本書紀・斉明四年〉⑧**さうれい（葬礼・喪礼）**。「御葬礼畢りて山陵を守り奉る」〈続日本紀・宝亀三年〉「戌の四点に喪礼を行ふ」〈小右記・永祚元年六月二八日〉「僧来たつて、葬礼《さうれい》形の如く取り営み」〈太平記・二・長崎新左衛門尉意見事〉⑨**さうれん（葬斂）**。「勅《みことのり》して山城国愛宕郡神楽岡の辺側《ほとり》の地に葬り斂《をさ》むるを禁《とど》め給ひき。賀茂御祖《かものみおや》神社と隣近せるを以つてなり」〈三代実録・貞観八年九月二二日〉「禅堂院の後に葬斂す」〈栂尾明恵上人伝記下〉⑩**とむらひ（弔）**。「とむらひのくずれ三歩は売れ残り」〈誹風柳多留・二〇〉⑪

おくり（送り）。「同じ烟にものぼりなむと泣きこがれたまひて御送りの女房の車に」〈源氏物語・桐壺〉⑫のべ（の）おくり（野辺〈の〉送）。「野辺送り二十三日と聞く」〈多聞院日記・元和三年一月二一日〉「死し給ひたりと思ひて、野辺の送りして、塚につきこめたればば」〈御伽草子・伊吹童子〉⑬やまおくり（山送り）。「天皇行幸《みゆき》して山送りせむとありければ」〈今昔物語集・二二・一〉⑭ぶしうぎ（不祝儀）。「御親類の中に不祝儀な事あつて」〈浮世草子・傾城色三味線〉⑮ぶしうげん（不祝言）。「主のとむらひ、親の年忌、いづれか祝言不祝言、飲むと食ふとにもれたるやある」〈仮名草子・醒睡笑・四〉

【補】⑥⑦は遺体を棺におさめ、埋葬までの間略式に安置すること。

そうじする（掃除する）

①きよめ（清め）。あさぎよめ（朝清め）。「主殿の女官、御きよめなどに参りはてて」〈枕草子・二七八〉「殿守の伴のみやつこ心あらばこの春ばかり朝ぎよめすな」〈拾遺和歌集・一〇五五〉②はく（掃く）。「梳《くし》も見じ屋中《やぬち》も掃かじ草枕旅ゆく君を斎ふと思ひて」〈万葉集・一九・四二六三〉③さうぢ（掃除）。「忽に湯を替へ、めぐりの庭を掃除し」〈今昔物語集・一九・一二〉④はらふ（掃ふ）。「箒《ははき》を以て路を掃ひて」〈日本霊異記・下・一二〉

そうだんする（相談する）

①**はからふ。**「更に諸の将軍を留めて議《はか》らひたまふ」〈日本書紀・五・崇神一〇年〉②**かたりあはす。**「むつごとをかたりあはせむ人もがな」〈源氏物語・明石〉③**かたらふ。**「衛門督、女君とかたらひたまふ」〈落窪物語・三〉④**たばかる。**「かの大将出でてたばかり給ふやう」〈伊勢物語・七八〉⑤**はかる。**「市人はかりていはく」〈日本霊異記・上・三五〉⑥**議す。**「内々議すと聞えければ」〈太平記・二七〉⑦**談合。**「近習の人々に、いかがせんずるぞと常に御談合ありけり」〈保元物語・中〉⑧**談ず。**「儒者御文談に参じて、貞観政要を読みけるに、……と談じけるを」〈太平記・一八〉⑨**つうくつ（通屈）。**「こよひの内に俵屋と通屈して」〈浄瑠璃・酒呑童子〉⑩**まうしあはす。**「判官、平大納言にまうしあはせて」〈平家物語・一一・能登殿最期〉

そうちょう（早朝）

①**あかとき（明時・暁）。**「妹を思ひ寝《い》の寝らえぬにあかときの朝霧隠り雁がねそ鳴く」〈万葉集・一五・三六六五〉②**あかつき（暁）。**「有明けのつれなく見えし別れよりあかつき

ばかり憂きものはなし」〈古今和歌集・六二五〉③**あさまだき（朝夙）**。「朝まだき起きてぞ見つる梅の花夜の間の風のうしろめたさに」〈拾遺和歌集・二九〉④**かはたれどき（彼は誰時）**。「あかときのかはたれ時に島蔭を漕ぎにし船のたづき知らずも」〈万葉集・二〇・四三八四〉⑤**ありあけ（有明）**。「白玉を露になしたるながつきの有明の月夜見れど飽かぬかも」〈万葉集・一〇・二二二九〉⑥**つとに（夙に）**。「つとに行く雁の鳴く音はわが如くもの思へかも声の悲しき」〈万葉集・一〇・二一三七〉⑦**つとめて**。「九日のつとめて、大湊より奈半の泊りを追はむとて漕ぎ出でけり」〈土佐日記〉⑧**しののめ（東雲）**。「夏の夜の臥すかとすれば時鳥なく一声に明くるしののめ」〈古今和歌集・一五六〉⑨**あけぼの（曙）**。「春はあけぼの、やうやう白くなりゆく山際少しあかりて」〈枕草子・春はあけぼの〉⑩**しんてう（晨朝）**。「きりきり　千歳栄　白衆等　聴説晨朝　清浄渇　や　明星は　明星は　くはや　ここなりや」〈神楽歌・七〇〉⑪**さうてう（早朝）**。「十七日、壬辰、早朝木幡寺に至る」〈御堂関白日記・寛弘二年一〇月〉⑫**けいめい（鶏鳴）**。「雲東嶺にたなびき、あけがたの月しろくさえて、鶏鳴又いそがはし」〈平家物語・七・主上都落〉

そだてる（育てる）

①**はぐくむ**。「旅びとの宿りせむ野に霜降らば吾が子はぐくめ天の鶴群《たづむら》〈万葉集・九・一七

九一〉②**かしづく**。「帳のうちよりも出さず、いつきかしづき養ふ」〈竹取物語〉③**おほす**。「我が御ふところにておほしたて奉り給へれば」〈栄花物語・二七・花山たづぬる中納言〉④**もる**。「小山田の鹿猪田《ししだ》禁《も》るごと母しもらすも」〈万葉集・一二・三〇〇〇〉⑤**やしなふ**。「帝王の深き宮にやしなはれ給ひて」〈源氏物語・明石〉⑥**かひたつ**。「此をかひたててもいかがはせむ」〈今昔物語集・二六・一一〉⑦**もりたつ**。「五歳になる太郎をもりたて給ふべし」〈甲陽軍鑑・九〉⑧**そだつ**。「そだて見んとて」〈平家物語・八・緒環〉

そば（側）　はし

①**へ（辺）**。「山行かば草生《む》す屍大君の辺にこそ死なめ顧みはせじ」〈万葉集・一八・四〇九四〉②**きは（際）**。「船競ふ堀江の川の水きはに来居つつ鳴くは都鳥かも」〈万葉集・二〇・四四六二〉③**うへ（上）**。「たぎの上の三船の山にゐる雲の常にあらむと絶ゆる日あらめや」〈万葉集・三・二四二〉④**あたり**。「埴生坂わが立ち見ればかぎろひの燃ゆる家群妻が家のあたり」〈古事記・下・歌謡〉⑤**ほとり**。「その沢のほとりの木の蔭に下りゐて乾飯食ひけり」〈伊勢物語・九〉⑥**は（端）**。「山のはに出でくる月のはつはつに妹をそ見つる恋しきまでに」〈万葉集・一一・二四六一〉⑦**はた（端）**。「ただひとり帰りけるに小河のはたにて、音に聞きし猫またあやまたず足元へふと来て」〈徒然草・八九〉⑧**わき（脇・傍）**。「少

子、広国を喚びて、片つ方のわきの門にゐて至り、その門を押して開く」〈日本霊異記・上・三〇〉⑨**へん（辺）**。「Fen ヘン（辺）Fotori（ほとり）端・縁・地方・または在所」〈日葡辞書〉

そんけいする（尊敬する）

①**うや、ゐや、ゐやび（礼）**。「四に曰はく、群臣百寮、礼を以て本とせよ」〈日本書紀・推古一二年〉②**うやまふ、ゐやまふ（敬ふ、礼ふ）**。「釈迦の御足跡《みあと》石に写し置きうやまひて後の仏に譲りまつらむ捧げまうさむ」〈仏足石歌・九〉③**あふぐ（仰ぐ）**。「いにしへを仰ぎて今を恋ひざらめかも」〈古今和歌集・仮名序〉④**あがむ（崇む）**。「いとかしこくあがめ奉り給ふめり」〈大鏡・時平〉⑤**みあぐ（見上ぐ）**。「さすが御坊、見上げました」〈狂言・鹿狩〉

ぞんざい

⇩いいかげん

たいくつ（退屈）

①**つれづれ**。「つれづれなるもの　所避《さ》りたる物忌《ものいみ》。馬おりぬ双六《すごろく》。除目《ぢもく》に司得ぬ人の家。雨うち降りたるは、まいてつれづれなり」〈枕草子・一三九〉②**いたづら**。「ふねも出《いだ》さでいたづらなれば」〈土佐日記〉③**とぜん（徒然）**。「軍を止められければ、とぜんに皆堪兼て」〈太平記・七・千劔破城軍事〉④**たいくつ**。「定て両人共に退屈致すで御ざらう」〈狂言〈虎寛本〉・狐塚〉⑤**てもちぶさた**。「しほしほとしておはせしは手もちぶさたに見へにけり」〈浄瑠璃・凱陣八島〉⑥**きがつく（気尽）**。「アアいかうきがつきた、かど見てこふ」〈浄瑠璃・曾根崎心中〉

だいどころ（台所）

①**くりや（厨）**。「厨、和名、久利夜《くりや》、庖屋也」〈和名類聚抄〉②**だいばんどころ（台盤所）**。「中納言例より見奉らぬ人もおはしまさずなどのたまへば、だいばん所より参る」〈宇津保物語・蔵開・上〉③**みづしどころ（御厨子所）**。「ここは御厨子所、寝殿の北の方、頭白き女一人水汲む」〈宇津保物語・藤原君〉④**だいどころ（台所）**。「台所の棚に小土器に味

噌の少し付きたるを見出でて」〈徒然草・二一五〉⑤**ぜんどころ（膳所）**。「ゼンドコロ 食事時に先立って日本の食卓の支度をする所」〈日葡辞書〉⑥**かつて（勝手）**。「ここに樽屋が女房も日ごろ御ねんごろなれば、御勝手にてはたらく事もと御見まひ申しけるに」〈浮世草子・好色五人女・二〉

【補】「だいばんどころ」は本来、台盤（食卓）を置き膳部（料理）を調進する所で、女房の詰所でもあった。「みづしどころ」は、宮中では内膳司に属し、後涼殿西廂にあり、天皇の食事を調えた。「だいどころ」は、日葡辞書に「世俗の人の炊事場」とある。

たいふう（台風）

①**よこしまかぜ（横風）**。「思はぬに横風のにふぶかに」〈万葉集・五・九〇四〉②**のわき（野分）**。「野分のやうなることにして、二日ばかりありて、来たり」〈蜻蛉日記・上〉③**はやち（暴風）**。〈和名類聚抄〉④**おほかぜ（大風）**。〈和名類聚抄〉⑤**あらし（嵐）**。〈和名類聚抄〉

【補】「あらし」は、「吹くからに秋の草木のしをるればむべ山風を嵐といふらむ」〈古今和歌集・二四九〉のように、台風に限らず強い風を言う。

た

たいよう（太陽）

①**ひ（日）**。「青山に日がかくらば」〈古事記・上・歌謡〉②**にちりん（日輪）**。「大千界の日輪を集めたるが如くして」〈栄花物語・二七・音楽〉③**ひるめ（日霊・日女）**。「いかばかりよき業してか天照るやひるめの神をしばし留めむ」〈神楽歌・七三〉④**てんたう（天道）**。「ハテ天道さまが見てござるから、むだにはさせねへはさ」〈滑稽本・浮世床・初編・上〉

たき（滝）

①**たるみ（垂水）**。「石ばしる垂水のうへのさわらびの萌え出づる春になりにけるかも」〈万葉集・八・一四一八〉②**たき（滝）**。「布引の滝見に登らんと言ひて、登りて見るに、その滝、物より異り」〈伊勢物語・八七〉③**ひせん（飛泉）**。「ヒセン（飛泉）滝」〈日葡辞書〉④**ばくふ（瀑布・曝布）**。「巌に腰をかけ、瀑布を詠め給へり」〈謡曲・三笑〉

【補】なお「たぎ」は激流のことを言う。「たぎの上の三船の山にゐる雲の常にあらむと絶ゆる日あらめや」〈万葉集・三・二四二〉

たずねる（訪ねる・尋ねる）

⇩ほうもんする。しつもんする。

ただしい（正しい）

①**よし。**「わご大君の諸人を誘ひ給ひよき言を始め給ひて」〈万葉集・三・四二六〉②**なほし。**「心を改めてなほく浄くあらば」〈続日本紀・神護景雲三年一〇月・宣命〉③**まさし。**「かく恋ひむものとは我も思ひにき心の占ぞまさしかりける」〈古今和歌集・七〇〇〉④**うべうべし。**「いとあはれにうべうべしく言ひ侍り」〈源氏物語・帚木〉⑤**まことし。**「今の世にまことしう伝へたる人、をささ侍らず」〈源氏物語・少女〉⑥**まことまことし。**「心地などのむつかしきころ、まことまことしき思ひ人の言ひ慰めたる」〈枕草子・二五二〉⑦**げにげにし。**「いとげにげにしくも覚えずして」〈宇治拾遺物語・一四・七〉

たとえる（喩える）

①**たとふ。**「世の中を何にたとへむ」〈万葉集・三・三五一〉②**なぞらふ。**「鯉ならぬ魚も鯉

になぞらへて」〈名語記〉③**なずらふ**。「秋の夜の千夜を一夜になずらへて」〈伊勢物語・二二〉④**みたつ**。「見立て川岸の洞は蛍の瓦灯かな」〈毛吹草〉⑤**擬す**。「光大臣伊周公氏に擬すなどいふ」〈河海抄〉⑥**よそふ**。「富士のけむりによそへて人を恋ひ」〈古今和歌集・仮名序〉

【補】本項の②の「なぞらふ」以下は「喩える」とは意味の上でかなり差があるが類義語としてこの項に掲出する。

たのもしい（頼もしい）

⇩あんしんだ

たべもの（食べ物）

①**け（食）**。「行き副ふ　川の神も　大御食《おほみけ》に　仕へまつると」〈万葉集・一・三八〉②**かりて（糧）**。「常知らぬ道の長手をくれくれと如何にか行かむかりてはなしに」〔あるは云はく、かれひは無しに〕」〈万葉集・五・八八八〉③**にへ（贄）**。〈和名類聚抄〉④**かて（糧）**。「ある時にはかて尽きて、草の根を食ひ物としき」〈竹取物語〉⑤**くご（供御）**。「大将殿また女御の君、梨壺より奉れ給ひし黄金の甕にくごを入れかへて」〈宇津保物語・蔵開・上〉

⑥**くひもの（食ひ物）**。「このなかへだてなる三条をよばすれど、くひ物に心いれて」〈源氏物語・玉鬘〉⑦**おもの（御物）**。「太政大臣仰せ言賜ひて、調じておものにまゐる」〈源氏物語・藤裏葉〉

【補】「け」は「笥《け》」から転じて、食べ物の意。「かりて」は、旅の食べ物を言う。「にへ」は、神の食べ物。「くご」は天皇・貴人の食事を言う。「おもの」は、天皇・貴人の食膳のこと。

だます　あざむく

①**あざむく**。「布施置きて吾は乞ひのむあざむかず直にゐゆきて天路知らしめ」〈万葉集・五・九〇六〉②**いつはる**。「事をいつはりて、物を盗めるなり」〈宇津保物語・藤原君〉③**たばかる**。「おのれくまなきすき心地にていみじくたばかりて出でぬ」〈源氏物語・夕顔〉④**たぶらかす**。「邪気《ざけ》なんどの、人の心たびらかして」〈源氏物語・柏木〉⑤**はかる**。「かかるすずろ言に心を移し、はかられ給ひて」〈源氏物語・蛍〉⑥**かたる**。「針屋、筆屋かたられて」〈浮世草子・日本永代蔵・二〉⑦**かつぐ**。「かつがれはせぬと娘のねだる市」〈誹風柳多留・五〉⑧**こかす**。「恵比寿、大黒が乗り移つた作右衛門をこかすさうや」〈浄瑠璃・万年草〉⑨**すぐぬき**。「身をすぐぬきにせうとし居つた」〈狂言・黒塗り〉⑩**だまかす**。「金比

羅様も成田様も幾度だまかしたかしれねへ」〈滑稽本・浮世床・初〉⑪**たらす。**「太郎冠者たらされたは憎けれど」〈狂言・末広がり〉⑫**ばかす。**「さりともと頼むこころにばかされて死なれぬものは命なりけり」〈玉葉・恋〉⑬**はめる。**「弥太八と並んで身どもをはめようとや」〈浄瑠璃・八花がた〉⑭**だます。**「とにかくだますに手なしでござる」〈狂言・手負山賊〉

だらしない　しまりがない

①**しどけなし。**「こまやかなる御直衣、帯、しどけなくうち乱れ給へる御さまにて」〈源氏物語・須磨〉②**おほとる。**「長かりし髪は抜け落ちて、枕上におほとれてあり」〈今昔物語集・一九・一〇〉③**しだらなし。**「しだらもなく酔って来ての」〈滑稽本・浮世風呂〉

【補】「だらし」の起源は「しだら」の転倒と考えられる。「しだら」の語源は定かでないが、「自堕落」（すでに日葡辞書に見える）や「ふしだら」とも無関係ではない。

だんちがいだ（段違いだ）

こよなし。「時どき、隠ろへ見侍りしほどは、こよなく心留まり侍りき」〈源氏物語・帚木〉

【補】単に「違っている」様子を表すときは、「たがふ（違ふ）」や「こと（異）なり」などが一般的。「ひが聞き」、「ひがごと」、「ひが目」などのような接頭辞「ひが（僻）」もある。

ちしき（知識）

①ざえ（才）。「まめやかに、才深き師に預け聞こえたまひてぞ、学問させたてまつりたまひける」〈源氏物語・少女〉②がくもん（学問）。「性識聡慧にして芸業優長なる者、十人以下五人以上の専《たく》め学問に精しきを選び、善き誘ひを加へむことを」〈続日本紀・天平二年〉③いうそく（有識）。「箱のくりかたに緒を付くる事、いづかたに付け侍るべきぞと、ある有識の人に尋ね申し侍りしかば」〈徒然草・九五〉

【補】「ざえ」は学問、特に漢学の知識。「いうそく」は朝廷の儀式、習俗、制度などの知識。

ちず（地図）

①づ（図）。「天下諸国をして、国郡の図を造りて進《たてまつ》らしむ」〈続日本紀・天平一〇年八月二六日〉②ふみ（図）。「わが国は常世にならむ図負《ふみ》へるくすしき亀も」〈万葉集・一・五〇〉③ちづ（地図）。「越中国東大寺墾田野地図目録帳　神護景雲元年」〈越中国司解〉④さし

ち

づ（指図）。「荆訶は燕《えん》の指図を持ち、秦巫陽は范予期が首を持って、珠のきざ橋をのぼりあがる」〈平家物語（高野本）・五・咸陽宮〉⑤**えづ（絵図）**。「Geographia, ae　諸国ノ　エヅ」〈羅葡日辞書〉

【補】江戸期に地図に案内をつけた「さいけん（細見）」が流行した。今のガイドマップである。

ちっとも　⇩すこしも

ちゃわん（茶碗）

①**まり（椀）**。「椀、杯也、万利」〈新撰字鏡〉②**もひ（盌）**。「玉笥には　飯さへ盛り　玉もひに　水さへ盛り」〈日本書紀・一六・武烈二年・歌謡〉③**かなまり（金椀）**。「きよしと見ゆるもの、土器《かはらけ》。あたらしきかなまり」〈枕草子・きよしと見ゆるもの〉④**ちやわん（茶碗）**。「茶垸の器にいかなる薬にてか有らむ、摺り入れぬる物を」〈今昔物語集・二四・八〉⑤**まがり（鋺）**。「久我相国は、殿上にて水を召しけるに、主殿司、土器を奉りければ、『まがりを参らせよ』とて、まがりしてぞ召しける」〈徒然草・一〇〇〉

【補】「ちやわん」は陶磁器製の碗をさし、「まがり」は木製の椀をさす。

ちゅういする（注意する）

①**こころす（心す）**。「よき草子などは、いみじう心して書けど、かならずこそきたなげになるめれ」〈枕草子・ありがたきもの〉②**こころう（心得）**。「されば、転び落ちぬやうに心得て、炭積むべき也」〈徒然草・二一三〉③**ようじん（用心）**。「一、能に万《よろづ》用心を持つべき事」〈風姿花伝・七〉④**こころえ（心得）**。「ココロユル　理解し同意する。ココロエ注意、理解」〈日葡辞書〉

ちゅうちょする（躊躇する）　じゅうたいする

①**いさよふ**。「大川原の植草《うゑくさ》海処《うみが》はいさよふ」〈古事記・上・歌謡〉②**なづむ**。「海処《うみが》行けば腰なづむ」〈古事記・上・歌謡〉③**なづさふ**。「行く川の清き瀬ごとに篝《かがり》さしなづさひ上る」〈万葉集・一七・四〇一一〉④**とどこほる**。「衣手に取りとどこほり泣く児にもまされる我を置きていかにせむ」〈万葉集・四・四九二〉⑤**たゆたふ**。「常やまず通ひし君が使ひ来ず今は逢はじとたゆたひぬらし」〈万葉集・四・五四二〉⑥**ためらふ**。「別当入道の庖丁

をばやと思へども、たやすくうち出でむも如何かとためらひけるを」〈徒然草・二三一〉⑦**ただよふ。**「少しもただよふ気色無くして大音声《おんじやう》を揚げて」〈太平記・二六・四条縄手合戦事〉

ちゅうとはんぱだ（中途半端だ）

①**はしたなし。**「年月に添へては、はしたなき交らひのつきなく、身を思ひ悩みて」〈源氏物語・玉鬘〉②**なかなかなり。**「葛城や久米路にわたし岩橋のなかなかにても帰りぬるかな」〈後撰和歌集・九八五〉

【補】「中途半端」な様子を最もよく象徴する語は二つある。一つは、「中」で、「ちゅうげん（中間）」、「なかぞら（中空）」などがあげられる。もう一つは、「生（なま）」で「なまかたほ（生片）」、「なまなか（生半）」、「なまはんじやく（生半尺）」などである。また、単に「はした（端）」が用いられることもある。「皇子は、立つもはした、居るもはしたにて居給へり」〈竹取物語〉。「今日、日はしたになりぬ。……ここに泊まり給へ」〈大和物語・附載・一〉

ちょうしづく（調子づく）

①**うかる。**「うかれにし心、しづまりがたうおぼさるるけにや」〈源氏物語・葵〉②**うはつく。**「花蝶もうはつきだつや花の雲」〈俳諧・やどりの松〉③**はづむ。**「急にはづんでいうたが聞こえたぞ」〈史記抄〉④**はづみ。**「またはづみよく即座に切らば」〈評判記・色道大鏡・六〉

ちょっと　いちじてき。つい。

①**やや。**「児らが家路やや間遠きをぬばたまの夜渡る月に競ひあへむかも」〈万葉集・三・三〇二〉②**すこし。**「たまくしげすこし開くに白雲の箱より出でて」〈万葉集・九・一七四〇〉③**すこしき。**「尾に至りて剣の刃すこしき欠けぬ」〈日本書紀・一・神代・上〉④**いささか。**「いささか物おぼゆる心ちなどする程に」〈蜻蛉日記・中〉⑤**せうせう。**「せうせうの琴の音聞かんよりもめでたかりし物かな」〈宇津保物語・楼上・上〉⑥**すこぶる。**「抑説き給ふ経の文についてすこぶるうたがひあり」〈三宝絵詞・中・四〉⑦**つゆし。**「つゆあしうもせば沈みやせんと思ふを」〈枕草子・日のいとうららかなるに〉⑧**けしき。**「秋風は気色ふくだにかなしきにかきくもる日はいふかたぞなき」〈和泉式部日記〉⑨**きと。**「三日といふひるつかた、きとまどろませ給ともなきに」〈古本説話集・六五〉⑩**ちと。**「御くしげどのの御うしろより　おづおづちと見まゐらせしかば」〈右京大夫集〉⑪**ちつと。**「それでち

つときがつひたが　中々いきはいたすまひ」〈狂言（虎明本）・胸突〉⑫そと。「遥ばるこれまで参りて候　そとおん見せ候へ」〈謡曲・西行桜〉⑬そつと。「たくさんにあらばみなみなを申いれうが　そつとした物を下された程に」〈狂言（虎明本）・口真似〉⑭ちよつと。「曷鼻は　鼻のさきがちよつとあかりてかかうたぞ」〈史記抄・一二・范蔡〉⑮ちよと。「手の内が大事じや　ちよと御指南申そう」〈歌舞伎・毛抜〉⑯ちよつこと。「くる秋やちよつこと見するけさの露」〈破篇・秋〉⑰ちやつと。「あまりに機巧が深きほどに、チヤツトと見る処は一向機を忘れて無心無念にて」〈中華若木詩抄・上〉⑱ちよいと。「走りの出刃庖丁よふとがして置いたぞや。ちよいと触っても剣じやぞ」〈浄瑠璃・心中宵庚申・下〉⑲ちいつと。「ハイハイもうちいっとでございますよ」〈滑稽本・浮世風呂・二・下〉⑳ちいと。「若殿もちいと斗りの掛り合」〈歌舞伎・韓人漢文手管始（唐人殺）〉㉑ちよつぴり。「ちよつぴり生姜といきやせうかね」〈人情本・春色梅児誉美・初五齣〉㉒ちよつぴら。「そのかれいを煮つけて、なんぞちよつぴら吸よふにはやくこせへてくんぬへ」〈洒落本・比翼紫・一〉㉓ちよつぽり。「にくいやつじや。身どももちよつぽりとくちでもてないてもどさふ」〈狂言記・鱸庖丁〉㉔ちよぴり。「此ちよぴりとした所はなんじやへ」〈洒落本・辰巳之園〉㉕ちよんびり。「深川のやつらは、客を、ちよんびり、かしまで送り」〈洒落本・通仁枕言葉〉㉖ちよんびら。「ちよんびらとちかづきにとさかづきをなげる」〈洒落本・意妓の口・二〉㉗ちよびと。「銭弐百取られた替りに、胴乱をちよびといがめてこました」〈歌舞伎・

韓人漢文手管始〈唐人殺し〉・三〉㉘**ちよびつと**。「かしこいかしこいもふチヨビツトでしまひ也」〈名取杖〉㉙**すこしく**。「スコシクコトナリ」〈和英語林集成〉

【補】「ほんのちょっと」の意味では、次のような言い方がある。「くさのはつか〈古今和歌集〉」「ゆめばかり〈落窪物語〉」「けしきばかり〈宇津保物語〉」「すこしばかり・ちりばかり〈源氏物語〉」「かごとばかり・つゆばかり〈後撰和歌集〉」「ちとばかり〈文明本節用集〉」「ちつとばかり〈詞葉新雅〉」。また、「短時間の身軽な動作など」を表す言い方として、次のような言い方がある。「ちよつくら〈和英語林集成〉」「ちよつくり〈滑稽本・東海道中膝栗毛〉」「ちよつきり〈洒落本・遊子方言〉」「ちよつこり〈浄瑠璃・寿の門松〉」

つい

⇩かりそめ。ちょっと。

ついで（序で）

①**がてり**。「山の辺の御井を見がてり神風の伊勢乙女ども相見つるかも」〈万葉集・一・八一〉②**がてら**。「吾妹子が形見がてらとくれなゐの八入に染めて」〈万葉集・一九・四一五六〉③**ついで（序で）**。「この羽根といふ所問ふ童のついでにぞ、またむかしへ人を思ひ出

でて」〈土佐日記〉④**たより（便り）**。「たよりあらばいかで都へつげやらむけふ白河の関を越えぬと」〈拾遺和歌集・三三九〉⑤**つて（伝）**。「つてに見し宿の桜をこの春は霞みへだてず折りてかざさむ」〈源氏物語・椎本〉⑥**かうびん（幸便・好便）**。「カゥビン（幸便）良い使者、良い機会。カゥビン（好便）使者。機会」〈日葡辞書〉

つうちする（通知する）

①**つぐ（告ぐ）**。「あをによし奈良の都に行く人もがも草まくら旅ゆく船の泊告げむに」〈万葉集・一五・三六一二〉②**あない（案内）**。「いよいよ御心だたせたまひて、まづかの弁してぞかつがつあない伝へきこえさせたまひける」〈源氏物語・若菜上〉③**ふれ（触れ）**。「さいはひ関送りとて隔子の女郎ひとりも残さず一日買とふれをなし」〈浮世草子・好色一代男・五〉

つうやく（通訳）

①**をさ（通事）**。「小野臣妹子を大唐に遣す。鞍作福利を以て通事とす」〈日本書紀・二二・推古一五年〉②**つうじ（通辞・通事）**。「唐大和しるべする身の甲斐ぞなき思ふ中には言ひ

かよはさで」〈七一番職人歌合・四六〉
【補】通弁、通口ともいう。「をさ」は古代朝鮮語に由来するともいう。

つかれる（疲れる）

①**うむ**。「うむ時なしに恋ひわたるかも」〈万葉集・一二・二九九〇〉②**つかる**。「たまほこの道行きつかれ」〈万葉集・一一・二六四三〉③**こうず（困ず）**。「居入り、立ちあがりなど、暑く苦しきにこうずるほどに」〈枕草子・よろづのことよりも〉④**よはる**。「尼上、いたうよはり給ひにたれば」〈源氏物語・若紫〉⑤**いたづく（労く。平安時代は「いたつく」と清音）**。「教化、労《いたつ》けるかな」〈大唐西域記長寛点〉⑥**くたびる**。「さまざまの勤めに身もくたびれにけるにや」〈古今著聞集・一六〉

つきあう（付き合う）

①**まじはる**。「大方聞きにくく見苦しき事、老人の若き人にまじはりて、興あらんと物云ひゐたる」〈徒然草・一一三〉②**まじる**。「さるものの中にまじり」〈源氏物語・玉鬘〉③**かたる**。「日頃かたるはここらと思ひ」〈浄瑠璃・曾根崎心中〉

つごうがわるい（都合が悪い）

あやにく（生憎）。「帝《みかど》の御おきて、極めてあやにくにおはしませば、この御子どもを同じ方には遣はさざりけり」〈大鏡・時平〉

つまびらか

⇩くわしい

つまらない（詰まらない）

①すさまじ。「梨の花、よにすさまじきものにして、ちかうもてなさず、はかなき文つけなどだにせず」〈枕草子・木の花は〉②いふかひなし。「いふかひなき声引き出でて歌ひて行く」〈蜻蛉日記・中〉③さうざうし。「この酒をひとりたうべんがさうざうしければ、申しつるなり」〈徒然草・二一五〉④あいなし。「世に語り伝ふる事、まことはあいなきにや、おほくは皆虚言なり」〈徒然草・七三〉⑤あぢきなし。「愚かなる人の目をよろこばしむる楽しみ、またあぢきなし」〈徒然草・三八〉⑥こころづきなし。「心づきなき事あらん折

は、なかなかそのよしをも言ひてん」〈徒然草・一七〇〉

つらい（辛い）

①こころうし。「そのあしたに文もおこせず、夜までも音もせず。心うしと思ひあかして」〈大和物語・一〇三〉②わびし。「ここら舟に乗りてまかりありくに、またかくわびしき目を見ず」〈竹取物語〉③ものうし。「さらでも旅は物うきに、心をつくす夕まぐれ、池田の宿にもつき給ひぬ」〈平家物語・一〇・海道下〉④からし。「志賀の海人の一日もおちず焼く塩の辛き恋をも吾はするかも」〈万葉集・一五・三六五二〉⑤うし。「世の中を憂しとやさしと思へども飛び立ちかねつ鳥にしあらねば」〈万葉集・五・八九三〉

つれだつ（連れ立つ）

①つれだつ。「つれだちてありくよ」〈枕草子・めでたきもの〉②つる（連る）。「天人七人つれて下り給ふ」〈宇津保物語・俊蔭〉③うちぐす。「一所にうちぐして知りたりける人」〈大和物語・一四四〉④たぐふ。「たぐひてまうできなんとて」〈古今和歌集・四〇六・詞書〉⑤うちつれる。「うちつれて三人まゐりたまへり」〈源氏物語・篝火〉⑥つるむ。「あとか

らつるんで来申すは」〈滑稽本・東海道中膝栗毛・四〉⑦**つれもつ。**「この者とつれもつて戻してくつさんせ」〈浄瑠璃・夏祭浪花鑑〉

つれない

①**つれなし。**「我は、物思ふつれなきものを」〈万葉集・一〇・二二四七〉②**あさし。**「安積《あさ》香山《かやま》影さへ見ゆる山の井の浅心《あさき》をわが思はなくに」〈万葉集・一六・三八〇七〉③**こころなし。**「しばしばも見さけむ山をこころなく雲の隠さふべしや」〈万葉集・一・一七〉④**かなし。**「世の中はむなしきものと知る時しいよいよますますかなしかりけり」〈万葉集・五・七九三〉⑤**つらし。**「かく許あふひのまれにあんる人をいかがつらしとおもはざるべき」〈古今和歌集・四三三〉⑥**こころづよし。**「心えずおぼしめされつらめども、心つよくうけたまはらずなりにし事、なめげなる物におぼしめしとどめられぬるなん」〈竹取物語〉⑦**うし。**「〔女は〕ほかにかくれにけり。あり所は聞けど人の行き通ふべき所にもあらざりければ、〔男は〕なほうしと思ひつつなんありける」〈伊勢物語・四〉「をぎの葉の答ふるまでも吹きよらでたゞに過ぎぬる笛のねぞ憂し」〈更級日記〉⑧**なさけなし。**「子三人を呼びて語りけり。二人の子はなさけなくいらへてやみぬ」〈伊勢物語・六三〉⑨**すげなし。**「親聞き付けて男を女をもすげなくいみじう言ひて、この大徳を寄せずなりければ」〈大和物語・一六八〉

⑩**こころごはし。**「『その人々こそこころごはしき人なれ。さりとも試みむかし』とて涼を召す」〈宇津保物語・初秋〉⑪**あいだちなし。**「あいだちなき御言どもなりや」〈源氏物語・蛍〉

つれる（連れる）

①**いざなふ。**「ますらをの友いざなひて」〈万葉集・一七・四〇一一〉②**つる。**「野辺の小松を引きつれて」〈源氏物語・若菜上〉③**うちぐす。**「子息江左衛門家成うちぐして」〈平家物語・三・行隆之沙汰〉④**ひきぐす。**「左大殿の君達いと多くひきぐして」〈宇津保物語・楼上・下〉⑤**めしぐす。**「つきそふ兵ばかりめしぐしけり」〈保元物語・中・白河殿攻め落す事〉⑥**めしつる。**「千騎万騎めしつれられうよりも」〈狂言・粟田口〉

ていねい（丁寧）

①**ねもころ。**「かはづ鳴く六田の川の川楊《かはやぎ》のねもころ見れど飽かぬ河かも」〈万葉集・九・一七二三〉②**ねむころ。ねんごろ。**「狩はねむころにもせで、酒をのみ飲みつつ、やまと歌にかかれりけり」〈伊勢物語・八二〉③**こまか。**「すぐれたる道々の上手どもを、召し集

めて、こまかに磨きととのへさせ給」〈源氏物語・梅枝〉④**よくよく**。「我も涙のこぼれ給ひぬべけれど、候ふ人々の見奉れば、よくよくねんじ給へど」〈宇津保物語・楼上・上〉⑤**うるはし**。「工ども裏板どもをいとうるはしくかなかきて、まかりいでつつ」〈大鏡・時平〉⑥**ていねい**。「そののちはげにも丁寧にぞ下行しける」〈古今著聞集・一六・五二〇〉⑦**まめやか**。「まめやかなる御饗もえし奉らず」〈雨月物語・蛇性の婬〉⑧**てあつし（手厚し）**。「今日は久振に御目に掛ましたに御手厚御馳走被成まして」〈隣語大方・八〉

でかける（出かける）

①**うちいづ**。「田子の浦ゆうちいでて見れば真白にぞ不尽《ふじ》の高嶺に雪は降りける」〈万葉集・三・三一八〉②**まかづ**。「この頃患ふ事侍るにより、かく京にもまかでねば」〈源氏物語・若紫〉③**まかる**。「難波津に装《よそ》ひ装ひて今日の日や出でてまからむ見る母なしに」〈万葉集・二〇・四三三〇〉④**おしだす**。「さのみおしだしてのいたづらにはあらず」〈浮世草子・好色一代女・五〉

【補】②③は謙譲語。

てがみ（手紙）　おんしん

①**たより（便り）**。「誰かはと思ふものから古里の便り待たるる初雁の声」〈李花集・上〉②**せうそく（消息）**。「入唐の第一船を尋ね訪ふにその消息に云はく」〈続日本紀・天平勝宝六年〉③**かりのつかひ（雁の使）**。「九月《ながつき》のその初雁の使ひにも思ふ心は聞え来ぬかも」〈万葉集・八・一六一四〉④**こと（言）**。「埼玉の津に居る船の風を疾み綱は絶ゆとも言な絶えそね」〈万葉集・一四・三三八〇〉⑤**おと（音）**。「夏麻引く海上潟の沖つ洲に鳥はすだけど君は音もせず」〈万葉集・七・一一七六〉⑥**おとづれ（訪れ）**。「み吉野の山の白雪踏み分けて入りにし人の訪れもせぬ」〈古今和歌集・三二七〉⑦**おとなひ（訪なひ）**。「かき絶え訪なひ聞えざらむいとほしく」〈源氏物語・葵〉⑧**たまづさ（玉梓・玉章）**。「秋風に初雁が音ぞ聞ゆなる誰がたまづさをかけて来つらむ」〈古今和歌集・二〇七〉⑨**せうそこ（消息）**。「日頃経るまでせうそこも遣はさず」〈源氏物語・帚木〉⑩**いんしん（音信）**。「その後いんしんなくて七十日に及びぬ」〈沙石集・六・一九〉⑪**さた（沙汰）**。「沙汰に及び候はず、参り候べし」〈宇治拾遺物語・一・三〉⑫**さう（左右）**。「其のさうを今や今やと待ちける所に」〈太平記・八・三月一二日合戦事〉⑬**さうもん（相聞）・さうもんわうらい（相聞往来）**。「離り絶ゆることあまた年にして、復《また》会ひて相聞往来せり」〈万葉集・四・七二七・題

注〉⑭**わうらい（往来）**。「藤壺の若宮の御もとに、手づからわうらい月日書きて」〈宇津保物語・国譲・中〉

【補】⑭は手紙の贈答。「時に姉妹諮問《とぶら》ふに、歌を以ちて贈答す」の「とぶらふ」があることから名詞形と考えることができる。「とぶらひ」を音信の意の古語としてもよいかと思われる。

てき（敵）

①**あた（敵）**。「吹き響《な》せる小角の音も敵見たる虎か吼ゆると諸人のおびゆるまでに」〈万葉集・二・一九九〉。江戸時代以降「あだ（仇）」と濁音化した。②**かたき（敵）**。「東国より都に敵ある人、報いせむと思ひて」〈宇津保物語・俊蔭〉

でしゃばりだ　さしでがましい

①**をこがまし**。「老い衰へて世に出で交らひしは、をこがましく見えしかば、我はかくて閉ぢこもりぬべきぞ」〈更級日記〉②**さかしらがる（賢しらがる）**。「『かかる御ありさまを御覧じ知らぬよ』など賢しらがる人もあれど」〈源氏物語・浮舟〉③**うけばる（受け張

る)。「うけばりたる様にはあらず、かごやかなる局住みにしなして」〈源氏物語・初音〉④すいさん(推参)。「子華が事において、申すべきことあれば、推参ながら言をほしいままにして」〈四河入海・八〉

【補】出しゃばり者の義では、「推参者《すいさんもの》」がある。「王をさしおきはばかり千万。まかり退去れ、推参者」〈浄瑠璃・雪女五枚羽子板・上〉

テスト　試験

①かうし(考試)。「暇〈=休暇〉の前の一日に博士考試せよ」〈律令・学令〉②くわし(課試)。「博士一人。掌らむこと、経業を教へ授け学生を課試せむこと」〈律令・職員令〉③しもん(試問)。「其れ挙すべくは、大義十条試問せよ」〈律令・学令〉④たいさく(対策)。「同じく作れる対策の、思ふまま答へたる対策の文ども」〈宇津保物語・俊蔭〉⑤こころみ(試み)。「式部のつかさ試みの題をなずらへて」〈源氏物語・少女〉⑥れうし(寮試)。「今は寮試受けさせむとて」〈源氏物語・少女〉⑦ためし(試)。「何が出るぞためしにと、年明《ねんあき》前の女郎の、しかもふてきない人」〈浮世草子・好色二代男・二・五〉

【補】「こころみ」は試食・試飲・試楽などにもいう。「れうし」は大学寮の試験。

て

でたらめ

①**いつはり（偽り）**。「さまざまに、めづらかなる人のうへなどを誠にやいつはりにやい ひ集めたる中にも」〈源氏物語・蛍〉②**そらごと（空言）**。「かくあさましきそらごとにて ありければ」〈竹取物語〉③**うそ**。「うそをつき、人をたらすが妄語なり」〈御伽草子・天狗の内裏〉④**でまかせ**。「おぬしが出まかせいふがごとく」〈随筆・一話一言・四三〉⑤**ではうだい**。「むだやらしやれやら出はうだいなことしやべりながら」〈滑稽本・東海道中膝栗毛・発端〉⑥**あてずつぽう**。「わずらつてでもゐるだんべいと、思つたばかしで、便きくべいにもあてずつぽうなり」〈滑稽本・東海道中膝栗毛・二下〉

てほん（手本）

①**かたき（型木）**。「この事は、季《すゑ》の世の楷模《かたき》につくるべし」〈日本霊異記・中・九〉②**かがみ（鏡・鑑）**。「見る人の語りつぎてて聞く人のかがみにせむを」〈万葉集・二〇・四四六五〉③**のり**。「〔埴輪を〕陵墓に樹《た》てて後葉の法則《のり》とせむ」〈日本書紀・六・垂仁三二年〉④**きかん（亀鑑・亀鏡）**。「世をわたるたづきにこころを得べき亀鑑たるべきものにして」

〈浮世草子・西鶴織留・序〉⑤**もはん（模範）**。「往代の佳例、明時の模範なり」〈大乗院寺社雑寺記・長禄二年正月一〇日〉

とうじ（当時）

①**そのかみ**。「さて今そのかみを思ひやりて、ある人のよめる歌」〈土佐日記〉②**そのほど**。「そのほどのありさまはしも、いとあはれに、心ざしあるやうに見えけり」〈蜻蛉日記・上〉③**そのころ**。「そのころ高麗人の参れる中に、かしこき相人のありけるをきこしめして」〈源氏物語・桐壺〉④**そのころほひ**。「そのころほひ過ぎてぞ、例の宮にわたり給へるに」〈蜻蛉日記・上〉

とうぜん（当然）

①**ことわり（理）**。「翁、理に思ふ。此国に見えぬ玉の枝なり」〈竹取物語〉②**さるべし**。「師純のあんそんはさるべき事なれど、思ふやうは、院のおはしましし、ここになどかくてあるを」〈宇津保物語・国譲・上〉③**さること**。「裳、からぎぬの縫物をばさることにして、袖口におきぐちをし、ものぬいめにしろかねのいとをふせくみのやうにし」〈紫式部日

と

記〉④**さるものにて。**「かやうの舟・破子《わりご》・透箱《すきばこ》などして、この三人の人になん給へりし。これらをばさる物にて、まめやかなるものなど侍りき」〈宇津保物語・吹上・上〉⑤**さるもの。**「世のあはれも、人の恋しさもまされと、人の仰せられしこそ、げにさるものなれ」〈徒然草・一九〉⑥**もとも。**「御らんぜんにもともなりけりなどいへど」〈蜻蛉日記・下〉⑦**もっとも。**「数千人の大衆先陣より後陣まで、皆尤《みなもっとももっとも》 尤とぞ同じける」〈平家物語・一・御輿振〉⑧**だうり（道理）。**「存ぜぬこと道理なれ」〈狂言（虎寛本）・八句連歌〉⑨**たうぜん（当然・当前）。**「其上当前の事を仕組へさしこみあぢにいひまはさるる事が上手じや」〈評判記・役者二挺三味線〉⑩**りのたうぜん（理の当然・当前）。**「母の詞は利の当然、押て留《とどめ》ん様もなく」〈浄瑠璃・伽羅千代萩・四〉⑪**りのまえ（理の前）。**「当分いらぬ衣装道具、質屋へ飛んで月の切れたも理の前」〈浄瑠璃・夏祭浪花鑑・一〉⑫**あたりまえ。**「アイサ、どうで婆鯨舎《ばばあげいしゃ》はあたりめへさ」〈滑稽本・浮世風呂・三・上〉

どうり（道理）

①**ことわり（道理）。**「父母を見れば尊し妻子見ればめぐし愛《うつく》し世の中はかくぞ道理《ことわり》」〈万葉集・五・八〇〇〉②**みち（道）。**「かくばかりすべなきものか世間《よのなか》の道」〈万葉集・五・八九二〉③**あやめ。**「なにのあやめも思ひしづめられぬに」〈源氏物語・帚木〉④**すぢみち**

（筋道）・すぢ。「物の筋道、りくぎをたて、無理をいふ人でもなし」〈浄瑠璃・生玉心中・上〉⑤**わけ。**「気をつよう思ひつめたる男なら、添ひ通さいではわけ立たず」〈浄瑠璃・用明天皇職人鑑・二〉

【補】「あやめ」は、「あやめも知らず」のように、下に打ち消しの語を伴うことが多い。

とくいになる（得意になる）

①**をこづく。**「鼻のわたりをこづきて語りなす」〈源氏物語・帚木〉②**おごる。**「鏡を見てもなどかおごらざらむとわが御子ながら思す」〈源氏物語・夕霧〉③**こころえがほ。**「ふとこころえがほにも何かは答へ聞えさせむ」〈源氏物語・若菜上〉④**ところえがほ。**「ここかしこの砂子うすき物のかくれのかたに蓬もところえがほなり」〈源氏物語・柏木〉⑤**ほこりか。**「愛敬づきをかしげなるを、いよいよほこりかにうちとけて」〈源氏物語・空蟬〉⑥**ほこる。**「心にはおもひほこりて」〈万葉集・一七・四〇一一〉⑦**われだけし。**「われだけく言ひそし侍るに」〈源氏物語・帚木〉⑧**こころをやる。**「こころをやれる住まひになむ侍る」〈源氏物語・若紫〉⑨**われはと。**「われはとおもひたる女房」〈枕草子・正月一日は〉⑩**きしよくばむ。**「御敵をば早追ひ落して候、とて、きしよくばうてぞ帰洛しける」〈太平記・三八・諸国宮方峰起事〉⑪**やにさがる。**「やにさがり世上にまなこ高い顔」〈誹風柳多留・一六〉

と

【補】名詞には「われはかほ（我は顔）」がある。「われはかほにて家の内をかざり」〈源氏物語・帚木〉

ところで

①**さて。**「さてかぐや姫、形の世に似ずめでたき事を、帝きこしめして」〈竹取物語〉②**さても。**「我に思すにこそあやしけれ。さても、かかる人には、まだなんいはぬてき」〈宇津保物語・祭の使〉③**さるほどに。**「さるほどに、鬼界が島の流人共、つゆの命草葉のすゑにかかって、をしむべきとにはあらねども」〈平家物語・二・康頼祝言〉④**さるあひだ。**「去《さる》間《あひだ》判官殿。おごる平家を三年三月に亡し、三種の神器ことゆへなく、二度帝都に納めまふし」〈幸若・腰越〉⑤**さてや。**「さてや最期の折節に、さてや最期の折節に、いかなることか宣ひし」〈謡曲・柏崎〉⑥**しかれば。**「しかれば、胡国の軍強うして従ふことを期し難し」〈謡曲・昭君〉⑦**されば。**「末胡《まつご》に云をく事有けり。されば、古鳥けだ物のたぐひ交はりをなしける時、鼠蛙を請じて」〈仮名草子・伊曾保物語・中・九〉⑧**さるを。**「さるを、筑紫高良山の僧正は、加茂の甲斐何がしが厳子にて、此たび洛にのぼりいまそかりけるを、ある人をして額を乞」〈幻住菴記〉⑨**かへってとく（却説）。**「却説《カヘツテトク》。裏門から退出《まかで》た所が、和尚酔《ゑい》しれて泥《だみ》たる声などで高やかに小唄を唄ひの」〈滑稽本・浮世床・二・下〉⑩**と**

ころで（所で）。「私《わし》ひとりつき離されて勝手がしれんぢゃあるまいか。所で蒲団《ふとん》が三つ重ねてあるは」〈滑稽本・浮世床・初・中〉

とし（都市）

①**みやこ**。「あをによし寧楽の都は咲く花の薫ふがごとく今盛りなり」〈万葉集・三・三二八〉②**みさと**。「大道をみさとの中に作る」〈日本書紀・一一・仁徳一四年〉③**きやう（京）**。「奈良の京、春日の里に、しるよしして」〈伊勢物語・一〉④**まち（町）**。「身どもは町で隠れもない大いたづら者じゃ」〈狂言記・見物左衛門〉⑤**とくわい（都会）**。「都会の人は、浮薄にして諂ひかざり」〈読本・椿説弓張月・拾遺四六〉

としをとる（年をとる）

①**おゆ（老ゆ）**。「年のおいぬることをなげきてよめる」〈古今和歌集・春上〉②**ねぶ**。「ねびにたるさまなれど、よしなからぬさまして清げなり」〈源氏物語・東屋〉③**おうよる**。「齢などもおうよりたべければ」〈蜻蛉日記・下〉④**おいなる**。「いと醜くおいなりて」〈源氏物語・浮舟〉⑤**としよる**。「としよるまで岩清水をおがまざりければ」〈徒然草・五二〉⑥**お**

いす。「菊の花おいせぬ秋のひさしかるべく」〈古今和歌集・二七〇〉⑦**ふる**。「わが身ふるれば置き所なし」〈古今和歌集・七三六〉

とつぜん（突然） 不意。にわか。いきなり。だしぬけ。

①**にはし（俄）**。「潮舟の舳《へ》越そ白波、にはしくも負《おふ》せ給ほか、思はへなくに」〈万葉集・二〇・四三八九〉②**にはか（俄）**。「野分立ちてにはかに肌寒き夕暮れのほど」〈源氏物語・桐壺〉③**ゆくりなし**。「ゆくりなく風吹きて、漕げども漕げども、しりへしぞきにしぞきて」〈土佐日記〉④**ゆくりか**。「いみじうゆかしう思ひ聞こえ給へど、今宵はいとゆくりかなるべければ」〈源氏物語・行幸〉⑤**うちつけ（打付）**。「うちつけに海は鏡の面のごとなりぬれば」〈土佐日記〉⑥**そつじ（卒爾・率爾）**。「懺法を行ふ。事卒爾に依り、堂僧の見参を取られ、追つて物を給ふべし」〈小右記・永延二年一〇月〉⑦**ふい（不意）**。「その日、ふいに人に騒がれ奉りき」〈宇津保物語・嵯峨院〉⑧**さしぐみに**。「さしぐみに古物語にかかづらひて夜を明かし果てむもことごとしかるべければ」〈源氏物語・橋姫〉⑨**つと**。「げにいとあはれなりなど聞きながら、涙のつと出で来ぬ、いとはしたなし」〈枕草子・はしたなきもの〉⑩**たちまちに（忽に）**。「山に入りて薪を採りて母に孝《けう》せむとするに、山にして忽ちに虎に値《あ》ひぬ」〈今昔物語集・九・五〉⑪**ついでなし（序無）**。「人人出でて物など言ふ

に、ついでもなく『明日はいかなる事をか』と言ふに」〈枕草子・故殿の御服のころ〉⑫**おぼえず（覚えず）**。「人皆死ある事を知りて、まつこと、しかも急ならざるに、覚えずして来る」〈徒然草・一五五〉⑬**こつぜん・こつねん（忽然）**。「一人は居りと見るに、忽然として失せぬ」〈宇治拾遺物語・一二・一〉⑭**ぼつぜん（勃然）**。「何より来れるともなく、韓湘悖然として傍にあり」〈太平記・一・無礼講事〉⑮**がぜん（俄然）**。**がぜんとして（俄然として）**。「延齢三十の年、俄然として病苦逼迫して」〈地蔵菩薩霊験記・六・五〉⑯**ほかと**。「此の街市中でも小童が親に行き合うては、喜んでほかと抱きつくものだぞ」〈無門関鈔・下〉⑰**ついと**。「鞠を蹴るとて、何とかして懸《かかり》より外へついと越え、大道へ落つる」〈仮名草子・昨日は今日の物語・下〉⑱**ひたと**。「両国橋の上で、ひたと出つくはした所」〈咄本・鹿の子餅〉⑲**さつきやく（早却）**。「早却なれど日柄もよし、今日の祝言の盃さすぞ」〈浄瑠璃・新版歌祭文・中〉⑳**とつぜん（突然）**、**とつぜんとして（突然として）**。「美人を王女とや見たりけん、突然としてかみつけば」〈読本・椿説弓張月・続四五〉㉑**だしぬけ・だしぬき（出抜）**。「ああ痛え痛え、うぬらだしぬけに」〈滑稽本・浮世風呂・前下〉㉒**いきなり（行成）**。「すると、山の神めえ、いきなりに胸ぐらよ」〈滑稽本・浮世床・初〉

【補】②の使われ方として「にはかごと（事）、にはかなり（成）、にはかやみ（闇）、にはかぶんげん（分限）、にはかだうしん（道心）、にはかごけ（後家）」。

とほうにくれる（途方に暮れる）

①**まどふ**。「はにやすの池の堤のこもりぬのゆくへをしらに舎人はまどふ」〈万葉集・二・二〇一〉②**まよふ**。「袂のくだりまよひきにけり」〈万葉集・一四・三四五二〉③**あきれる**。「いとあわただしきにあきれたるここちし給ふ」〈源氏物語・夕顔〉④**くれまどふ**。「くれまどふ心の闇も堪へがたき片はしをだに」〈源氏物語・桐壺〉⑤**しわぶ**。「家の門に立ちて、よろづに志を見えければ、しわびぬ」〈大和物語・一四七〉⑥**まどひあふ**。「程につけつつ思ふらむ家をわかれてかくまどひあへる」〈源氏物語・須磨〉⑦**前後を忘《ぼう》ず**。「あまりの大雪に前後を忘じて候」〈謡曲・鉢の木〉

とりつくろう（取り繕う）

①**かざる**。「言の葉をかざれる玉の枝にぞありける」〈竹取物語〉②**なほす**。「なげきとあるべき事をばなほさせたまひ」〈大鏡・師輔〉③**とりつくろふ**。「御ひげなどもとりつくろひ給はねば」〈源氏物語・柏木〉④**いろふ**。「裏の離れをいろふたばかり」〈歌舞伎・桑名屋徳蔵入船物語〉⑤**ていれをいたす**。「この中はていれもいたさぬによつて」〈狂言・萩大名〉

とりとめもない（取りとめもない）

①**そこはかとなし。**「ただそこはかとなくて過ぐしつる年月は　何事をか心をも悩ましけむ」〈源氏物語・明石〉②**はかなし。**「はかなきことをうちとけの給ひかはしたるけはひどもさらによそに思ひやりしには似ず」〈源氏物語・橋姫〉③**とりとめのない。**「トリトメノナイコトヲイウ」〈和英語林集成〉

【補】「とりとめもなく」の意では、「おろおろ〈無名抄〉」、「とりとめのない話」の意では、「そぞろごと〈紫式部日記〉」「すずろごと〈夜の寝覚〉」「すずろものがたり〈古今著聞集〉」「そらものがたり〈後撰集〉」の言い方がある。

とりなす（取り成す）

①**こしらふ。**「しばし思ひしづめよ、事のさま思ひ巡らしてとなむ、こしらへおき侍りつる」〈源氏物語・夕顔〉②**つくろふ。**「今は世の聞こえをだにつくろはむ」〈源氏物語・蜻蛉〉③**とりもつ。**「かの殿は、かくとりもちて何やかやと思して」〈源氏物語・蜻蛉〉④**とりなす。**「何とも知らで侍りしを、行成朝臣のとりなしたるにや侍らむ」〈枕草子・五月ばかり、

と

月もなういとくらきに〉⑤**とりさふ。**「伴大納言の出納の家の幼き子と、舎人が小童といさかひをして、出納ののしれば、いでて、とりさへんとするに」〈宇治拾遺物語・一一四〉⑥**あつかふ。**「ああ悲しやなう。どうぞあつかうてたもれ」〈狂言・禁野〉

とりはからう（取り計らう）

①**はからふ。**「綾、羅、縑《かとり》、絹など多く奉れたれば、御匣殿する人、御まへにて、はからひ定めてそそく」〈宇津保物語・俊蔭〉②**もてなす。**「何事の儀式をも、もてなし給ひけれど」〈源氏物語・桐壺〉③**あつかふ。**「病者の事を思ひ給へあつかひ侍るほどに」〈源氏物語・夕顔〉

どりょくする（努力する）

①**つとむ。**「しきしまの大和の国に明らけき名に負ふ伴の緒心つとめよ」〈万葉集・二〇・四四六六〉②**いそふ。**「真木の嬬手《つまで》を百足《ももた》らずいかだに作りのぼすらむいそはく見れば」〈万葉集・一・五〇〉「いそはく」は「いそふ」のク語法。③**いそしむ。**「勤《いそ》しみて怠らざりしをほめたまへり」〈日本書紀・三〇・持統六年〉④**はげむ。**「こはき力をはげみて、海、

河、峰、谷を越えて」〈宇津保物語・俊蔭〉⑤**いたはる。**「朕、寡薄を以て、久しく大業ことに労《いたは》れり」〈日本書紀・二三・舒明即位前〉⑥**力を入る。**「力をも入れずして天地《あめつち》を動かし」〈古今和歌集・仮名序〉⑦**骨折る。**「此に於て、骨折りて経典を書写し給へり」〈大唐西域記・三・長寛点〉

どろぼう（泥棒）

①**ぬすびと・ぬすつと・ぬすと。**「この野はぬす人あなりとて火つけむとす」〈伊勢物語・一二〉②**ぬすみ。**「我が心と盗みしける程に、二三度にも成りにけり」〈今昔物語集・二九・三〉③**ものとり。**「斯る紛れに物取り共、人の太刀刀を奪て逃るもあり」〈太平記・二七・田楽事〉④**盗賊。**「形ち憎なりと云へども、心に盗賊を好む」〈今昔物語集・二〇・三八〉⑤**偸盗。**「或る所に偸盗入りたりけり」〈古今著聞集・一二・四四〇〉⑥**窃盗。**「強盗・窃盗、常赦の免さざる者は、並びに赦の例にあらず」〈続日本紀・慶雲四年〉

とんでもない

①**あさまし。**「かくあさましき空ごとにてありければ、はや返し給へ」〈竹取物語〉②**たい**

だいし。「顔かたちよしと聞こし召して、御使たびしかど、かひなく見えず成りにけり。かくたいだいしくやは習はすべき」〈竹取物語〉③**おもはず**。「おほきなる木どもも倒れ、枝など吹き折られたるが、萩、女郎花《をみなへし》などのうへによころばひふせる、いと思はずなり」〈枕草子・野分のまたの日こそ〉④**ゆゆし**。「七夕のあひみぬ秋をまつ物をあふよをのみもあまたきく哉。ゆゆしき物うらやみをのみも、となん」〈宇津保物語・祭の使〉⑤**まがまがし**。「いとまがまがしきこと。いかがはしろしめさざらん」〈宇津保物語・蔵開・中〉⑥**けう（希有）**。「御房は希有の事云ふ者かな。晴明は何の故にか人の供ならむ童部をば取らむずるこそ」〈今昔物語集・二四・一六〉⑦**えもいはず**。「物にも乗らぬ際《きは》は、大路をよろぼひゆきて、築泥《ついひぢ》・門の下などに向きて、えもいはぬ事どもし散らし」〈徒然草・一七五〉⑧**もつてのほか（以外）**。「山門の大衆みだりがはしきうつたへ仕る事、今にはじめずと申しながら、今度は以外に覚え候」〈平家物語・二・西光被斬〉⑨**なめてならず**。「なめてならぬ御事は、ゆめゆめ思し食し留り給へとぞ申しける」〈平家物語（延慶本）・一本・義王義女之事〉⑩**けしからず**。「男巫《みこ》の候ふが、小弓に短冊を付け歌占を引き候ふが、けしからずまさしきよしを申し候ふ間」〈謡曲・歌占〉⑪**ねんもない**。「念もなひ事やる事はならぬ」〈狂言（虎明本）・樽聟〉⑫**なかなかでもない**。「花とはよまれませぬ、なかなかでもないことをいひをる」〈狂言記・桜諍〉⑬**とんでもない**。「とんでも無い事を云はるる」〈巨海代抄・下〉⑭**とでもない**。「こりやそこなぐどん者、物覚のないくせとでもない口たたくな」〈浄瑠璃・釈迦如来誕生会・三〉⑮**めつさう（滅相）**。「イヘイへ、めつそふな。あの様な書置は微塵もわたしや知らぬ知らぬ」〈歌舞伎・幼稚子敵討・六〉⑯**めつさうもない**。「めつそうもない、此子を地の中へ埋めるなどとは」〈談義本・身体山吹色・一〉⑰**めつさうかい（滅相界）**。「山屋豆腐は一ツてうで南一などと、めつそうかいな事ども也」〈黄表紙・文武二道万石通・下〉⑱**めつぽふかい（滅法界）**。「海と成つてゐる処は多いからなんとめツぱうかいに大きな物では無かな」〈古道大意・下〉⑲**あられもない**。「せめて思ふ人にも逢ふ夢にても見るかは。あられも無き人とものいひかはし、恐しき峰より落る夢など見」〈随筆・独寝・下・九二〉

ないみつ（内密）

①**しのび**。「爰に太子、穴穂皇子を襲はむと欲て密《シノヒ》に兵を設けたまふ」〈日本書紀・一三・安康即位前（図書寮本訓）〉②**しのびやか**。「しのびやかに心にくきかぎりの女房四五人さぶらはせ給て御ものがたりせさせ給なりけり」〈源氏物語・桐壺〉③**しのびしのび**。「しのびしのびの御方たがへ所は、あまたありぬべけれど」〈源氏物語・帚木〉④**みそか**。「難波にみそかにもて出ぬ」〈竹取物語〉⑤**ひそか**。「宴 嘿《ひそかにして》 浄屋に居《す》ゑ」〈日本霊異記・上・二〇〉⑥**うちうち**。「つれなくて、うちうちしのび給ふかたがた多かめるを」〈源氏物語・紅葉賀〉

⑦**ないない**。「ないない承りてこそ参り来め」〈浜松中納言物語・一〉⑧**ぬすみに**。「初霜のおき残したる白菊を露やぬすみにうつろはすらん」〈散木奇歌集・五四九〉⑨**こそこそ**。「摂籙臣をわが物にたのみもし、にくみもするすぢのこそこそとうせぬる上は、よきもあしきもをかしき事にて」〈愚管抄・七〉⑩**そつと**。「つびの中へ入た拠を、そつととらへたと言様に」〈史記抄・三・周本紀〉⑪**みつみつ**。「Mitmitni（ミツミツニ）マウス〈訳〉秘かに話す」〈日葡辞書〉⑫**ないぶん**。「コリヤ是、内分で宜しとも悪しとも、定評と申もので ござる」〈歌舞伎・幼稚子敵討・口明〉⑬**ないしやう（内証）**。「今日の前でいただくも、内証《ナイシヤウ》にて状で戴くも、同し事と」〈浮世草子・好色一代男・七・二〉⑭**ないしよ（内所）**。「あのやうにかたく石にて碑を立るものは、内所にて酒やねぎの入し鴨の煮物までしたたかせしめ給ふ事」〈随筆・独寝・上・七六〉⑮**こつそり**。「こつそりと殺《しまはん》蜜夫が寐入はな」〈雑俳・一息〉⑯**ひそやか**。「ひそやかに来て居る鳥や枇杷の花（東残）」〈俳諧新選・四・冬〉⑰**ないみつ**。「内密《ナイミツ》にて太神楽の手鞠を拵らへ」〈滑稽本・西洋道中膝栗毛・一三下〉

【補】「みそか」は和文系の文章、「ひそか」は漢文訓読系の文章に使われた。

ないよう（内容）

①**み（実・身）**。「うつせ貝実なき事以ちわれ恋ひめやも」〈万葉集・一一・二七九七〉②**し**

やうみ（正味）。「鮪の正味《しやうみ》の梅かんとでも言さうな所を、羊羹の折のなかへすつぽりときめこませ」〈滑稽本・七偏人・初上〉③**あない・あんない（案内）**。「頭の弁して案内は奏せさせ給ふめり」〈紫式部日記〉

【補】「案内」は、平安朝以前は、官庁で作成した文章の内容、あるいはその文案を意味した。

なおる（直る・治る）

①**いゆ**。「毒《あ》しき瘡、身に遍く、肌膚《かはべ》爛れ敗ね、苦しび病むことたぐひ無く、終に愈《い》ゆること得ず」〈日本霊異記・上・一六〉②**やすむ**。「久しき病を得るが故に、禅師、優婆塞を請け召して、呪護せしむるに、猶やすまず」〈日本霊異記・下・三六〉③**おこたる**。「おなじ季縄の小将、病にいといたうわづらひて、少しおこたりて内に参りたりけり」〈大和物語・一〇二〉④**なほる**。「心地よくなほり給ひなば参り給へかし」〈宇津保物語・蔵開・上〉⑤**ちす**。「治する病も療し得ず」〈滑稽本・風来六部集・放屁論〉

なかむつまじい

①**ねんごろ。**「ねむころにいひちぎりける女の、ことざまになりにければ」〈伊勢物語・一一二〉②**むつまじ。**「をとこ、まことにむつましきことこそなかりけれ、今はと行くを、いとあはれと思ひけれど」〈伊勢物語・一六〉③**ちかぢかし。**「かの典薬がちかぢかしくやありけんと北の方思ひ給はん、ねたういみじうて」〈落窪物語・二〉④**なかむつまじ。**「中《ナカ》睦《ムツマ》じく栄えつつ」〈談義本・古朽木・五〉

なく〈泣く〉

①**なく。**「引け鳥の　我が引け往なば　泣かじとは　汝は云ふとも」〈古事記・上〉②**いさちる。いさつ。**「なにしかも汝は事依させし国を治らずて、哭きいさちる」〈古事記・上〉③**ねなく。**「壮士墓《をとこつか》　此方彼方に　造り置ける　故縁《ゆゑよし》聞きて　知らねども　新喪《にひも》の如もね泣きつるかも」〈万葉集・九・一八〇九〉④**むせふ。むせぶ。**「まさきくて早還り来と真袖持ち涙をのごひむせひつつ語らひすれば」〈万葉集・二〇・四三九八〉⑤**しほたる。**「帝ののしりあはれがり給て、御しほたれ給ふ」〈大和物語・一四六〉⑥**しほどく。**「五月の五月

雨にもあはれにてしほどけ暮らし、田子の袂に劣らぬ有様にて」〈栄花物語・月の宴〉

【補】「いさちる」は「激しく泣く」意とされているが、「拒絶する」意とする考え方もある。『古事記』より後の資料では上二段活用となって現れる。「ねなく」は声をあげて泣くの意で、「ねになく」「ねをなく」などの表現が用いられることが多い。「むせぶ」は「声をつまらせて激しく泣く」意。

なげく（嘆く）

①**うれふ。**「父母は枕のかたに妻子どもは足の方に囲み居て憂へ吟《さまよ》ひ」〈万葉集・五・八九二〉②**なげく。**「稲舂けばかがるあが手を今宵もか殿の若子が取りて嘆かむ」〈万葉集・一四・三四五九〉③**かなしぶ。**「今日だにも言問せむと惜しみつつ悲しいび坐せ」〈万葉集・二〇・四四〇八〉④**かこつ。**「空しき名のみ秋の夜の長きをかこてれば」〈古今和歌集・仮名序〉⑤**わぶ。**「山高み人もすさめぬ桜花いたくなわびそ我見はやさむ」〈古今和歌集・五〇〉

なさけない（情けない）

①**うし。**「世間《よのなか》を憂しとやさしと思へども飛び立ちかねつ鳥にしあらねば」〈万葉集・五・

な

八九三〉②**あぢきなし。**「人知れず我こひ死なばあぢきなくいづれの神になき名おほせん」〈伊勢物語・八九〉③**こころうし。**「御文やあらんと思ふほどに、さもあらぬを心うしとおもふほどもすきずきしや」〈和泉式部日記〉④**いみじ。**「あないみじや。いとあやしき様を人や見つらむ」〈源氏物語・若紫〉⑤**うたてし。**「宮づかへにとて出し立てたれど……常に思ひなげくと聞き侍れば、いとうたてくなん」〈宇津保物語・蔵開・上〉「かくてまた恥ぢがましく、うたてき目を見んもさすがなればとて」〈平家物語・二・小教訓〉⑥**くちをし。**「老武者とて人の侮らんもくちをしかるべし」〈平家物語・七・実盛〉⑦**あさまし。**「ひたすら世をむさぼる心のみ深く、もののあはれも知らずなりゆくなむあさましき」〈徒然草・七〉

なじむ〈馴染む〉

①**なつく。**「なつきにし奈良の都の荒れゆけば出で立つごとに嘆きしまさる」〈万葉集・六・一〇四九〉②**なる。**「苗代の子水葱《こなぎ》が花を衣に摺り馴るるまにまにあぜか愛しけ」〈万葉集・一四・三五七六〉③**なづさふ。**「弊にならましものをすべ神の御手に取られてなづさはましをなづさはましを」〈神楽歌・幣〉④**ならふ。**「ここには、かく久しく遊び聞こえて慣らひ奉れり」〈竹取物語〉⑤**なづさはる。**「夜もすがらなづさはりつる妹が袖なごり恋しく思ほゆるかな」〈古今和歌六帖・五〉⑥**しほじむ。**「年うちねび、世の中の、とある事も、

しほじみぬる人こそ、ものの折節は頼もしかりけれ」〈源氏物語・夕顔〉⑦**なじむ**。「御所にて、朝夕なじみまゐらせおはしたりしかば」〈平家物語（延慶本）・三本〉

なだめる（宥める）

①**こしらふ**。「人の聞かむもうたてもの狂ほしければ、問ひさして、とかうこしらへてあるに」〈蜻蛉日記・上〉②**なごむ**。「さて腹立てなむ。なほなごめさせおはしませ」〈落窪物語・二〉③**なぐさむ**。「おとど、よろづに聞こえなぐさめ給ひつつ、泣き惑ひ給ふこと限りなし」〈宇津保物語・忠こそ〉④**すかす**。「語らひ給ふ御様のをかしきに、すかされ奉りて」〈源氏物語・早蕨〉⑤**なだむ**。「いみじう、ありがたう世に知らぬ御ありさまなりと、せめて言ひなだめて」〈浜松中納言物語・二〉⑥**なごす**。「歌の道すぐなればこそ、鬼神をもなごし向くなれ」〈謡曲・梅〉

なつかしい（懐かしい）

①**ゆかし**。「山路来て何やらゆかしすみれ草」〈野ざらし紀行〉②**しのぶ**。「秋風の寒きこの頃下に着む妹が形見とかつもしのはむ」〈万葉集・八・一六二六〉

な

【補】「ゆかし」は「行く」が形容詞化したものとされる。その経緯は、例えば「なつく」（動詞）が「なつかし」（形容詞）を派生するのと同じ事情と考えられる。本来の義は、その方向に心がひかれるさまのこと。「しのぶ」は、上代では「しのふ」と清音で発音されていたらしい。なお「なつかし」は、身近にいたい、置きたいという心情が原義。

なっとくする（納得する）

①**うべなむ、うべなふ。**「天地のうべなみ許して授け賜へる人にもあらず」〈続日本紀・天平神元年三月・宣命〉②**こころう。**「宮仕へ仕うまつらずなりぬるも、かく煩はしき身にて侍れば、心得ず思し召されつらめども」〈竹取物語〉③**うく。**「よき事なりと受けつ」〈竹取物語〉④**うけひく。**「また世のうけひくまじきことなりければ、なかなか危く思しはばかりて」〈源氏物語・桐壺〉⑤**こころゆく。**「思し捨てさせ給へるやうに思ひて、心行かぬ気色のみ侍るを」〈源氏物語・蜻蛉〉⑥**うけがふ。**「天皇うけがひ給はず」〈神皇正統記・仲哀〉⑦**がつてんす、がてんす（合点す）。**「姉はよう言ひ聞かせたれば合点し」〈浄瑠璃・女殺油地獄・下〉⑧**うなづく。**「公もついに此世ならんとうなづかせて、黙し給へるならん」〈胆大小心録・一五六〉

なべ（鍋）

①**かなへ（鼎）**。「御堂の南面にかなへを立てて、湯をたぎらかしつつ」〈大鏡・昔物語〉②**さしなべ（銚子）**。「銚子《さしなべ》に湯わかせ子ども櫟津《いちいつ》の檜橋《ひばし》より来む狐に浴《あ》むさむ」〈万葉集・一六・三八二四〉③**くろもの**。「一、なべ、くろもの」〈大上臈御名事〉

【補】鍋（なべ）は、菜（な）を煮る瓮（へ）の意。「かなへ」は、足のある金属製の鍋。「さしなべ」は、注ぎ口のある鍋。「くろもの」は、禁中の女房詞。他にも、素材や形態に応じて、石鍋・土鍋・金鍋・大鍋・小鍋などの呼称がある。

なまいきだ（生意気だ）　こざかしい

①**さかし**。「せめて申させ給へば、さかしう、やがて末まではあらねども、すべて、つゆたがふことなかりけり」〈枕草子・一一二三〉②**なまぐさし（生臭し）**。「生臭い男呼ばはり、置け置け、置いてくれ」〈浄瑠璃・山崎与次兵衛寿の門松・上〉

【補】生意気な者を「なまもの（生者）」とも呼んだ。「田舎びたる人をば、かやうの所には、よからぬ生者どもの、あなづらはしうするもかたじけなき事なり」〈源氏物語・玉鬘〉

な

なやむ（悩む）

①**なやむ**。「善き事を始め給ひて黄金《くがね》かもたしけくあらむと思ほして心悩《した》ますに」〈万葉集・一八・四〇九四〉②**やむ**。「吾《あ》のみかも君に恋ふれば天地に満ち足はして恋ふれかも胸の病みたる思へかも心の痛き吾が恋ぞ」〈万葉集・一三・三三二九〉③**わづらふ**。「騒ぐ子どもを打棄《うつ》てては死には知らず見つつあれば心は燃えぬかにかくに思ひわづらひ哭《ね》のみし泣かゆ」〈万葉集・五・八九七〉④**おもひわぶ**。「塵泥の数にもあらぬまれ故に思ひわぶらむ妹が悲しさ」〈万葉集・一五・三七二七〉⑤**おもひみだる**。「逢はむ日の形見にせよと手弱女の思ひ乱れて逢へる衣ぞ」〈万葉集・一五・三七五三〉⑥**もだゆ**。「おとど驚き悶え給ひて、思ほすこと限りなし」〈宇津保物語・忠こそ〉⑦**こうず**。「おまへにて御ことたまはりて、せめそせさせ給へるに、こうじにたりや」〈宇津保物語・内侍督〉⑧**なづむ**。「この君、なづみて、泣きむつかり、明かし給ひつ」〈源氏物語・横笛〉⑨**おもひあつかふ**。「いかで、人々しくも見なし奉らむと、思ひあつかふをこそ、人知れぬ行く先の頼みにも思ひつれ」〈源氏物語・総角〉⑩**くるしむ**。「識るとも苦しまじ。褒むとも聞き入れじ」〈徒然草・一一二〉

なんぎだ（難儀だ）

⇩むずかしい

にあう（似合う）

①**ふさふ。**「沖つ鳥胸見る時羽叩きもこれはふさはず」〈古事記・上〉②**につく。**「偽りも似付きてそする顕しくもまこと吾妹子我に恋ひめや」〈万葉集・四・七七一〉③**あふ。**「人の程に合はねば、とがむるなり」〈土佐日記〉④**にる。**「着たる物の、さまに似ぬは、ひがひがしくもありかし」〈源氏物語・玉鬘〉⑤**にあふ。**「御かたちども、いと清らに、似合ひたり」〈源氏物語・東屋〉⑥**たぐふ。**「君達の上なき御選びには、ましていかばかりの人かはたぐひ給はむ」〈源氏物語・帚木〉⑦**つりあふ。**「とかく、うしろの俵と、つり合はぬ品でござるによつて」〈狂言・米市〉⑧**そぐふ。**「蒲公英や葉にはそぐはぬ花ざかり」〈続猿蓑・下〉⑨**うつる。**「やつし芸の名人あれども、それはうつらぬ所もござります」〈浮世草子・俗つれづれ・五〉

に

にぶい（鈍い）

①にぶし。「おぼしたつほどにぶきやうに侍らんや」〈源氏物語・幻〉②ぬるし。「心のいとぬるきぞくやしきや」〈源氏物語・若菜下〉③こころおそし。「さやうの事にも心おそく物し給ふ」〈源氏物語・蓬生〉④こころおくる。「兵にては有りけれども　心のおくれて愚也けるにこそは有らめ」〈今昔物語集・二八・三四〉⑤おそし。「遅くも心得給ふものかな」〈謡曲・老松〉⑥おぞし。「おぞき奴かな。などて吾を欺くぞ」〈読本・鎮西弓張月・後・一六回〉⑦のろま。「鈍きをいやしめてのろまといひ」〈随筆・本朝世事談綺〉⑧にぶし（切れない意）。「紙をあまたおし重ねて　いとにぶきかたなして切るさまは」〈枕草子・さかしきもの〉

にほん（日本）

①やまと。「そらみつ大和の国はおしなべてわれこそ居れ」〈万葉集・一・一〉②おほやまと（大倭・大和）。「大倭国に吾二人に益りて建き男は坐しけり」〈古事記・中〉③やしまと（八島・八洲）・やしまくに。「あきつ神わご大君の天の下八洲のうち」〈万葉集・六・一〇

五〇〉④**おほやしま（大八洲）**。「御うつくしみ大八洲にあまねく」〈源氏物語・明石〉⑤**ひのもと（日本）**。「絵のさまも、唐土と日の本とをとりならべて」〈源氏物語・絵合〉

【補】「やまと」は、最初は大和盆地内部の狭い地域を意味した。大和朝廷の版図の拡大とともに、現在の奈良県である「大和国」一国を、さらに日本全体を表すようになった。

ニュース

①**たより**。「かたらひつきにける女房のたよりに、御ありさまなども聞き伝ふるを」〈源氏物語・若菜上〉②**ふうぶん（風聞）**。「かまへてかまへて風聞すべからず」〈御伽草子・猿源氏草紙〉③**風のたより**。「過ぎし夜にむなしくならせ給ふよし、風のたよりに聞くよりも」〈黄表紙・竹斎老宝山吹色・上〉④**とりざた（取沙汰）**。「大野木殿の姫君は鬼子を生み給へり、などと取り沙汰しけるが」〈御伽草子・伊吹童子〉⑤**うはさ**。「明日よりは我もうはさのかずに入り、世にうたはれん」〈浄瑠璃・曾根崎心中・道行〉⑥**せうそく（消息）**。「賊軍の消息を具《つばひらか》にして、駅に付けて奏し来るべし」〈続日本紀・延暦八年五月一二日〉

に

にょう（尿）

①**ゆまり・ゆばり**。「伊奘諾尊、乃ち大樹に向ひてゆまり放る」〈神代紀・上〉②**いばり**。「いかにしてか病人の死生を知るべき、といひければ、いばりを飲んで知るといひければ」〈平治物語・下・頼朝遠流に宥めらるる事〉③**ばり**。「ばりを飲ましめ、味を以て存否を知らむを云ひけれども」〈盛衰記・二〉④**しと**。「あはれ、この宮の御しとにぬるるは、うれしきわざかな」〈紫式部日記〉⑤**しし**。「ししにや、よだれにや、鬼うばが背中より裾下りにしかけ」〈御伽草子・福富草紙〉

にんぎょう（人形）

①**ひとかた（人形）**。「昔覚ゆる人形をも作り、絵にもかきとりて」〈源氏物語・宿木〉②**かたしろ（形代）**。「見し人の形代ならば身に添へて恋しき瀬瀬の撫で物にせむ」〈源氏物語・東屋〉③**あまがつ（天児）**。「あまがつなど御てづからつくりそそくりおはすも」〈源氏物語・若菜上〉④**はふこ（這ふ子）**。「あまがつ一つ。はふこの事也」〈産所之記〉⑤**ひひな・ひな**。「いとうつくしげにひひなのやうなる御有様を」〈源氏物語・藤裏葉〉⑥**でく**

（木偶）。「汝を屠《ほふ》ること、木偶《でく》を毀《くだ》くより易し」〈読本・椿説弓張月・後二九〉⑦くぐつ。「くぐつ如何、傀儡とかけり」〈名語記・八〉

ねぼうだ（寝坊だ）

いぎたなし。「夜鳴かぬもいぎたなき心地すれども、今はいかがせん」〈枕草子・鳥は〉

のうぎょう（農業）

①なりはひ。「俗に著きて営農《なりはひ》をし、妻子を蓄へ養ふ」〈日本霊異記・下・三〇〉②たつくり（田作り）。「下衆の為《す》る田作り」〈今昔物語集・三〇・五〉③はたつくり（畑作り）。「畠作り、木など伐るなど様のこと」〈今昔物語集・三・五〉

のうみん（農民）

①おほみたから。「百姓《おほみたから》、災を蒙る」〈日本書紀・五・崇神一二年〉②たつくるをのこ（田作る男）。「尾張国阿育知《あゆち》郡片把《かたわ》の里に、ひとりの農夫《たつくるをのこ》あり」〈日本霊異記・上・三〉

の

③**たつくり（田作り）**。「百姓とは田作りの事」〈浄瑠璃・神霊矢口渡・四〉④**たこ（田子）**。「時鳥雲居なる音に聞こゆれどしぼりもあへず田子の袂は」〈栄花物語・御裳着〉⑤**ひやくしやう（百姓）**。「あれこそ娑婆にて地頭にてありしが、咎もなき百姓に悪く当り」〈御伽草子・富士の人穴〉

ハイキング

①**せうえう（逍遥）**。「むかし、男、逍遥しに、思ふどちかいつらねて和泉の国へ二月ばかりにいきけり」〈伊勢物語・六七〉②**野遊び**。「いつはりて校猟《かり》せむと期《ちぎ》りて、遊郊野《のあそび》せむと勧めて曰はく」〈日本書紀・一四・雄略即位前〉③**ゆさん**。「あまり気が蒙蒙としたる程に、ちつと出てゆさんせうとしたぞ」〈三体詩抄・一の三〉④**野遊山**。「心が屈して悪しうござるによつて、今日はどれへぞ野遊山に出うと存ずる」〈狂言（虎寛本）・靱猿〉⑤**野がけ**。「或時、玄旨を初めとしてさるべき各おの、野がけに出で給ひて」〈室町殿物語・一一〉

はいゆう（俳優）

①**わざをき（俳優）**。「今より以後は、吾、将に汝の俳優《わざをき》の民と為らむ」〈神代紀・下〉②

わざひと（俳優）。「俳優《わざひと》に教へて、方便《たばか》りて解《ぬ》かしむ」〈日本書紀・二四・皇極四年〉③**役者**。「いにしへの役者の上手は」〈習道書〉④**芸者**。「諸芸者も、新九郎事はゆるし、他座よりも是の如く褒るは」〈四座役者目録・下〉⑤**芸人**。「お屋敷へは上手な芸人がいくらも上るだらうから」〈人情本・英対暖語・二・七〉⑥**しばゐこ**。「芝居子に気をとられ」〈浮世草子・好色一代男・五・六〉⑦**しばゐもの（芝居者）**。「笠にみのしばゐ見に行く芝居者」〈住吉御田植〉⑧**かはらもの（河原者）**。「四条の河原者、さる芸子あがりの人なりしが」〈浮世草子・好色一代女・六・四〉⑨**うまのあし**。「居風呂を焚きかけ馬の足に出る〈雑俳・川傍柳〉⑩**だいこ（大根）**。「大根《だいこ》とは、アノ役者のことか」〈滑稽本・東海道中膝栗毛・七上〉

【補】「かはらもの」は、役者を賤視した表現。「河原乞食」とも。「うまのあし」「だいこ」は、それぞれ下級役者、芸の下手な役者を軽蔑した言い方。

はかない

①**むなし**。「世の中はむなしきものと知る時しいよよますます悲しかりけり」〈万葉集・五・七九三〉②**もろし**。「水沫《みなわ》なす微命《もろき》も栲縄の千尋にもがと願ひくらしつ」〈万葉集・五・九〇二〉③**つねなし**。「うつせみの世は無常《つねなし》と知るものを秋風寒みしのびつるかも」〈万葉

集・三・四六五〉④**あだ（徒）。**「露をなどあだなる物と思ひけむわが身もくさにおかぬばかりを」〈古今和歌集・八六〇〉⑤**はかなし。**「行く水に数かくよりもはかなきは思はぬ人を思ふなりけり」〈古今和歌集・五二二〉⑥**はかもなし。**「はかもなき野辺の露とや消えなまし烟とだにも誰かなすべき」〈赤染衛門集〉⑦**むじやう（無常）。**「そのあるじと、すみかと無常をあらそふさま、いはばあさがほの露にことならず」〈方丈記・一〉⑧**あへなし。**「さても夫《つま》の友春は、同国の住人の望月の秋長に、あへなく討たれおはします」〈謡曲・望月〉⑨**あだし。**「それにんがいのあだしきは、とく有人はをのづから、心しづかに、世のいとなみをもはばからず」〈浄瑠璃・日本蓬萊山・二〉

【補】「あだし」は語素ともなり、「あだし心」「あだし契り」などの言葉を作る。はかないもののたとえとして、「うたかた」「ゆめ」「夢幻泡影」「電光石火」などの語がよく使われる。「はかなくなる（死ぬ意）」の意味で、「あへなくなる」「いたずらになる」「むなしく（しう）なる」、「はかなくする（死なす意）」の意味で、「あへなくなす」「むなしく（しう）する」「ゆめとなす」「ゆめになす」などの言い方もある。

ばかもの

①**をこ（烏滸）。**「我が心しぞいやをこにして今ぞ悔しき」〈古事記・中・歌謡〉②**しれも**

の。「女、かかるしれものとも知らで、臥し給ひにけり」〈落窪物語・二〉③**おろかもの。**「とりしめのないおろかもの、伊右殿夫婦の気には入るまい」〈浄瑠璃・心中宵庚申・中〉④**うつけもの。**「とかく女房にたたかるるは日本一のうつけものぢや」〈咄本・醒睡笑・二〉⑤**あはう。**「いやいや、死んだらばいよいよあはうじやと云てわらはれう」〈狂言（虎明本）・鈍太郎〉⑥**たはけ。**「たはけといふは、すこし脈がある人の事」〈浮世草子・世間胸算用・二・二〉⑦**まぬけ。**「かんにんしてやりなせへ、みんなこつちがまぬけだからよ」〈滑稽本・東海道中膝栗毛・五・上〉

はし（端）　⇩そば

はずかしい（恥ずかしい）

①**つつまし。**「几帳のもとについ居給へば、つつましけれど」〈謡曲・摂待〉②**やさし。**「御髪などもいたく盛り過ぎにけり。やさしきかたにあらねど、えびかづらしてぞつくろひ給ふべき」〈源氏物語・初音〉③**はしたなし。**「わがさまのいらなくなりにたるを思ひけるに、いとはしたなくて、芦もうち捨てて逃げにけり」〈大和物語・一四八〉

は

はっきりしている　めいはくだ

①**しるし。**「秋の野のをばなが末を押しなべて来しくもしるく逢へる君かも」〈万葉集・八・一五七七〉②**はかばかし。**「やうやう入りたつふもとのほどだに、空のけしき、はかばかしくも見えず」〈更級日記〉③**あらはなり。**「思ひかけず浅からず尋ね知らせ給ふも、さるべきにこそと、いとあらはに思ひ知られ侍れば」〈浜松中納言物語・三〉

はっきりしない

①**おほほし。**「ぬばたまの夜霧の立ちておほほしく照れる月夜の見ればかなしさ」〈万葉集・六・九八二〉②**おぼつかなし。**「春されば樹の木のくれの夕月夜おほつかなしも山陰にして」〈万葉集・一〇・一八七五〉③**おぼろ。**「月のおぼろなるにちひさき童をさきに立て人立てり」〈伊勢物語・六九〉④**そこはかとなし。**「つごもりより何心地にかあらん　そこはかとなくいと苦しけれど」〈蜻蛉日記・中〉⑤**おぼおぼし。**「たそがれ時のおぼおぼしきに、同じ直衣どもなれば何ともわきまへられぬに」〈源氏物語・常夏〉⑥**たどたどし。**「春の空のたどたどしき霞の間より」〈源氏物語・若菜下〉⑦**おぼめかし。**「夕涼みといふほど

物のさまなどもおぼめかしきに」〈枕草子・いみじう暑きころ〉⑧**こころもとなし。**「せめて見れば　花びらのはしにをかしき匂ひこそ　心もとなうつきためれ」〈枕草子・木の花は〉

【補】「おほほし」は「おぼほし」とも。また、「おぼつかなし」は、古く「おほつかなし」。

はなれる（離れる）

①**はなる、そく。**「大和へに西風《にし》吹き上げて雲離れ退《そ》き居りとも我忘れめや」〈古事記・下〉②**かる。**「二上に隠らふ月の惜しけども妹がたもとを離《か》るるこのころ」〈万葉集・一一・二六六八〉③**さかる。**「遠の国いまだも着かず大和をも遠く離《さか》りて石《いは》が根の荒き島根に宿りする君」〈万葉集・一五・三六八八〉④**へだたる。**「情ゆも吾は思はずき山河も隔たらなくにかく恋ひむとは」〈万葉集・四・六〇一〉⑤**へだつ。**「はろはろに思ほゆるかも白雲の千重に隔てる筑紫の国は」〈万葉集・五・八六六〉⑥**へなる。**「白雲のたなびく山を盤根踏み越え隔《へな》りなば恋しけく日の長けむそ」〈万葉集・一七・四〇〇六〉⑦**さる。**「直に逢はず在らくも多く敷栲の枕さらずて夢にし見えむ」〈万葉集・五・八〇九〉⑧**わかる。**「いにし年、京をわかれし時」〈源氏物語・須磨〉⑨**あかる。**「方々集ひ物せられける人々も、皆所々にあかれ散りつつ」〈源氏物語・宿木〉⑩**きる。**「この参り給はむとありしことも絶え切れて」〈源氏物語・真木柱〉⑪**のく。**「居給ふべき所と見ゆるは、寺より少しのきてぞありけ

る」〈狭衣物語・四〉⑫**あくがる。**「御中もあくがれてほど経にけれど」〈源氏物語・真木柱〉

はやい（速い）

とし。「ぬばたまの夜さり来れば巻向の川音高しも嵐かも疾《と》き」〈万葉集・七・一一〇一〉

ばんごはん（晩御飯）

①**ゆふけ・ゆふげ。**「み山柴をのがかまどにとりくべてあさけ夕けの煙たつめり」〈永久百首・冬〉②**ゆふはん（夕飯）。**「夕飯前から乗り込み、夜も人の帰る時分立て戻つて」〈浮世草子・傾城禁短気・六・四〉③**ゆふめし。**「日は短し、夕めし時、市の側まで使にいて」〈浄瑠璃・心中天の網島・中〉④**よなが。**「禁中にて大床子の御膳のおろしを女中の夜食に食ふを夜長といへり」〈松屋筆記・三八・七〉

【補】「よなが」は、禁中の夜食をいう女房詞。

はんざい（犯罪）

①**つみ（罪）。**「かぐや姫は、つみを作り給へりければ」〈竹取物語〉②**とが。**「とが重きわざに、ひとの国にもし侍るなるを」〈源氏物語・須磨〉③**つみとが（罪咎）。**「つみとがは目にし見えねば降る雪の消えむ朝を見るばかりなり」〈忠見集〉④**をかし。**「われら、をかしのふかきによりて、あしき身をうけたり」〈宇津保物語・俊蔭〉⑤**あやまち。**「末の世までものしき御有様を、わが御あやまちならぬに、大空をかこちて見奉り過ぐすを」〈源氏物語・夕霧〉

【補】古代の「つみ」は、禁忌を冒すことにより、共同体に災厄をもたらす行為を意味した。

はんせいする（反省する）

①**かへりみる（顧みる）。**「身をもかへり見ぬたぐひ」〈源氏物語・柏木〉②**思ひかへす。**「走りやいでなましと千度思ひけれど、思ひかへし思ひかへし居て」〈大和物語・一六八〉③**思ひめぐらす。**「いかにしてかかることぞと、のちに思ひめぐらさむも」〈源氏物語・空蟬〉④**うちかへす。**「前の世ゆかしうなんと、うちかへしつつ御しほたれがちにのみおはします」〈源氏物語・桐壺〉

は

はんたい（反対）

①**さかさま（さかしま）。**「さかさまに年も行かなむ取りもあへず過ぐるよはひやともに還ると」〈古今和歌集・八九六〉②**かへさま。**「かへさまに逢ひたるもねたし」〈枕草子・九五〉③**うらうへ。**「祭の日はうらうへの色なり」〈栄花物語・殿上花見〉④**うらはら。**「右を一一うらはらに引返てこそ、男の儀理とは言ふべけれ」〈心左記・下〉⑤**あべこべ。**「今の若者は老てから苦労する。身持ちが大きにあべこべだ」〈滑稽本・浮世風呂・前下〉⑥**ぎやく（逆）。**「逆にいはるる事は立春をはるたつひといへるがごとし」〈名語記・九〉

はんぱじゃない（半端じゃない）

①**おぼろけならず。**「此度《こたび》ばかりと宣はすれば、ひまをうかがひて、おぼろけならず聞えて御覧ぜさせつれ」〈宇津保物語・菊の宴〉②**なのめならず。**「何事をも、人に今一きはまさらむと、おほやけ、わたくしのことに触れて、なのめならず思ひのぼりしかど」〈源氏物語・柏木〉③**おろかならず。**「よし今は、見きとなかけそとて、思へるさま、げにいとことわりなり。おろかならず、契りなぐさめ給ふ事多かるべし」〈源氏物語・帚木〉④**おぼろ**

け。「おぼろけの願によりてにやあらむ、風も吹かず、よき日出で来てこぎゆく」〈土佐日記〉⑤**なのめ。**「この左折りの烏帽子を折らせられ、君にご出仕ありし時、帝なのめに思しめし」〈謡曲・烏帽子折〉⑥**ひとかたならず。**「ひとかたならぬ事なればと、さしもに猛き秀次も、涙ながらに出で給ふ」〈仮名草子・恨の介・上〉⑦**ななめならず。**「それより以後に、漸々時うつり世かはりて、繁昌ななめならず」〈仮名草子・東海道名所記・一〉⑧**ななめ。**「子共もななめに悦ふで」〈幸若舞・信太〉

【補】「おぼろけ」は近世末頃から「おぼろげ」。

ひかり（光）

①**かぎろひ。**「東の野にかぎろひの立つ見えてかへり見すれば月傾きぬ」〈万葉集・一・四八〉②**かげ。**「木の間より漏りくる月のかげ見れば心尽くしの秋は来にけり」〈古今和歌集・一八四〉③**ひかり。**「み空ゆく月の光にただ一日あひ見し人の夢にし見ゆる」〈万葉集・四・七一〇〉④**くわうみやう（光明）。**「光明蒼天を照らして日輪の光を奪ひ」〈平家物語・一〇〉

【補】「かぎろひ」「かげ」は「かがよふ」「かぐつち」などと同根。光のちらちらする意。「かぐや姫」「玉かぎる」も同様。

びじん（美人）

①**くはしめ**。「遠遠し高志の国にさかし女をありと聞かしてくはし女をありと聞こして」〈古事記・上〉②**うるはしきをとめ**。「その玉を将ち来て床の辺に置きしかば、美麗《うるは》しき嬢子《をとめ》となりぬ」〈古事記・中〉③**きよげなる**。「濃き袿一襲着たる女のきよげなる出で来て、いみじう泣きけり」〈大和物語・一三三〉④**みめよし**。「なのめならぬみめよしにて、もてなされけるが」〈愚管抄・四〉⑤**びぢよ（美女）**。「みづから美女の姿を作つて高き岡に立つ」〈平家物語・一一・釼〉⑥**びじん**。「小督殿と申す……宮中一の美人」〈平家物語・六・小督〉⑦**けいせい**。「但大将軍矢おもてにすゝんで、傾城を御らんぜば」〈平家物語・一一・那須与一〉⑧**びけい（美形）**。「其の美景、島原中頃の吉野に比べて二割半程よくて」〈浮世草子・好色盛衰記・四〉⑨**ぼつとりもの**。「君は和国のぼつとりもの」〈浄瑠璃・薩摩歌・中〉⑩**しなもの**。「みちのくの内侍とて禁中一の美人なりしが、あぢものの、しなものの、だてこきの、通り者」〈謡曲・天鼓・三〉⑪**かほよびと**。「女君は国のとなりまでも聞き給ふかほよびとなるが」〈読本・雨月・三〉⑫**こまち（小町）**。「あいわつちや小町さなどとついとたち」〈誹風柳多留拾遺・八〉

ひたすら　⇩いちず

ひたむき　⇩いちず

びっくりする

あさまし。「物の心知り給ふ人は、かかる人も世に出でおはするものなりけりと、あさましきまで目を驚かし給ふ」〈源氏物語・桐壺〉

ひとがら（人柄）

①**ひとざま（人様）**。「人ざまもよき人におはす」〈竹取物語〉②**ひとがら**。「人柄のあはれに情ありし御心を、上の女房なども恋ひしのびあへり」〈源氏物語・桐壺〉③**こころばへ**。「この皇子のおよすげもておはする御容貌心ばへありがたくめづらしきまで見えたまふ

を」〈源氏物語・桐壺〉④**こころばせ。**「心ばせのなだらかにめやすく憎みがたかりしことなど、今ぞ思し出づる」〈源氏物語・桐壺〉⑤**ひと。**「人も立ちまさり心ばせまことにゆゑありと見えぬべく」〈源氏物語・帚木〉⑥**こころざま。**「幼き人は見つい給ふままに、いとよき心ざまかたちにて」〈源氏物語・紅葉賀〉⑦**こころがら。**「書を読み、さとくらうらうしく心がらもいとかしこければ」〈落窪物語・四〉⑧**こころだて。**「かくいみじき心だてによりて、あやしき片端なる身ながら、后となりにけり」〈十訓抄・五〉⑨**こつがら（骨柄）。**「名告り給ひしおん骨柄、あつぱれ大将やと見えし」〈謡曲・八島〉⑩**こころいき。**「心意気のいとしおらしい、気の真直ぐな男あらば」〈浄瑠璃・曾我五人兄弟〉

ひねくれている

①**いすかし。**「毛野臣、人となり、もとりいすかしくして、まつりごとをならはず」〈日本書紀・一七・継体二四年〉②**いすかしま。**「またかの長髄彦のひととなり、いすかしまにもとりて」〈日本書紀・三・神武即位前戊午年〉③**ひすかしま。**「是の如く狂されひすかしまにして心邪海に没せり」〈大智度論元慶元年点・五〉④**はらぎたなし。**「はらぎたなく人にうとませたてまつる事と怨ずる」〈落窪物語・一〉⑤**くせぐせし。**「更衣の方は　らうらうじくくせぐせしうものし給ふ」〈宇津保物語・楼上・上〉⑥**ひがひがし。**「はかなき事にても

物心得ずひがひがしき人は」〈源氏物語・若菜上〉⑦**くねくねし**。「事にふれてやすからずくねくねしき事出で来などして」〈源氏物語・竹河〉⑧**ねじけがまし**。「いと口惜しくねぢけがましきおぼえだになくは」〈源氏物語・帚木〉⑨**ねぢけし**。「其の国王の心極てねぢけくて性本よりとろめきてぞ有ける」〈今昔物語集・四・三二〉⑩**ひすかし**。「ひかみたるをひすかしといひ、ものなれぬをかたくなと云歟」〈塵袋・六〉⑪**ひすし**。「きやつに取らする物を溜めてひそかに太夫にやつたがましとひすい了簡」〈浮世草子・傾城色三味線・京二〉

びょうきになる（病気になる）

①**やむ（病む）**。「昼はも嘆かひ暮し夜はも息衝きあかし年長く病みし渡れば」〈万葉集・五・八九七〉②**わづらふ**。「むかし、男、わづらひて、心地死ぬべくおぼえければ」〈伊勢物語・一二五〉③**いたはる**。「日ごろいたはる所侍りて、院にも内にも参り侍らぬ」〈宇津保物語・国譲・下〉④**なやむ**。「日ごろ、月ごろ、しるき事ありて、悩みわたるが、怠りぬるもうれし」〈枕草子・うれしきもの〉⑤**うれふ**。「此の人、昔は身の病を患《うれ》へき、今は人の病を愈しぬ」〈今昔物語集・七・二五〉⑥**やまふ**。「とがりするさつをのゆつる打ちたえてあたらぬ恋にやまふ頃哉」〈散木奇歌・一〇七〇〉⑦**やみつく**。「ヤミツク　病気になる」〈日葡辞書〉⑧**いたづき**。「イタヅキ　病気。病気になること。イタヅキ　マイラセ　ソロ　病

気ニナッタ」〈日葡辞書〉

ふあんだ（不安だ）　⇩しんぱいだ

ふうりゅうだ（風流だ）

①**ふうりゅう（風流）。**「風流意気の士、たまさかにこの集ひの中にあらば、争《いそ》ひて念《おもひ》を発《おこ》し心々に古体に和せよ」〈万葉集・六・一〇一〇〉②**みやび。**「是に、月の夜に清談《ものかたり》して、不覚《おろか》に天暁《あ》けぬ。斐然藻《ふみつくるみやひ》、忽に言に形る」〈日本書紀・一七・継体七年〉③**おもしろし。**「御返りさすがに憎からず聞え交し給ひて、おもしろく、木草につけても御歌をよみてつかはす」〈竹取物語〉④**をかし。**「女車のありけるにいひつきにけり。とかくをかしきことなんいひつきて」〈皇太后宮越後本伊勢・一三〇〉「家をいとをかしうつくりたまふて、時々おはしましけり」〈大和物語・一三七〉⑤**よしあり。**「三条の右のおとど……よしある女なりければよくておこせてむとおもうたまひけるに」〈大和物語・九一〉⑥**こまか。**「『よき調度、こまかなるたから物は、かしこにこそあらめ』とのたまふ」〈宇津保物語・蔵開・中〉⑦**けしきあり。**「いとかた思ひなり。けしきある消息きこえ給へど、心えたるいらへ

などもし給はぬほどに」〈宇津保物語・忠こそ〉⑧**せち（切）**。「たのつかさの楽の近く聞こゆるかな。すけずみが筌《さう》にこそあなれ。さやうのものうはらくのひきつれてくる、せちならむかし。見よや」〈宇津保物語・祭の使〉⑨**すきずきし**。「すきずきしき心ある上達部・僧綱などは誰かはある」〈枕草子・円融院の御はての年〉⑩**なよびか**。「人のありさまをも見知り給ふままに、いとさまようなよびかに、けさうなども心してもてつけ給へれば」〈源氏物語・胡蝶〉⑪**ゆゑ**。「人もたちまさり、心ばせまことにゆへありと見えぬべく」〈源氏物語・帚木〉⑫**よし**。「円融院の御世より参りたりける人の、いといみじく神さび、古めいたるけはひの、いとよし深く」〈更級日記〉⑬**こころぶかし（心深し）**。「望月のくまなきを千里の外まで眺めたるよりも、暁ちかくなりて待ち出でたるが、いと心ぶかう、青みたるやうにて」〈徒然草・一三七〉⑭**けしきおぼゆ**。「古き歌どものやうに、いかにぞや、ことばの外に、あはれにけしきおぼゆるはなし」〈徒然草・一四〉⑮**なまめかし**。「御心いとなまめかしうも御門におはしましければ」〈延喜御集〉⑯**みやびやか**。「なほやんごとなき如来の御光なりかしなどいふも、古代にみやびやかなり」〈尾張家本増鏡・序〉⑰**ふうそう（風騒）**。「此関は三関の一にして、風騒の人、心をとどむ」〈奥の細道〉⑱**ふうが（風雅）**。「打死の髪に蘭奢は武の風雅」〈万才烏帽子〉

【補】動詞的意味「風流ありげに見える。風情が感じられる。情趣が感じられる」としては、①みやぶ。「顔色《かほ》甚だ美《よ》く、容貌《かたち》且閑《みやび》たり」〈日本書紀・二・神代下・図書寮本訓〉「梅の花夢に語らくみやびたる花とあれ思《も》う酒に浮べこそ」〈万葉集・五・八五二〉②なまめく。「秋の野になまめき立てるをみなへしあなかしがまし花もひと時」〈古今和歌集・一〇一六〉③ことこもる。「打ちほほゑみ給へる口つきこそ、なほふりがたくことこもりて見え給」〈栄花物語・たまのむらぎく〉

ふきつだ（不吉だ）

①**ゆゆし。**「朝ゆきて夕べは来ます君故にゆゆしくも吾は嘆きつるかも」〈万葉集・一二・二八九三〉「ゆゆしき身に侍れば、かくておはしますも、いまいましう、かたじけなくなどのたまふ」〈源氏物語・桐壺〉「あなゆゆしや。思ふ人びと、方がたにつけて別れ給ふ人かな」〈源氏物語・須磨〉②**まがまがし。**「いとまがまがしき事のたまはす。かくのたまはせば、さらに、二三年渡し奉らじ」〈宇津保物語・楼上・上〉③**いまいまし。**「お前近き桜の、いとおもしろきを『ことしばかりは』とうちおぼゆるも、いまいましき筋なれば、『あひ見む事は』と口ずさびて」〈源氏物語・柏木〉④**いまはし。**「何と候らむ、あの御浄衣のよにいまはしきやうに見えさせおはしまし候」〈平家物語・二二・医師問答〉⑤**もつけ（物怪）。**「この事によりて、様々のもつけふりければ、占はするに」〈今昔物語集・一四・四五〉⑥**ふしよう（不祥）。**「ふしような所へ参りかかつたよ」〈狂言（虎明本）・名取川〉

ふける（老ける）

①**おゆ（老ゆ）**。「引田《ひけた》の若栗栖《わかくるす》原若くへに率《ゐ》寝てましもの老いにけるかも」〈古事記・下・歌謡〉②**ふる（古る）**。「古りにし嫗にしてやかくばかり恋に沈まむ手童の如」〈万葉集・二・一二九〉③**ねぶ**。「人も賤しからぬすぢに、かたちなど、ねびたれど清げにて、ただならず」〈源氏物語・夕顔〉④**ねびる**。「目少し腫れたる心地して、鼻なども、鮮やかなる所なう、ねびれて匂はしき所も見えず」〈源氏物語・空蟬〉⑤**おいづく**。「いと小さくほそく、なほ童にてあらせまほしきさまを、心と老いづき、やつしてやみ侍りにし」〈紫式部日記〉⑥**ふく（更く）**。「有り明けの月の光を持つほどにわが世のいたくふけにけるかな」〈拾遺和歌集・四三六〉

ぶさほうだ（無作法だ）　⇩しつれいだ

ふさわしい（相応しい）

①**つきづきし**。「家居のつきづきしく、あらまほしきこそ、仮の宿りとは思へど、興あるものなれ」〈徒然草・一〇〉②**さるべき**。「娘をばさるべき人に預けて」〈源氏物語・夕顔〉③**につかはし（似つかはし）**。「漢詩ども、時に似つかはしきいふ」〈土佐日記〉

【補】反意語としては、「すさまじ」「つきなし」「にげなし」などがあげられる。

ふしぎだ（不思議だ）

①**あやし**。「風雲の中に旅寝するこそ、あやしきまで妙なる心地はせらるれ」〈奥の細道〉②**けし（怪し）**。「内には、いつしかけしかる物など住みつきて」〈増鏡・村時雨〉③**きたいなり（希代なり）**。「弁慶は、『きたいなる少人かな』とて、あきれはててぞ立ったりける」〈謡曲・橋弁慶〉

【補】「けし」の否定形を含む成句「けしからず」は、「けし」と同義に用いられることがある。「こはいかにし給ふぞ。あなけしからず」〈源氏物語・夕霧〉

ふつう（普通）

①**なみ**。「若鮎釣る松浦の川の川波のなみにし思はばわれ恋ひめやも」〈万葉集・五・八五八〉②**なみなみ**。「山城の泉の小菅凡浪《なみなみ》に妹が心を吾が思はなくに」〈万葉集・一一・二四七二〉③**つね**。「薬師は都《つね》のもあれど　賓客《まらひと》の今の薬師貴かりけり賞《め》だしかりけり」〈仏足石歌〉④**よろし**。「妻は三人なむありけるを、よろしくおもひけるには、なほ世に経じとなむ思ふと、二人にはいひけり」〈大和物語・一六八〉⑤**なほなほし**。「かへりごと、なほなほし」〈蜻蛉日記・下〉⑥**なのめ**。「世の末、なのめに、はかなげにやはおはする」〈宇津保物語・俊蔭〉⑦**おぼろけ**。「『おぼろけにては、かくまゐりきなんや』などの給へば」〈宇津保物語・俊蔭〉⑧**よのつね**。「をかしきもののさまなどかいつけて、いとよのつねならず」〈宇津保物語・内侍督〉⑨**なべて**。「家の門はめぐりて、さして、帝春宮御文持たる御使、なべての人の使は、明けたてば、立ち並みたれど出で入りもせず」〈宇津保物語・俊蔭〉⑩**おしなべて**。「次の対《たい》、藤壺の御方の親族《しぞく》達の御曹子、西の廊はおしなべての人の曹子」〈宇津保物語・国譲・上〉⑪**じんじやう（尋常）**。「一人として尋常なる者无し。皆襴表の衣を尻許まで脱下たり」〈今昔物語集・二八・四〉⑫**ふつう**。「これ、ふつうの儀にあらず、ただ天命の致す所なり」〈曾我物語・二〉⑬**つねてい（常体）**。「つねていのうまれ付の人何

として半年はかからじと」〈浮世草子・真実伊勢・三・二〉⑭**ひととほり。**「ヒトトヲリノ人おほよそ人」〈詞葉新雅〉

ふびん（不憫）⇩あわれ

ふへいをいう（不平を言う）

①**かこつ。**「むなしき名のみ秋の夜の長きをかこてれば」〈古今和歌集・仮名序〉②**うらむ。**「花ちらす風のやどりはたれか知る我に教へよ行きてうらみむ」〈古今和歌集・七六〉③**ゑず、ゑんず（怨ず）。**「人皆えあらで笑ふやうなり。うたぬし、いと気色悪しくて怨ず」〈土佐日記〉④**かごと言ふ。**かごと聞こゆ。「いとどしく虫の音しげきあさぢふに、露おきそふる雲の上人、かごとも聞えつべくなむ」〈源氏物語・桐壺〉⑤**よまひごとを言ふ。**「何といたしたことでござるやら、常々よまひごとばかりを言うて涙をこぼし」〈狂言・茶盞拝〉

ふゆかいだ（不愉快だ）

①**むつかし。**「世の中の腹立たしう、むつかしう、片時あるべき心地もせで、ただいづちもいづちも行きもしなばやと思ふに」〈枕草子・御前にて人々とも〉②**あぢきなし。**「やうやう、天の下にも、あぢきなう、人のもて悩みぐさになりて」〈源氏物語・桐壺〉③**うるさし。**「歯黒めさらにうるさし、きたなしとてつけ給はず」〈堤中納言物語・虫めづる姫君〉④**ものし。**「夜更くるまで、遊びをぞし給ふなる。いとすさましう、ものしと聞こし召す」〈源氏物語・桐壺〉

ふるまう〈振舞う〉

①**もてなす。**「涙もつつみあへず出づれど、つれなくもてなして」〈落窪物語・二〉②**うけばる。**「これは人の御際まさりて思ひなしめでたく、人もえおとしめきこえ給はねば、うけばりて飽かぬことなし」〈源氏物語・桐壺〉③**ふるまふ。**「宮腹の中将は、中に親しくなれ聞こえ給ひて、遊び戯れをも、人よりは心やすく、なれなれしくふるまひたり」〈源氏物語・帚木〉④**さばく。**「揚屋町に行けば、日来の大臣よろしくさばき置かるると見えて」〈浮世草子・好色一代男・三・二〉

ふろ（風呂）

①ゆどの。「御湯殿にも親しう仕うまつりて」〈源氏物語・若紫〉「その夜は梳髪《けづりぐし》せさせ、湯殿などせさせ給ふほどに」〈宇津保物語・蔵開・中〉②ゆや。「湯屋に物など敷きたりければ、行きて臥しぬ」〈蜻蛉日記・中〉③ゆぶろ（湯風呂）。「この程の旅の疲れに湯風呂に入らむために」〈曾我物語（妙法寺本）・六〉④すいふろ。「折ふし近所の医者水風呂にいられしが」〈浮世草子・世間胸算用・一〉

へただ（下手だ）

①あし（悪し）。「此燕の子安貝は、悪しくたばかりて取らせ給ふなり。さてはえ取らせ給はじ」〈竹取物語〉②つたなし（拙し）。「心の愚かなるをも知らず、芸のつたなきをも知らず」〈徒然草・一三四〉③をぢなし（怯なし）。「をぢなきや我に劣れる人を多み済《わた》さむためと写しまつれり仕へまつれり」〈仏足石歌〉④てづつ（手づつ）。「一といふ文字をだに書きわたし侍らず、いとてづつにあさましく侍り」〈紫式部日記〉

ベッド

①**とこ（床）**。「嬢子の床のべにわが置きし剣の太刀その太刀はや」〈古事記・中〉②**おまし（御座）**。「塗籠におまし一つ敷かせ給ひて、内よりさして大殿籠りにけり」〈源氏物語・夕霧〉③**よるのおまし**。「夜の御座に入り給ひぬ。女君、ふとも入り給はず」〈源氏物語・若紫〉④**みちやう（御帳）**。「夜は御帳の内に一人臥し給ふに、宿直の人々は近うめぐりて侍へど」〈源氏物語・葵〉⑤**ふしど（臥所）**。「杣川の筏の床の浮き枕夏は涼しき臥所なりけり」〈詞花・七四〉⑥**しとね（褥）**。「長の枕に広の褥」〈隆達小歌〉

べんきょう（勉強）

①**がくもん**。「学問に心入れて遊びの道にも入り立ち給へり」〈宇津保物語・藤原君〉②**けいこ（稽古）**。「後鳥羽院の御時、信濃前司行長稽古の誉れありけるが」〈徒然草・二二六〉③**まなび**。「善の　マナビお　する　善徳をまなぶ」〈日葡辞書〉

へ

へんじ（返事）

①**こたへ（答へ）**。「道守の問はむ答へを言ひやらむ」〈万葉集・四・五四三〉②**いらへ（答へ）**。「よろづのことを泣く泣く契りのたまはすれど、御答へもえ聞こえ給はず」〈源氏物語・桐壺〉③**かへし（返し）**。「女、返し、くらべ来し振り分け髪も肩過ぎぬ」〈伊勢物語・二三〉④**かへり（返り）**。「はかなき御返りなどもなければ、負けじの御心添ひて」〈源氏物語・紅梅〉⑤**かへりごと（返事）**。「侍従の君は、この返り事せむとて上に参り給ふを」〈源氏物語・竹河〉⑥**へんじ**。「まずエソポに談合してお返事を申さうずる」〈イソポ物語（天草版）〉⑦**へんたう（返答）**。「かれが返答はただ魚の嶋をめぐるがごとし」〈伊曾保物語（古活字版）・上〉

へんしゅうする（編集する）

①**あつむ**。「これより前の歌を集めてなむ、万葉と名づけられたりける」〈古今和歌集・仮名序〉②**えらぶ（選ぶ）**。「天暦五年宣旨ありて、始めてやまと歌選ぶ所を梨壺に置かせ給ひて、古万葉よみとき選ばしめ給ふなり」〈源順集〉③**える（選る）**。「醍醐の先帝の御時

は、古今二十巻選り整へさせ給ひて」〈栄花物語・月の宴〉④**せんしふ（選集）**。「万葉の外、古今の和歌一ヶ篇を撰集せしむ」〈本朝文粋・二〉⑤**あむ（編む）**。「汝その書を撰んでこれを編め」〈平家物語（天草版）・序〉

べんじょ（便所）

①**かはや（厠）**。「朝けに厠に入りし時、待ち捕へて」〈古事記・中〉②**ひ（椷）**。「椷」〈音威和名比〉「⿸广俞也」〈和名類聚抄〉③**ひどの（樋殿）**。「つとめておとど樋殿におはしましけるままに」〈落窪物語・二〉④**とうす（東司）**。「東司に到る法は、必ず手巾を持つ」〈正法眼蔵随聞記〉⑤**まる（虎子）**。「マル　排尿・排便に使う容器」〈日葡辞書〉⑥**おまなか**。「オマナカ　便所。女房詞」〈日葡辞書〉⑦**せついん・せつちん（雪隠）**。「禿に紙燭灯させ、雪隠の入口に付け置きて」〈浮世草子・好色一代男〉

【補】「ひ」は便器。持ち運び可能。「樋殿」などなくはなかったが、平安朝の貴族の生活では居間などでこれを用いた。捨てたり掃除したりする下級の女官を「樋洗《ひすまし》」童女を「樋洗童《わらは》」という。「とうす」は禅宗の寺院での名称。別に「東浄」また「西浄」ともいう。「をまなか」は便所の女性語。

へ

べんとう（弁当）

①**かれいひ（乾飯）**。「その沢のほとりの木の陰におりゐて、乾飯食ひけり」〈伊勢物語・九〉②**わりご（破子・破籠）**。「御供の人、道のほどわりごなどせさす」〈宇津保物語・吹上・上〉③**ほしいひ・ほしひ（干飯）**。「その返事ごとに付きて、帷の布、干飯などを餌袋に入れておこす」〈今昔物語集・一七・三三〉④**べんたう**。「ベンタゥ　食物を入れて運ぶ箱」〈日葡辞書〉「辨当ベンタウ」〈易林本節用集〉⑤**まくのうち（幕の内）**。「幕の内でも取ってつかはしませうか」〈黄表紙・怪談筆始〉

べんり（便利）

①**びんあり**。「侍のをのこどもの仕まつるもののうちに、びんある所をなん僧坊にしける」〈宇津保物語・嵯峨院〉②**びんよし（便よし）**。「箱風情のものにしたため入れて、双の岡の便よき所に埋み置きて」〈徒然草・五四〉③**ちようほう（重宝）**。「万時とて万葉の時代を定家の勘《かうが》へられたる物あり。重宝也」〈正徹物語・上〉④**べん（便）**。「是と云も仏法流布の国で、経教をつよく人が読に依て、呉音に便なぞ」〈史記抄・一〇・呉太伯世家〉⑤**りべん**

(利便)。「利便　リベン」〈文明本節用集〉⑥**たよりよし（便よし）**。「おことは是より乗出だし、便よき小嶋に姫宮を預け置、船路をかへて追付よ」〈浄瑠璃・国性爺合戦・唐船〉

ほうもんする（訪問する）　たずねる

①**とふ**。「真木の上に降り置ける雪のしくしくも思ほゆるかもさ夜とへわが背」〈万葉集・八・一六五九〉②**おとづる（訪る）**。「年ごろ訪れざりける人の、桜のさかりに見に来たりければ」〈伊勢物語・一七〉③**たづぬ（尋ぬ）**。「三輪の山いかに待ち見ん年ふとも訪ぬる人もあらじと思へば」〈古今和歌集・七八〇〉④**とぶらふ（訪ふ）**。「わが庵は三輪の山もと恋しくは訪ひ来ませ杉立てるかど」〈古今和歌集・九八二〉⑤**こととふ（言問ふ）**。「山がつのいほりにたけるしばしばも言問ひ来なむ恋ふる里人」〈源氏物語・須磨〉⑥**おとなふ**。「古りにたるあたりとて、おとなひ聞こゆる人もなかりけるを」〈源氏物語・末摘花〉⑦**みまふ（見舞ふ）**。「久しう見舞ひませぬによつて、よいついでででござる程に、見舞うて羽黒へもどらうと存ずる」〈狂言・腰祈〉

ほ

ほうりつ（法律）

①**のり（法）**。「商変《あきかは》り領《し》らすとの御法あらばこそ下衣返したまはめ」〈万葉集・一六・三八〇九〉②**りやう（令）**。「明法博士を六道に遣して、新しき令を講かしむ」〈続日本紀・大宝六年〉③**りち（律）**。「二月戊戌の朔、始めて新しき律を天下に頒つ」〈続日本紀・大宝二年〉④**きやく（格）**。「今より以後、数、格に過ぎむは皆還し収むべし」〈続日本紀・和銅六年〉⑤**しきもく（式目）**。「貞永に五十一箇条の式目を定めて裁許に滞らず」〈太平記・三五〉⑥**きんぜい**。「禁制キンゼイ」〈文明本節用集〉⑦**はつと（法度）**。「折ふし御法度強き砌なり。目見えする事叶はずして」〈仮名草子・竹斎〉

ぼける（惚ける）

①**しる（痴る）**。「荒れも戦はで、心地ただ痴れに痴れて、まもり合へり」〈竹取物語〉②**ほく**。「かの中納言はほけて、妻にのみ従ひて、情けなく、物しき心のみ侍りしかば」〈落窪物語・三〉③**ほけしる（惚け痴る）**。「あさましと、物を思ひ沈み、いよいよ惚け痴れてものし給ふ」〈源氏物語・真木柱〉④**ほる（惚る）**。「いとど物も覚え給へられず、惚れ侍り

てなむ、うつぶし伏して侍る」〈源氏物語・蜻蛉〉⑤**ほうく（惚く）**。「はじめは、いみじく、かしこかりけるものの、唐人にのろはれてのちには、いみじくほうけて、物も覚えぬやうにてありければ」〈宇治拾遺物語・一四〉⑥**ぼく**。「ボクル　心ノ　ボケタ　人ヂャ　気立てが良い人である」〈日葡辞書〉⑦**ぼれる（耄る）**。「老に耄れてや気違かと」〈浄瑠璃・菖蒲前操弦・四〉

ほし（星）

①**ほし**。「北山にたなびく雲の青雲の星離れ行き月を離れて」〈万葉集・二・一六一〉②**すばる**。「星はすばる」〈枕草子・星は〉③**あかほし（明星）**。「明星の明くる朝はしきたへの床の辺去らず」〈万葉集・五・九〇四〉④**ゆふつづ（夕星）**。「夕星も通ふ天道《あまぢ》をいつまでか仰ぎて待たむ月人壮士《つきひとをとこ》」〈万葉集・一〇・二〇一〇〉

【補】宵の明星（金星）をユフツヅ（ユフヅツ）というが、このツヅは星の意かどうかわからない。住吉大社の祭神はツツノヲでこのツツは星という説がある。

ほどほど

①**ほどほど。**「北の方に、心などはすばかりにねたき目見せんとおもひ思ふ。ほどほどにしふねく、心ふかくなんおはしける」〈落窪物語・二〉②**なほざり。**「よき人は、ひとへに好《す》けるさまにも見えず、興ずるさまも等閑《なほざり》なり」〈徒然草・一三七〉③**ほどらい。**「宮は五百とあれば、ほどらいがよいぞ」〈史記抄・三・周本紀〉④**いいかげん。**「しったかいいかげんにしやれやと小声でいふ」〈洒落本・傾城買四十八手・やすひ手〉

ほめる（誉める）

①**ほむ。**「黒木取り草も刈りつつ仕へめど勤《いそ》しき奴と誉めむともあらず」〈万葉集・四・七八〇〉②**たたふ（称ふ）。**「其の名を称へて、上つ宮の廏戸の豊聡耳の太子と謂《まう》す」〈日本書紀・二二・推古即位前〉③**めづ。**「鈴鹿川　八十瀬の滝をみな人のめづるも著く時にあへる時にあへるかも」〈催馬楽・鈴鹿川〉④**よみす（好す）。**「摩理勢は素より聖皇の好したまふ所なり」〈日本書紀・二三・舒明即位前〉⑤**かんず（感ず）。**「諸の人、是を見て手を打ちて是を感ず」〈今昔物語集・一一・九〉⑥**しやうす（賞す）。**「このなかにむねと射かへした

るものどもしるして、公家に奏せられたりしかば、みな賞せさせ給ひき」〈大鏡・道隆〉⑦**しょうす・しょうず（称す）**。「命世亜聖の才とも称じつべし」〈太平記・一〉⑧**さんす（賛す・讃す）**。「巫山の神女を賦せし宋玉も、是を讃せば、自ら言の方に卑しからん事を恥ぢなん」〈太平記・三七〉

ほんとうだ（本当だ）

①**まさし**。「かくこひんものとは我も思ひにき心のうらぞまさしかりける」〈古今和歌集・七〇〇〉②**げに（実に）**。「この歌良しとにはあらねど、げにと思ひて人々忘れず」〈土佐日記〉③**しんじち（真実）**。「しんじちの親の、やむごとなく思ひ掟て給へらむをこそ、本意叶うにはせめ」〈源氏物語・東屋〉

【補】江戸時代には、まことに、真実の意味で「八幡」あるいは、「八幡大菩薩」「弓矢八幡」という表現が用いられることがあった。「弓矢八幡、面白い」〈狂言（虎明本）・今参り〉

まいる（参る）

⇩おじゃまする

まじめだ（真面目だ）　きまじめだ

①**まことし。**「まことしうきよげなる人の、夜は風のさわぎに寝られざりければ」〈枕草子・野分のまたの日こそ〉②**まめなり。**「まめなる所には、花すすき、ほにいだすべき事にもあらずなりにたり」〈古今和歌集・仮名序〉③**まめまめし。**「はかなげに言ひなして、まめまめしく恨みたるさまも見えず」〈源氏物語・帚木〉

ませる（老成る）

①**およすく。**「童なる子のいふやう、『すべてうへのあしく給へるぞ。……いみじき事なりや』とおよすけ言へば」〈落窪物語・二〉②**ねぶ。**「みかどは御年よりはこよなう大人大人しうねびさせ給ひて」〈源氏物語・薄雲〉③**ひねる。**「年よりひねし御心」〈浄瑠璃・国性爺合戦・一〉

【補】「およすく」の「す」「く」の清濁は不明。

またとない

①**またなし。**「さる心もなきに、よろづ吹き散らし、またなき風なり」〈源氏物語・須磨〉②**さうなし（左右なし）。**「城陸奥守《じやう》泰盛は、さうなき馬乗りなりけり」〈徒然草・一八五〉

まなぶ（学ぶ）

①**ならふ（習ふ）。**「法華経五巻をとくならへ」〈更級日記〉②**まねぶ。**「このこと〈＝絵〉まねぶをば御心にとどめて、をかしきものに思ほしたれば」〈源氏物語・絵合〉③**ものならふ。**「必ず参りてものならひきこゆべく」〈源氏物語・橋姫〉④**がくす（学す）。**「道をがくする人」〈徒然草・九二〉⑤**しゆす（修す）。**「人趣に生まれて菩薩の行をしゆし」〈栄花物語・鳥舞〉

まねる（真似る）

①**まねぶ。**「鸚鵡、いとあはれなり。人のいふらむことをまねぶらむよ」〈枕草子・鳥は〉

②**まなぶ。**「かの生仏が生まれつきの声を、今の法師はまなびたるなり」〈徒然草・二二六〉③**ならふ。**「もし、桂の風、葉を鳴らす夕には、潯陽の江を思ひやりて、源都督の行ひをならふ」〈方丈記・三〉④**かたどる。**「裳は海部を織りて、大海のすりめにかたどれり」〈紫式部日記〉⑤**たぐふ。**「鳥類、畜類の、人にたぐへて歌を詠む」〈謡曲・白楽天〉

【補】「まねぶ」は平安時代まで多く用いられ、鎌倉時代は「まなぶ」が一般的となった。

まよう（迷う）

①**まどふ。**「道知れる人もなくてまどひ行きけり」〈伊勢物語・九〉②**さまよふ。**「色めかしう、さまよふ心さへそひて、もてわづらひ給ふ」〈源氏物語・真木柱〉

まるみえ　あらわ

①**あらは（顕）。**「高き所にて、ここかしこ、僧坊ども、あらはに見下ろさるる」〈源氏物語・若紫〉②**あからさま。**「亭《ちん》の遠眼鏡を取り持ちて、かの女を偸間《あからさま》に見やりて」〈浮世草子・好色一代男・一〉

まんが（漫画）

①をこゑ（嗚呼絵）。「ただ世に並びなき嗚呼絵の上手といふ名を立ちて」〈今昔物語集・二八・三六〉②ざれゑ（戯れ絵）。「戯れ絵とは、たとへ松にても梅にても、ざつと書いたを言ふ事ぢやに」〈狂言・末広がり〉③とばゑ（鳥羽絵）。「ヲヤ鳥羽絵のやうな顔の人が通る。みんな来てみなせい」〈黄表紙・江戸生艶気樺焼〉

まんぞく（満足）

①思ふさま。「かの高砂うたひし君も冠せさせ給ひて、思ふさまなり」〈源氏物語・澪標〉②思ふやう。「かかる所に思ふやうならん人を据ゑて住まばや」〈源氏物語・桐壺〉③心のまま。「心のままに教へ生ほし立てて見ばや」〈源氏物語・若紫〉

【補】今日の動詞「満足する」は万葉以来「飽く」があるが、名詞は複合語でしか見られない。

まんぞくする（満足する）

①**あく**。「沖つ風いたく吹きせば我妹子が歎きの霧にあかましものを」〈万葉集・一五・三六一六〉②**あきだる（飽き足る）**。「梅の花手折りかざして遊べどもあきだらぬ日は今日にしありけり」〈万葉集・五・八三六〉③**こころゆく**。「御いらへも聞こえ給はねば、こころゆかぬなめりといとほしく」〈源氏物語・紅葉賀〉④**たる**。「求むる所はやすく、その心はやくたりぬべし」〈徒然草・五八〉

【補】「あく」「あきだる」は一般に、否定の語を伴って用いられることが多い。

みかん（蜜柑）

⇩オレンジ

みさかいない（見境ない）

①**こころなし**。「はては、大きなる板、心なく折り取りぬ」〈徒然草・一三七〉②**まがよふ（紛よふ）**。「いつしか、女院の御方様快からぬ御気色になりもてゆくより、いとど物すさ

まじき心地しながらまがよひゐたり」〈とはずがたり・一〉

【補】成句的な表現として、「文目《あやめ》も知らず」、「文目も分かず」がある。「ほととぎす鳴くや五月のあやめ草文目も知らぬ恋もするかな」〈古今和歌集・四六九〉。また区別、分別の意味を持つ語として、「わいため（弁別）」、「わきまへ（弁）」、「わづき（別）」などがある。

みじめ（惨め）

①**はかなし。**「やむごとなき人いと多く候ひ給ふなる宮なれば、この人のはかなくて交らひ給はむもいかならむ」〈宇津保物語・菊宴〉②**うし。**「苦しきままにかからである人もありかし。うき身一つをもてわづらふにこそはあめれ」〈蜻蛉日記・下〉③**あさまし。**「『扨々浅ましい形《なり》で御ざる』『誠にはかない体《てい》で御ざる』」〈狂言（虎寛本）・鈍太郎〉④**みじめ。**「子《がき》が出来ちやアみじめだゼ」〈滑稽本・浮世風呂・前・上〉

みじゅくだ（未熟だ）

①**をさなし（幼し）。**「朕をさなくして、国の不平《みだ》れたるを愍み給うて天業を経綸《ととのへし》め」〈日本書紀・七・景行四〇年〉②**いまだし（未だし）。**「主人報へていまだしくあるべらなり」

〈天理本金剛波若集験記平安初期点〉③**あし（悪し）**。「あしくさぐれば無きなり」〈竹取物語〉④**たどたどし**。「目もたどたどしく今は覚え侍るを」〈宇津保物語・楼上・上〉⑤**わかし（若し）**。「こともなき御琴かな。少しまだわかくぞあんなる」〈宇津保物語・春日詣〉⑥**まだし（未だし）**。「琴・笛など習ふ。またさこそは、まだしきほどは、これがやうにいつしかとおぼゆらめ」〈枕草子・うらやましげなるもの〉⑦**あさし（浅し）**。「げにあさからぬ前の世の契りにこそは」〈源氏物語・明石〉⑧**かたなり（片なり）**。「御息所の琴の音、まだかたなりなる所ありしを」〈源氏物語・竹河〉⑨**わかわかし（若若し）**。「さぶらふ人とても、わかわかしきのみ多かれ」〈源氏物語・藤裏葉〉⑩**かたほなり（片秀なり）**。「かたほなるをだに、乳母などやうの思ふべき人はあさましうまほに見なすものを」〈源氏物語・夕顔〉⑪**つたなし（拙し）**。「本才のかたがたのもの教へさせ給ひしに、つたなき事もなく、また取り立ててこの事と心得る事も侍らざりき」〈源氏物語・絵合〉⑫**なまし（生し）**。「衆生の機、なましき時は、感応なし」〈沙石集〉⑬**なまなまし（生生し）**。「上臈・権門達、数を知らず入り給へばそのうちによからしかぬなまなましくあらあらしき歌も多かるべくや」〈心敬僧都比登理言〉

みすぼらしい

①**いやし。**「むぐらふはいやしき宿」〈万葉集・一九・四二七〇〉②**あやし。**「かみなかしも酔《ゑ》ひあきて、いとあやしく潮海のほとりにてあざれあへり」〈土佐日記〉③**わびし。**「年ごろわたらひなどもいとわろくなりて……いとわびしかりけるままに」〈大和物語・一四八〉④**はかなし。**「衣、はた、はかなき単衣の萎えたるを着たるに」〈宇津保物語・俊蔭〉⑤**ひとげなし。**「もとの品高く生まれながら、身は沈み、位みじかくて人げなき、又、直人の、上達部などまで、なりのぼりたる」〈源氏物語・帚木〉⑥**すぼし。**「富める家のとなりに居るものは、朝夕すぼき姿を恥じて、へつらひつつ出で入る」〈方丈記・二〉⑦**あさまし。**「此あさましき内助に、さやうの美人なびき申すべきや」〈浮世草子・西鶴諸国はなし・四・八〉

みっともない

①**かたはらいたし。**「よしとも覚えぬ我が歌を、人に語りて、人のほめなどしたる由いふも、かたはらいたし」〈枕草子・かたはらいたきもの〉②**まさなし。**「はしにいでてふしたるに、乳母の馬の命婦、あなまさなや、入り給へとよぶに」〈枕草子・うへにさぶらふ御猫は〉③**をこがまし。**「人を恨みて、気色ばみ背かむ、はたをこがましかりなむ」〈源氏物語・帚木〉④**みにくし。**「住み果てぬ世に、みにくき姿を待ちえて何かはせん」〈徒然草・七〉⑤

ひとわろし。「今はの際も……いたくひとわろうもなく」〈増鏡・久米のさら山〉

みぶん（身分）

①**ほど。**「この御光のあたりは、ほどほどにつけて、わがかなしと思ふ娘を仕うまつらせばやと願ひ」〈源氏物語・夕顔〉②**しな。**「中の品のけしうはあらぬ選り出でつべきころほひなり」〈源氏物語・帚木〉③**きは。**「いとやんごとなききはにはあらぬが」〈源氏物語・桐壺〉④**すぢ（筋）。**「なり上がれども、もとよりさるべき筋ならぬは」〈源氏物語・帚木〉

みまう（見舞う）

①**とぶらふ（訪ふ）。**「大弐の乳母のいたくわづらひて尼になりたる、とぶらはむとて」〈源氏物語・夕顔〉②**とふ。**「とはぬをもなどかとはでほどふるにいかばかりかは思ひ乱るる」〈源氏物語・夕顔〉

みやげ（土産）

①つと（苞・裹）。「宇治川に生ふる菅藻を川早み取らず来にけり裹にせましを」〈万葉集・七・一一三六〉**②とさん・どさん（土産）**。「知人《しりうど》は持ち給はぬか。土産粮料ごときのものをも乞ひ給へかし」〈平家物語・五・文覚被流〉**③とこう・どこう（土貢）**。「隣境遠境数国を掠領して、土宜土貢万物を押領す」〈平家物語・七・平家山門連署〉**④みあげ（見上）**。「針一、耳掻一、南都見上とて到」〈言継卿記・天文三年正月二日〉**⑤みやげ（土産）**。「みやげ召せ召せ竹細工」〈浄瑠璃・百合若大臣野守鏡・二〉

【補】いへづと（家裹）〈万葉集・三・三〇六〉、はまづと（浜裹）〈万葉集・三・三六〇〉、道行苞〈万葉集・八・一五三四〉、山づと〈万葉集・二〇・四二九三〉、よみづと（黄泉苞）〈栄花物語・音楽〉、くさづと（草苞）〈草根集〉などの複合語がある。

みらい（未来）

①すゑ。「梓弓末はし知らずしかれどもまさかは君に寄りにしものを」〈万葉集・一二・二九八五〉**②さき（先）**。「いみじう生ひ先見えてうつくしげなるかたちなり」〈源氏物語・若紫〉**③ゆくさき（行く先）**。「闇の夜の行く先知らず行く我をいつ来まさむと問ひし子らはも」〈万葉集・二〇・四四三六〉「行く先の御頼めいとこちたし」〈源氏物語・夕霧〉**④ゆくすゑ（行く末）**。「行く末のあらましごとを思すに」〈源氏物語・澪標〉**⑤こしかたゆくす

ゑ（来し方行く末）。「来し方行く末思しめされず、よろづのこと泣く泣く契りのたまはすれど」〈源氏物語・桐壺〉

【補】上代では、時間をさす「先」は過去のことで、未来は「行く先」といった。平安期に、「先」が未来もさすようになった。すると「行く先」は同語反復になるから、「行く末」という言葉が成立したものと思われる。

みりょく（魅力）

①**あいぎやう（愛敬）**。「〔夕霧の〕見奉るわが顔にも移りくるやうに、〔紫の上の〕愛敬は匂ひ散りて、またなくめづらしき、人のさまなり」〈源氏物語・野分〉②**えん（艶）**。「蛍の宮のうちしめりたる宮の御けはひもいと艶なり」〈源氏物語・蛍〉

【補】「愛敬」はどちらかというとかわいらしい魅力であり、「艶」は色っぽい魅力である。それらを抽象した魅力にあたる言葉を見出すことはむずかしいが、時代や社会によって、魅力を感じるものは変わるから、この二つをあげた。ともに漢語である。

むさくるしい（むさ苦しい）

①**むつかし。**「りんだうは、枝ざしなどもむつかしけれど、こと花どものみな霜枯れたるに、いとはなやかなる色あひにてさし出でたる、いとをかし」〈枕草子・六七〉②**らうがはし（乱がはし）。**「なほ、こなたに入らせ給へ、いとらうがはしきさまに侍る罪は、おのづから思し許されなむ」〈源氏物語・柏木〉

むずかしい（難しい）　なんぎだ

①**かたし。**「分く事かたき我が心かも」〈万葉集・一〇・二一七二〉「かたき事どもにこそあなれ。この国にある物にもあらず。かくかたき事をば、いかに申さむ」〈竹取物語〉②**こころぐるし。**「煩はしかりつる事は事無くて、易かるべき事はいとこころぐるし」〈徒然草・一八九〉③**ありがたし。**「さるべきついでなくては、対面もありがたければ」〈源氏物語・行幸〉④**くるし。**「とかく言ひかかづらひいでむもわづらはしう聞きくるしかるべう、よろづに思す」〈源氏物語・夕顔〉⑤**にくし。**「ありぬやとこころみがてら逢見ねばたはぶれにくきまでぞ恋ひしき」〈古今和歌集・一〇二五〉「なめて使ひにくしとて、人よりことに憎み給ひ下仕なん、……つかうまつりける」〈宇津保物語・忠こそ〉⑥**がたなし。**「逃れがたなくは、刺し違へては死ぬるとも、雑兵の手にばしかかるな」〈曾我物語・五〉

む

むだだ（無駄だ）

①**あだ。**「霜枯れの草の戸ざしはあだなれどなべての人を入るるものかは」〈後拾遺和歌集・三九六〉②**いたづら。**「夏虫の身をいたづらになす事もひとつおもひによりてなりけり」〈古今和歌集・五四四〉

むなしい（空しい）

①**いたづら。**「釆女の袖吹き返す明日香風都を遠みいたづらに吹く」〈万葉集・一・五一〉「舟も出ださでいたづらなれば、ある人の詠める」〈土佐日記〉②**むなし。**「大夫《ますらを》やむなしくあるべき」〈万葉集・一九・四一六四〉③**はかなし。**「行く水に数かくよりもはかなきは思はぬ人を思ふなりけり」〈古今和歌集・五二二〉④**ただ。**「御前の藤の花……ただに見過ぐさむ事の惜しき盛りなるに」〈源氏物語・藤裏葉〉

【補】動詞「空しく思う」には「はかなむ」がある。「げにはこの世をはかなみ必ず生死を出でんと思はんに」〈徒然草・五八〉

むやみ

①**すずろ**。「いかで、この司まかり離れなん、すずろなる酒飲は衛府司のするわざなりけり」〈宇津保物語・嵯峨院〉②**むげに（無下に）**。「くだ物、ひろき餅《もちひ》などを、物に入れてとらせたるに、むげになかよくなりて、よろづのことを語る」〈枕草子・職の御曹司におはします頃、西の廂にて〉③**あながち**。「あながちに、かかづらひたどりよらむも、人悪かるべく、まめやかにめざまし」〈源氏物語・空蟬〉④**みだり**。「白河の滝の糸見まほしけれどみだりに人はよせじものをや」〈後撰和歌集・一〇八七〉⑤**そぞろ**。「道々の物の上手のいみじき事など、かたくななる人のその道知らぬは、そぞろに神の如くに言へども」〈徒然草・七三〉⑥**やたら**。「女中衆が何のみくじかやたら振」〈口よせ草〉⑦**むしやう（無性）**。「めでたいめでたいとあをぎ立れば、アアむしやうにめでたがるまい」〈浄瑠璃・傾城反魂香・中〉⑧**やたらむしやう（矢鱈無性）**。「へつつひ河岸から川へ飛び込み、矢《ヤ》鱈《タラ》むしやうに水底をくぐり」〈黄表紙・面向不背御年玉〉⑨**やみくも（闇雲）**。「やみくもにすてつぺんから足を取り」〈川柳評万句合・宝暦一二・礼二〉⑩**めつた（滅多）**。「わなわなふるひ手酌にて、めつたに飲んでぞゐたりける」〈浄瑠璃・傾城反魂香・中〉⑪**めつたやたら**。「つつ立春の四方のよそほひ　山山やめつたやたらに霞らん」〈俳諧・やつこはいかい〉⑫**めつたむしや**

う。「何かなしに取付けて、めつたむしやうに泣き給はば」〈浄瑠璃・津戸三郎・一〉⑬めつたむやみ。「こなんのやうな悪性が、めつたむやみに磯ぜせり」〈富本・夫婦酒替らぬ中仲〈鞍馬獅子〉〉⑭めつぽふかい（滅法界）。「学徳もなうして出るにまかせ文を作り、滅法界《めつぽふかい》に筆をたつれば」〈浮世草子・元禄太平記・五・三〉⑮むやみ（無闇）。「あんまりてへばむやみな仕方だ」〈滑稽本・浮世風呂・三・上〉

むり（無理）

①あながち（強）。「汝《いまし》が欲せざらむを、豈《あに》強《あながちに》遣《また》せむや」〈日本書紀・七・景行四〇年〉②わりなし。「あなわりなや、折りしもこそあれ、わりなき召かな」〈宇津保物語・祭の使〉③ひたう・ひだう（非道）。「我より外に領ずべき人なき家を、かくする事は、いとひたうなる事」〈落窪物語・三〉④むたい（無体・無台）。「よもその物、無台にとらへからめられはせじ、入道に心ざしふかい物也」〈平家物語・四・競〉⑤りふじん（理不尽）。「山門も又以前の嗷儀を例として、理不尽に是を徹却せんと欲す」〈太平記・一五・園城寺戒壇事〉⑥むり（無理）。「御辺《ごへん》は無理をの給ふ也。詮ずる所。守護職に出て、理非を決断せん」〈仮名草子・伊曾保物語・上・一三〉⑦むりむたい。「無理むたい、穢い欲心持たふより、いつそ綺麗に盗したがよい」〈浄瑠璃・日本振袖始・三〉⑧むりひだう。「況、男色の無理非《ひ》

道《どう》なること、耳の穴へ食《めし》を喰、煮茶碓《くわんす》で味噌を摺がごとし」〈談義本・根無草・後・三〉⑨**むたいさんほう（無体三宝）**。「さかづきのさすてひくてに歌よめどこれぞまことにむたいさんほう」〈狂歌・卜養狂歌集〉⑩**むりやり（無理矢理）**。「いまだ若盛の女に、無理やりに髪をきらせ、心にもそまぬ仏の道をすすめ」〈浮世草子・日本永代蔵・一・五〉⑪**むりやりさんぼう**。「いやがるものを主の威光で、叱ったり脅したりして、無理矢理三宝に押しつけ業が」〈歌舞伎・毛抜〉

めいはくだ（明白だ）　⇩はっきりしている

めいる（滅入る）

①**むすぼる**。「ねもころに思ひむすぼれ嘆きつつ吾が待つ君が」〈万葉集・一八・四一一六〉②**むすぼほる**。「つひに心もとけずむすぼほれて病みぬること二つなむ侍る」〈源氏物語・薄雲〉③**しづむ**。「いみじき憂ひにしづむを見るに堪えがたくて」〈源氏物語・明石〉④**ふさぐ**。「うつむいてふさいで居ながら」〈滑稽本・八笑人〉

めいれい（命令）

①**まけ（任）**。「大君の　任のまにまに　しなざかる　越を治めに」〈万葉集・一七・三九六九〉②**おほせ（仰せ）**。「御船より仰せ賜ぶなり」〈土佐日記〉③**さた（沙汰）**。「しかるべき武具を、御枕の上に置くべき、と沙汰ありて」〈宇治拾遺物語・四・一四〉④**げち（下知）**。「院宣宣旨もみな平家の下知とのみ心得て」〈平家物語・六・横田河原合戦〉⑤**いひつけ（言ひ付け）**。「そこここ触りて後、云付もなきに、袖口より手を入れ、そろそろお腰をひねり、旦那に心を移させ、我も心の移りたる風情して」〈浮世草子・西鶴織留・六・二〉⑥**たつし（達し）**。「火事具着用にて持場へ詰むべきとの達しなり」〈近世紀聞・初一〉

【補】④の例文にある「院宣」「宣旨」も天皇の「詔勅」も、命令である。

めずらしい（珍しい）

①**ありがたし**。「ありがたきもの、舅にほめらるる婿。また、姑に思はるる嫁の君」〈枕草子・七五〉②**めづらかなり**。「今めづらかに新しき政にはあらず、本ゆり行ひ来し迹事ぞ」〈続日本紀・天平元年・宣命〉③**ともし（乏し）**。「坂越えて安倍の田のもにゐるたづのとも

しき君は明日さへもがも」〈万葉集・一四・三五二三〉④**くすし（奇し）**。「（鶯は）夏秋の末まで老い声に鳴きて、……口惜しくすしき心地する」〈枕草子・鳥は〉

めずらしいこと

①**まれ（稀）**。「具足《そだ》れたる人の踏みし足跡《あと》どころ麻礼爾《マレニ》もあるかも」〈仏足石歌〉②**とほめづら（遠珍）**。「たなばたもとしにひとよはあふものをなどわがこひのとをめづらなる」〈江師集〉③**きめう（奇妙）**。「大師の来りて僧に交り給ふなりけりと。奇妙の事説きつくすべからず」〈観智院本三宝絵・下〉④**けう（希有）**。「この入道殿下の御一門よりこそ太皇大后宮、皇大后宮、中宮三所いでおはしましたれば、まことに希有希有の御さいはひなり」〈大鏡・道長・上〉⑤**ちんじ（珍事）**。「但シ今度ノ除書ノ第一之珍事ハ、左少将顕家也」〈玉葉・安元二年一二月五日〉⑥**きい（奇異）**。「光盛こそ奇異《きい》のくせ者、くんでうつて候へ」〈平家物語・七・実盛〉⑦**きたい（希代）**。「国郡半《なかば》過ぎて一門の所領となり、田園悉く一家の進止《しんじ》たり。是希代の朝恩にあらずや」〈平家物語・二・教訓状〉⑧**ちんい（珍異）**。「Sácto ワ　スコシモ　ゴシヨウイン　ナケレバ、アクワウ Chinyno（チンイノ）セメヲ　タクミ　イダシ」〈サントスの御作業・二・サントクレメンテ〉⑨**けうけれつ**。「互に負ふ負ふと取といふは、希有《ケフ》けれつといふか、因果へけれけといはふか、かはつた角力の

取やうで有つたなア」〈浄瑠璃・関取二代勝負・附〉⑩**けうけけれつ**。「コリヤけうけけれつな鼠の出やうでムリ升な」〈歌舞伎・傾城金秤目・三立〉⑪**けうけてれつ（希有奇天烈）**。「此の頃は網の中へ、けうけてれつな蟹が引つかかつて」〈歌舞伎・大和名所千本桜・四立〉⑫**ちんじちゆうえう（珍事中天）**。「イヤはや奇妙希代希有けれつ、ちんじちうやう言語道断なことであった」〈滑稽本・東海道中膝栗毛・二上〉

めをさます（目をさます）

①**おどろく**。「夢のあひは苦しかりけりおどろきてかき探れども手にも触れねば」〈万葉集・四・七四一〉②**さむ**。「思ひつつぬればや人の見えつらむ夢と知りせばさめざらましを」〈古今和歌集・五五二〉③**めざむ**。「命婦はいかならむとめざめて聞き臥せりけれど」〈源氏物語・末摘花〉④**ねざむ**。「夜ぐたちにねざめてをれば河瀬尋《と》め心もしのに鳴く千鳥かも」〈万葉集・一九・四一四六〉

【補】「ねざむ」は夜中に眠りの途中で目をさます場合に用いられる。

めんどうだ（面倒だ）　やっかいだ。わずらわしい。

①**うるさし。**「数知らぬことども聞え尽くしたけれど、（書キ連ネルノハ）うるさしや」〈源氏物語・明石〉②**わづらはし。**「この御方の御いさめをのみぞ、なほわづらはしく、心苦しう思ひ聞こえさせ給ひける」〈源氏物語・桐壺〉③**むつかし。**「あなづりやすき人ならば後にとてもやりつべけれど、さすがに心はづかしき人、いとにくくむつかし」〈枕草子・にくきもの〉④**ものうし。**「もし、念仏ものうく、読経まめならぬ時は、みづから休み、身づからおこたる」〈方丈記・三〉

もう

①**すでに。**「君により吾が名はすでに立田山絶えたる恋のしげき頃かも」〈万葉集・一七・三九三一〉②**はや。**「昨日こそ年ははてしか春霞春日の山にはや立ちにけり」〈万葉集・一〇・一八四三〉③**いまははや。**「今ははやこひしなましをあひみんとたのめし事ぞ命なりける」〈古今和歌集・六一三〉④**まだき。**「たが秋にあらぬものゆゑをみなへしなぞ色にいでてまだきうつろふ」〈古今和歌集・二三二〉⑤**はやく。**「花見にまかれりけるにはやく散り過ぎにければ」〈徒然草・一三七〉⑥**いまはや。**「いまはや手が自由にござるほどに」〈コリャード日本文典〉⑦**もう。**「一度誤て改めうとすれどもまうかなわぬぞ」〈史記抄・二〇・太史公自序〉⑧**も。**「気も魂も失せ果てて、も斬らるる斬らるると思うて」〈謡曲・夜討曾我・

間狂言〉⑨**もはや。**「もはや斯う参りませう」〈狂言（虎寛本）・秀句傘〉⑩**もは。**「太夫出行袖をひかへ、もは別れて御座るが、まだ本の名は聞したまはぬかととへば」〈浮世草子・好色二代男・一・四〉

もうしあげる（申し上げる）

⇩敬語動詞一覧

もくてき（目的）

①**ほい（本意）。**「つひに本意のごとくあひにけり」〈伊勢物語・二三〉②**あて（当て）。**「五月雨は行くべき道の当てもなし小笹が原も泥《うき》に流れて」〈山家集・上・二二六〉③**めあて（目当て）。**「雁帰る嶺の続きを目当てにて行く手も早く跡消えにけり」〈桜井基佐集・二八二〉

もぐる（潜る）

①**みなくぐる。**「みなくくる玉に交じれる磯貝の片恋のみに年は経につつ」〈万葉集・一

一・二七九六〉②**かづく**。「かづけども浪の中にはさぐられで風吹くごとに浮き沈む玉」〈古今和歌集・四二七〉③**くぐる**。「水の底をくぐって向こうの岸へぞ着きにける」〈平家物語・九・宇治川〉

【補】「くぐる」「みなくぐる」は中世までは清音で「くくる」「みなくくる」といった。

もちろん（勿論）

①**さらにもいはず**。「うつつには更も得言はじ夢にだに妹《いも》が袂をまきぬとし見ば」〈万葉集・四・七八四〉②**いへばさらなり**。「身の秋を思ひ乱るる花の上に内の心はいへばさらなり」〈蜻蛉日記・上〉③**ろんなう（論なう）**。「ろんなう、さやうにぞあらんと、おしはからるれど」〈蜻蛉日記・上〉④**ろなう（論なう）**。「文給へ。見給へん。ろなうわたしごとはべりけんかし」〈宇津保物語・蔵開・上〉⑤**さるは**。「中垣こそあれ、ひとつ家のやうなれば、望みてあづかれるなり。さるは、たよりごとに、ものもたえず得させたり」〈土佐日記〉⑥**さらなり**。「夏はよる。月の頃はさらなり、やみもなほ、ほたるの多く飛びちがひたる」〈枕草子・春はあけぼの〉⑦**さるもの**。「祖々《おやおや》の悲び愛するは然る者にて、被仕《つかはる》る従者共に至るまで、此児を愛し傅《かしづき》けり」〈今昔物語集・二六・五〉⑧**もとより**。「三河の守の妻《め》にておはせましかば、いかならまし。もとよりさておはせば、いとよし」〈狭衣物語・

三〉⑨**さらにもあらず。**「供養の日のありさまのめでたさは、さらにもあらずや」〈大鏡・道長・上〉⑩**いはず。**「斯くの如き上達部・殿上人はいはず、京の男女、所々の端者《はしたもの》、雑仕、江口神崎の遊女《あそび》、国々の傀儡子《くぐつ》」〈梁塵秘抄口伝集・一〇〉⑪**もちろん。**「山門の御訴訟、理運之条、勿論に候」〈平家物語（延慶本）・一本・山門衆徒内裏へ神輿振奉事〉⑫**いふにおよばず。**「我朝はいふに及ばず、天竺震旦にも是程の法滅あるべしともおぼえず」〈平家物語・五・奈良炎上〉⑬**いふにやおよぶ。**「言にや及ぶ、尤も庶幾《そき》する所也」〈太平記・八・山徒寄京都事〉

もったいない（勿体ない）

①**かしこし（恐し）。**「恐し。此の国は、天つ神の御子に立奉らむ」〈古事記・上〉②**あたら。**「八田の一本菅は子持たず立ち荒れなむあたら菅原言をこそ菅原とはいはめあたら清し女」〈古事記・下〉③**あたらし。**「秋萩に恋尽くさじと思へどもしゑやあたらしまたも逢はめやも」〈万葉集・一〇・二一二〇〉「際ことに賢くて、ただ人にはいとあたらしけれど」〈源氏物語・桐壺〉④**をし。**「磯の浦に常呼び来住むをしどりのをしきあが身は君がまにまに」〈万葉集・二〇・四五〇五〉⑤**おほけなし。**「あるまじくおほけなき心などは更に物し給はず」〈源氏物語・若菜下〉⑥**あつたら。**「あったら武者刑部討たすな、者ども」〈平治物

語・中・義朝六波羅に寄せらるる事〉⑦**もつたいなし。**「其の上大家の一跡、此の時断亡せん事無勿体候」〈太平記・三五〉

もてなし

①**あへ（饗へ）。**「津に到りまして、〔景行天皇に〕御食《みあへ》を供進《たてまつ》りき。故、阿閉の村と号《なづ》く」〈播磨国風土記・賀古郡〉②**あるじ。**「守の館《たち》にて、あるじしののしりて」〈土佐日記〉③**振舞ひ。**「この中《ちう》あなたこなたのお振舞はおびただしい事ではなかつたか」〈狂言（虎明本）・止動方角〉④**あしらひ。**「出家と申す者も、檀那あしらひのなんのかのと申して」〈狂言記・俄道心〉

【補】「あへ」は神や身分の高い者を饗応することで、天皇の食事は臣下から饗応されるものであった。それを饗応する側に重点をおいていえば、あるじ（主人）になる。

もてはやす

①**もてなす。**「今様の事どもの珍しきを、言ひ広め、もてなすこそ、またうけられね」〈徒然草・七八〉②**めでゆする。**「そのころ、世にめでゆすりける」〈源氏物語・少女〉③**ほめ**

そやす。「天然と器用ありければ、人みなほめそやすによりて」〈咄本・醒睡笑・一〉

ものおもい（物思い）

こころづくし。「木の間より漏り来る月のかげ見れば心づくしの秋は来にけり」〈古今和歌集・一八四〉

ものおもいにふける（物思いにふける）

①ながむ。「暮れがたき夏の日暮らしながむればそのこととなくものぞ悲しき」〈伊勢物語・四五〉②おもひほる。「堪えがたう悲しければ、夜昼おもひほれて」〈源氏物語・松風〉

やかましい（喧しい）

①らうがはし。「あまたの中にうち出でて、見ることのやうに語りなせば、皆同じく笑ひののしる、いとらうがはし」〈徒然草・五六〉②こちたし（言痛し）。「君に寄りななこちたかりとも」〈万葉集・二・一一四〉③かしかまし・かしがまし（囂し）。「秋の野になま

めき立てるをみなへしあなかしかまし花もひと時」〈古今和歌集・一〇一六〉④**かまびすし（喧し）**。「波の音常にかまびすしく塩風ことにはげし」〈方丈記・二〉⑤**わわし**。「あのおかみ様は余のおかみ様と違いまして、殊の他わわしゆうござりまするによつて」〈狂言・花子〉

【補】「かしかまし」は単に「かまし」とも言った。語幹の「かま」は、単独で用いられることもあり、「あなかま」（「何とやかましいことか」）などがある。「かしかまし」は「かしかまし」の転じたもの。

やくそくする（約束する）

①**むすぶ**。「大海の底を深めてむすびてし妹が心は疑いもなし」〈万葉集・一二・三〇二八〉②**ちぎる**。「ちぎりけむ心ぞつらきたなばたの年に一たび逢ふは逢ふかは」〈古今和歌集・一七八〉③**ちかふ**。「かへすがへすも散らさぬ由をちかひつる」〈源氏物語・橋姫〉④**きす（期す）**。「殿上にて言ひきしつる本意もなくては」〈枕草子・五月ばかり、月もなういとくらきに〉⑤**いひあはす**。「返り事書かむといひあはせ」〈枕草子・節は五月にしく月はなし〉⑥**いひかはす**。「またまたありしよりけにいひかはして」〈伊勢物語・二一〉

やさしい（優しい）

①**あはれなり。**「見る人も、いとあはれに忘るまじき様にのみ語らふめれど」〈蜻蛉日記・上〉②**なつかし。**「あらためていとくちをしうおぼさるれば、なつかしきものから、いとようのたまひのがれて、今宵も明けゆく」〈源氏物語・賢木〉③**なよびか。**「なよびかになさけしき心うちまじりたる人」〈源氏物語・真木柱〉④**やさし。**「寂連法師が云ひけるは『歌のやうにいみじき物なし。猪などいふ恐ろしき物も、伏す猪の床などいひつればやさしきなり』と云ふ」〈八雲御抄・六〉⑤**したるし。**「少ししたるしく野郎を招き、色付きの柱にもたれて」〈浮世草子・西鶴置土産・五〉

やすむ（休む）

①**いこふ。**「夏草も夜の間は露にいこふらむ常にこがるる我ぞ悲しき」〈班子女王歌合〉②**おこたる。**「おこたる間なく洩りゆかば、やがて尽きぬべし」〈徒然草・一三七〉③**やすらふ。**「雲雀より空にやすらふ峠かな」〈笈の小文〉④**くつろぐ。**「おんでもない事、いづれくつろがずはなるまい」〈狂言・三本柱〉

やっかいだ（厄介だ）

⇩めんどうだ

やっぱり

①**なほ。**「旅衣八重着重ねて寝ぬれどもなほ肌寒し妹にしあらねば」〈万葉集・二〇・四三五一〉②**なほし。**「橘は花にも実にも見つれどもいや時じくになほし見が欲し」〈万葉集・一八・四一一二〉③**さればこそ。**「さればこそ異物の皮也けり」〈竹取物語〉④**さればよ。**「女のもとより……といへりければされはよといひて」〈伊勢物語・二二〉⑤**はた。**「男の御かたち有様　はたさらにもいはず」〈源氏物語・明石〉⑥**しかすがに。**「かくしつつ暮れぬる秋と老いぬれどしかすがに猶物ぞかなしき」〈新古今和歌集・五四八〉⑦**さてこそ。**「サテコソ　驚きや譲歩の間投詞」〈日葡辞書〉⑧**やはり。**「やはり先祖のおほぢの通り拇のはらに付て吸はせう」〈狂言（虎寛本）・膏薬煉〉⑨**やつぱり。**「ことわりの文をやつても、やつぱり呼ぶゆへ、とらまへてやろふと」〈咄本・無事志有意・畳算〉⑩**やつぱし。**「是でもやつぱし懲りねへのさ」〈洒落本・深川手習艸紙・下〉⑪**やつぱ。**「ナニサやつぱ櫓かすそつぎがよふごぜんす」〈洒落本・深川新話〉⑫**やつぺし。**「商売人のやうにもねへ、やつぺしまだ

娘子どもでござるますよ」〈洒落本・船頭部屋・七軒堀親里の套〉⑬**やつぴし**。「インニヤどこも痛くは無いと云ひながらやつぴし泣く」〈咄本・いかのぼり〉⑭**あんのぢやう（案定）**。「あんのぢやう封をきつたら女筆也」〈雑俳・川傍柳・二〉

やぼったい（野暮ったい）

①**いやし（卑し）**。「弁の君とていやしからぬ、故上などもやんごとなき物にていみじうおぼしたりしかば」〈栄花物語・鳥辺野〉②**あし（悪し）**。「馴れ仕うまつる三年四年ばかりを、なりあしく、物の色よろしくまじらはんは、いふかひなきことなり」〈枕草子・めでたきもの〉③**あやし（怪し）**。「あやしき市女、あきびとの中にて、いぶせく世の中を思ひつつ」〈源氏物語・玉鬘〉④**つたなし（拙し）**。「わがつたなき娘の腹に、むまれ給へねば、かく知られぬ君もあるなり」〈宇津保物語・吹上・上〉

やりとげる（やり遂げる）

①**あふ**。「かく恋ひば老いづく吾が身けだしあへむかも」〈万葉集・一九・四二二〇〉②**をふ（終ふ）**。「睦月たち春の来たらばかくしこそ梅ををきつつ楽しきをへめ」〈万葉集・五・八

一五〉③**とぐ**。「宮使ひの本意、必ずとげさせ奉れ」〈源氏物語・桐壺〉④**おほす**。「舟に乗りおほせたるを」〈紫式部日記〉⑤**はたす**。「年ごろ思ひつること、はたし侍りぬ」〈徒然草・五二〉⑥**なす**。「一事を必ずなさんと思はば、他の事の破るるをもいたむべからず」〈徒然草・一八八〉⑦**しあぐ**。「冬、農をしあげて暇な時」〈論語抄〉

ゆううつ（憂鬱）

①**こころぐし**。「情《こころ》具《ぐ》伎《き》ものにそありける春霞たなびく時に恋の繁きは」〈万葉集・八・一四五〇〉②**いぶせし**。「たらちねの母がかふ蚕《こ》の眉《まよ》ごもりいぶせくもあるか妹にあはずして」〈万葉集・一二・二九九一〉③**むすぼる**。「ねもころに思ひむすぼれ歎きつつ吾《あ》が待つ君が」〈万葉集・一八・四一一六〉④**くしいたし（屈甚）**。「いかにしはべらまし、くしいたくこそ、くれにを、とかいたり」〈蜻蛉日記・下〉⑤**くんじいたし（屈甚）**。「大学の君、胸のみふたがりて、ものなども見入られず、くむじいたくて、文も読までながめ臥し給へるを」〈源氏物語・少女〉⑥**こころくだく**。「かひなき世かなと、心くだけてつらく悲しければ、人知れずねをのみ泣き給ふ」〈源氏物語・蓬生〉⑦**むすぼほる**。「春くれば柳の糸もとけにけりむすぼほれたるわが心哉」〈拾遺和歌集・八一四〉⑧**しんきをやむ**。「シンキオ 病ム　憂鬱である」〈日葡辞書〉⑨**こころがくつす（心が屈す）**。「永々在京せば、心が屈し

てあしう御ざるによつて」〈狂言（虎寛本）・靫猿〉⑩**きのつまる。**「ことさらわれらごときのいやしき身は、よき事を聞けば、たちまちきのつまりて、この世から、はや心苦しきに」〈仮名草子・ねごと草・上〉⑪**きがつかえる。**「そなた衆《しゅ》が小言をいはしやるゆへ気か支《つか》へて金が思ふやうに遣はれぬ」〈談義本・八景聞取法問・三・能天の義絶〉⑫**きがめいる。**「思ひの有女郎衆のおとぎで気がめいる」〈浄瑠璃・心中天の網島・上〉⑬**きのむすぼれる。**「泣く顔をお目にかけいしては、いとどおめへさんの気のむすぼれるたねになる」〈洒落本・二筋道三篇霄の程・二〉⑭**きがふさぐ。**「大造なことでもねへが、どふも気が閉《ふさい》でならねへ」〈人情本・春色梅児誉美・初・一齣〉⑮**きがよわる。**「キガヨワル　おもひくづをる　キガクサル　同上」〈詞葉新雅〉⑯**きがくさる。**「キガヨワル　おもひくづをる　キガクサル　同上」〈詞葉新雅〉⑰**きをうつ。**「結構なる身躰、気《キ》をうつ事はあるまじき事なれ共」〈売卜先生糠俵・後・下〉⑱**くすぼる。**「折焚く柴の夕烟、くすぼる顔も煎じ茶の、花香も渋く聞えけり」〈浄瑠璃・信州川中島合戦・二〉⑲**うつとうし（鬱陶し）。**「雨気づきたる、そらを見るやうにて、うつとうしし」〈評判記・満散利久佐・柏木〉⑳**うつとし。**「鬱としき京も忘れし青田かな〈谷水〉」〈俳諧・新類題発句集・夏〉

ゆうが（優雅）

①みやびか。「天皇釆女の面貌《かほ》きらきらしく、形容《すかた》温雅《みやびかなる》を見して」〈日本書紀・一四・雄略二年〉**②いう（優）。**「かぐや姫のかたちいうにおはす也」〈竹取物語〉**③あてやか。**「心ばへなどあてやかにうつくしかりつる事を見ならひて、恋しからんことの耐へがたく」〈竹取物語〉**④あてはか。**「人がらは、心うつくしくあてはかなることを好みて」〈伊勢物語・一六〉**⑤なまめかし。**「なまめかしきもの。ほそやかにきよげなる君たちの直衣姿」〈枕草子・なまめかしきもの〉**⑥えん（艶）。**「聞えさせつる事の残りもまだいと多かり。えんにをかしうて侍りし、まめやかに聞えさせ侍らん」〈落窪物語・一〉**⑦やさし。**「人づてともなく、いひなし給へる声、いと若やかに愛敬づき、やさしき所そひたり」〈源氏物語・蜻蛉〉**⑧みやびやか。**「なほやんごとなき如来の御光なりかしなどいふも、古代にみやびやかなり」〈尾張家本増鏡・序〉**⑨しつとり。**「シットリト シタ 人 おとなしく静かな人」〈日葡辞書〉

ゆうがた（夕方）

①ゆふ。「縄の裏に塩焼く煙夕されば行き過ぎかねて山にたなびく」〈万葉集・三・三五四〉
②ゆふべ。「葦辺行く鴨の羽がひに霜降りて寒き夕べは大和し思ほゆ」〈万葉集・一・六四〉
③くれ。「日の暮れに碓氷の山を越ゆる日は背なのが袖もさやに振らしつ」〈万葉集・一

四・三四〇二〉④**よひ**。「奥山に住むとふ鹿の初夜《よひ》さらず妻問ふ萩の散らまく押しも」〈万葉集・一〇・二〇九八〉⑤**たそかれ**。「寄りてこそそれかとも見めたそかれにほのぼの見つる花の夕顔」〈源氏物語・夕顔〉

【補】「たそかれ」は、万葉・一二五四五に「誰そ彼と問はば答へむすべを無み君が使いを帰しつるかも」の例があり、「誰そ彼（誰だあいつは）」が語源であることが確認できる。万葉の例は二例だが、ともに逢引の歌であり、夕に逢い朝に別れる恋愛生活から生まれた言葉かもしれない。

ゆうしょく（夕食）

ゆふげ。「み山柴己が竈に取りくべて朝げ夕げの煙立めり」〈永久百首〉

ゆうめい（有名）

①**なあり（名有）**。「大夫を謁者《ものまうしひと》を遣りて名山岳《なあるやま》瀆《かは》を祠りて雨請《こひ》す」〈日本書紀・三〇・持統六年〉②**なたかし（名高）**。「水門《みなと》なす　海も広けし　見渡す　島もなかたし」〈万葉集・一三・三二三四〉③**なにおふ（名負）**。「これやこのなにおふ鳴門の渦潮に玉藻刈るとふ海

人少女ども」〈万葉集・一五・三六三八〉④**きこゆ。**「ちかき世に、その名きこえたる人は、すなはち僧正遍昭は、歌のさまはえたれども、まことすくなし」〈古今和歌集・仮名序〉⑤**なにきく（名聞）。**「まことにてなにきくところはねならばとぶがごとくにみやこへもがな」〈土佐日記〉⑥**なだたり（名立）。**「数しらず君が齢をのぼへつつなだたる宿の露とならなん」〈後撰和歌集・三九四〉⑦**かうみやう（高名）。**「下仕《しもづかへ》どものある所にたちよりて、これやこの高名のゐぬたき、などさも見えぬ、といひける」〈枕草子・雨のうちはへ降るころ〉⑧**なだかし。**「ちちおとどの御もとに、おやの御時よりつぎつぎつたはれる名だかきおび」〈宇津保物語・忠こそ〉⑨**なにたかし。**「名にたかき君が御幸ぞ住吉のうら珍しきためしなりける」〈栄花物語・殿上の花見〉⑩**おとにきく（音聞）。**「魯の孔子と云ものなん参りたると、いひ入るるに、即使かへりていはく、音にきく人なり、何事によりて来れるぞ」〈宇治拾遺物語・一五・一二〉⑪**なにしるし（名著）。**「名にしるき秋の空かな月影のいざよふ山は雲もまがはず」〈新撰六帖・一〉⑫**なにしおふ（名負）。**「名にしおふ　浅香の沼の花かつみ」〈宴曲集・四・羇旅〉⑬**おとにきこゆ。**「国より勢子《せこ》の用意して、おとにきこゆる奥野に入り」〈曾我物語・一〉⑭**なだい（名代）。**「男も名代《なだい》の者は、たとへ恋はすがるとてもせぬ事ぞかし」〈浮世草子・好色二代男・八・一〉⑮**なうて。**「市河五郎が勇力を、しめてぬる夜の睦言は、つがも内儀の名もおつが迚、家中名うてのぼっとり者」〈浄瑠璃・神霊矢口渡・二〉⑯**なにうてた。**「是の息子は名にうてた孝行者」〈浄瑠璃・祇園女御九

重錦・三〉⑰**かうめい（高名）**。「いにしへの高名《かうめい》にまねたるもなかりき」〈浮世草子・新可笑記・二・四〉

よう（酔う）

①**ゑふ**。「焼太刀のかど打ちますらをのほく豊御酒に我ゑひにけり」〈万葉集・六・九八九〉②**さかみづく**。「今日もかもさかみづくらし高光る日の宮人」〈古事記・下〉

ようい（用意）

①**まうけ（設け）**。「〔大伴大納言は〕かぐや姫を必ずあはんまうけして、ひとり明かし暮らし給ふ」〈竹取物語〉②**したく（仕度）**。「石作りの皇子は心のしたくある人にて」〈竹取物語〉③**したぐみ（下組み）**。「さしこめて守り戦ふべきしたぐみしたりとも」〈竹取物語〉④**いそぎ（急ぎ）**。「〔柏木の法要の〕御わざの法服、御装束、何くれのいそぎをも」〈源氏物語・柏木〉⑤**かまへ（構へ）**。「この海のままに廻りて寄せば日ごろ経なん。〔敵軍は〕その間に逃げもし、又寄せられぬ構へもせられなん」〈宇治拾遺物語・一一・四〉⑥**こしらへ（拵へ）**。「皆皆、旅の拵へをぞしたりけり」〈御伽草子・日月の御本地〉⑦**てまはし**

（**手廻し**）。「斯く手廻《てまは》しの速かに行届きけるも」〈人情本・恩愛二葉草〉

ようい する（用意する）

①**まうく**。「渡り守舟もまうけず橋だにも渡してあらば」〈万葉集・一八・四一二五〉②**そなふ**。「大宮をかくまむと云ひて、ひそかに兵《つはもの》をそなふと聞こしめして」〈続日本紀・天平宝字元年・宣命〉③**したたむ**。「まかり下るべき程いと近し。したたむべきことどものいと多かるを」〈落窪物語・四〉④**かまふ**。「まめならむ人一人を新たにのせすゑて綱をかまへて」〈竹取物語〉⑤**こしらふ**。「かねてこしらへたる事なれば、走り回りて火をかけたり」〈義経記・八〉⑥**たしなむ**。「また檀那をもてなさんとて、煎り豆、座禅豆をたしなみ置けば」〈御伽草子・猫の草子〉

ようす（様子）

①**すがた**（**姿**）。「うつたへに籬《まがき》の姿見まく欲《ほ》り行かむと言へや君を見にこそ」〈万葉集・四・七七八〉②**けしき**（**気色**）。「このもとの女、悪しと思へる気色もなくて」〈伊勢物語・二三〉③**さま**（**様**）。「少し頼みぬべき様にやありけん」〈伊勢物語・九三〉④**ありさま**（**有**

様）。「出でて去なば心軽しといひやせん世の有様を人は知らねば」〈伊勢物語・二一〉⑤けはい（気配）。「〔車を〕門引き入るるより、〔桐壺の邸の〕気配あはれなり」〈源氏物語・桐壺〉

ようち（幼稚）

①いはけなし。「いはけなくおはしましし時より見奉り」〈源氏物語・桐壺〉②きびはなり（稚なり）。「いとかうきびはなるほどは、あげおとりやと疑はしくおぼされつるを」〈源氏物語・桐壺〉③いとけなし（幼けなし）。「母の命尽きたるを知らずして、いとけなき子のなほ乳を吸ひつつ伏せるなどもありけり」〈方丈記・二〉

よそう（予想）

①こころあて（心当て）。「心当てに折らばや折らむ初霜の置きまどはせる白菊の花」〈古今和歌集・二七七〉②あらましごと。「今行く末の〔相人の〕あらまし事をおぼすに」〈源氏物語・澪標〉

【補】古事記、日本書紀・神代に「思金《おもひかねの》（兼）神《かみ》」という神が登場する。この神は託宣神・予言神である。カネは未来を予想することを意味する動詞カヌの連用形。動詞カヌは上代の文献にも確認できる。

らくたんする（落胆する）

⇩がっかりする

らんぼう（乱暴）

①**あくたれ（悪たれ）**。「あくたれ女《あま》とはおめへの事だ」〈滑稽本・浮世風呂・二上〉②**あらくれ（荒くれ）**。「能《よい》娘もってあらくれ武士に成」〈誹風柳多留・一一〉

【補】「荒し男（あらしを）」〈万葉集・一七・三九六二〉、「荒法師」〈今昔物語集・二〇・一一〉のように、「荒」をつけた形で乱暴者を表現する場合が多い。中世の、楠正成ら「悪党」と呼ばれた武士も乱暴者であるが、「荒」が「悪」になるのは、法を犯す者たちだが、通行してきた法が実情にあわなくなっている時代を示している。

りく（陸）

①**くが**。「水鳥のくがにまどへる心地して」〈源氏物語・玉鬘〉②**をか**。「なるみ潟をかをめぐりて行く人は都のつとに何を語らん」〈夫木和歌抄・一一九三四〉

【補】「くが」は「くぬが」の転という。「くぬが」は「国処」だから、「国」が陸の内容ももっていたことになる。国は人の住む範囲を示す。

りこう（利口）

①**さかし（賢し）**。「古《いにしへ》の七の賢しき人どもも欲《ほ》りせしものは酒にしあるらし」〈万葉集・三・三四〇〉②**はつめい（発明）**。「汝が発明らしき貌つきして」〈浮世草子・武家義理物語〉

りそうてきだ（理想的だ）

①**あらまほし**。「着るべきもの、常よりも心留めたる色あひ、しざま、いとあらまほしくて」〈源氏物語・帚木〉②**おもはし（思はし）**。「ただ口つき愛敬づき、おとがひの下、首

清げに、声憎からざらむ人のみなむおもはしかるべき」〈枕草子・職の御曹司の西面の〉③**あるべかし**。「人柄花やかに、あるべかしき十余人つどひ給へれば」〈源氏物語・行幸〉

りっぱだ（立派だ）

①**めざまし**。「みちのくに紙に、いたう古めきたれど、書きざま、よしばみたり。げにもすきたるかなと、めざましう見給ふ」〈源氏物語・明石〉②**はづかし**。「はづかしき人の、歌の本末問ひたるに、ふとおぼえたる、我ながらうれし」〈枕草子・うれしきもの〉③**きらきらし**。「きらきらしきもの、大将の御前駆おひたる」〈枕草子・きらきらしきもの〉④**かしこし**。「いさ、見しかばここちのあしさ慰めきと宣ひしかばぞかし、と、かしこきこと聞きえたりとおぼしての給ふ」〈源氏物語・若紫〉⑤**うつくし**。「かの木の道の匠の造れる、うつくしきうつは物も、古代の姿こそをかしと見ゆれ」〈徒然草・二二〉

りゅうこう（流行）

①**いまめかし**。「今めかしくきら、かならねど、木だちものふりて、わざとならぬ庭の草も心あるさまに」〈徒然草・一〇〉②**いまやう（今様）**。「いまやうはむげにいやしくこそ

なるゆくめれ」〈徒然草・一〇〉

【補】「今（いま）」の語源は明らかでないが、朝鮮語の'ima'、サンスクリット語の'im'、マレー語の'jemah'、サモア語の'uma'、さらに遠くはラテン語の'iam'がそれぞれ「今」を意味しているという報告がある。

わがものがおにふるまう（我が物顔に振る舞う）

①うけばる。「これは人の御際まさりて思ひなしめでたく、人もえおとしめ聞こえ給はねば、うけばりて飽かぬことなし」〈源氏物語・桐壺〉②ほしいままにす。「酋豪、力をもて競ひて各々君長をほしいままにす」〈大唐西域記長寛元年点〉

わけがわからない

①こころえず。「かくわづらはしき身にて侍れば、心えず思しめされつらめども」〈竹取物語〉②あやなし。「春の夜のやみはあやなし　梅の花色こそ見えね香やはかくるる」〈古今和歌集・四一〉

【補】「幼くて分別がついていない」意なら「あやめもわかず」〈源氏物語〉「ぜひをしらず」

〈平治物語〉がある。

わずらわしい（煩しい）

⇩めんどうだ

わらう（笑う）

①ゑむ。「正月たつ春の初めにかくしつつあひしゑみてば時じけめやも」〈万葉集・一八・四一三七〉②ゑまふ。「これをおきて　またはありがたし　さ馴へる鷹はなけむと　心には　思ひ誇りて　ゑまひつつ　渡る間に」〈万葉集・一七・四〇一一〉③ゑわらふ。「つつましげならず、ものいひ、ゑわらふ」〈枕草子・宮にはじめてまゐりたるころ〉

指示詞

奈良時代の文献からは、代名詞として「―れ」を持つ語群を取り出すことができる（「代名詞」三七四ページ表参照）。

代名詞の中で「こ、そ、か」という指示詞と不定称に着目すると、奈良時代では次のような体系を作っていることが観察される。

近称	中称	遠称	不定称
こ、これ	**そ、それ**	**か、かれ**	**た、たれ、いづれ**
ここ	**そこ**	**かしこ**	**いづこ**
こなた	**そなた**	**かなた**	
こち	**（そち）**		**いづち**

空欄については、語彙的にそもそも存在しなかったのか、資料の制約上たまたま見られなかったのかは不明である。この表から分かるように、遠称のア系列が奈良時代

には存在しなかった。ア系列が現れるのは、平安時代に入ってからである。平安時代の表を次に示す。

近称	中称	遠称	不定称
こ、これ	そ、それ	か、かれ　あ、あれ	た、たれ、いづれ
ここ	そこ	かしこ　あしこ	いづこ
こなた	そなた	かなた　あなた	
こち	そち		いづち

カ系列とア系列の関係について考えるとき、琉球方言の状況を考え合わせると興味深い。中本正智氏の研究によると、琉球方言では遠称にカ系列を用いる方言と、ア系列を用いる方言と、併用する方言とに分かれる。カ系列を用いるのが古い体系であり、ア系列は本土で後に発生したものが琉球の一部方言に影響を与えたと考えられる。本土中央では平安時代以後、しばらくカ系列とア系列が併用された。古田東朔氏の研究によれば、平安時代のカ系列は話し手に関係の深いもの、ア系列は薄いものを指すと

いう使い分けがあったという。しかし、現代語ではカ系列は事実上体系から駆逐されたと考えてよい。

なお、琉球方言では、中称にあたる語彙として本土のソ系列と語根を異にするものがもちいられている（祖形「*オレ」）。一つの考え方として、本土方言と琉球方言の共通祖語では中称の部分が欠けていたのが、後に両方言で別々に補充されたという推測も成り立つ。中称のソ系列を取り除くと、奈良時代の近称と遠称は「こ、か」というカ行にまとめられる。一方ソ系列に関連する表現として、「し、しか」等のサ行の指示・照応表現が見いだせる（平安時代以後は「さ」も）。カ行の指示詞は話し手の直接経験的な対象を指し示し、サ行の指示詞類は概念的、言語情報的、間接経験的な対象を指し示すという意味的な対立も見られる。サ行のうちソ系列が指示詞の体系に位置を占め、次にカ系列がア系列に置き換えられて現在の「こ、そ、あ」の体系が完成したと見ることができる。

平安時代以後の指示詞の体系の変化を追ってみよう。「どれ、どこ、どなた、どち、どの」等のド系列の不定称はだいたい鎌倉時代から見られる。方向を示す「あち」は鎌倉時代に現れ、「こちら、そちら、あちら、どちら」はだいたい室町から江戸にかけて、「こっち、そっち、あっち、どっち」は江戸時代に現れる。

「かく」から転じた「かう」(後に「こう」)は平安時代から見られたが、「さう」(後に「そう」)は室町時代に、「ああ」は江戸時代に、「どう」は室町時代に出現し、「こう、そう、ああ、どう」が揃った。「このような、そのような、あのような、どのような」の転である「こんな、そんな、あんな、どんな」は江戸時代に現れる。「こいつ、そいつ、あいつ」は室町時代に、「どいつ」は江戸時代に初出が見られる。

なお、英語の人称代名詞のような、指示詞の系列とは独立した三人称代名詞の体系は、厳密な意味では日本語に存在したことがない。人を指し示す「彼、彼女(ふるくはカノオンナ)、彼ら」は、明治時代に翻訳語の影響で一般化したといわれるが、英語の代名詞とは用法が異なり、指示詞的な性格を残している。

代名詞

英語、フランス語、ドイツ語などでは、人称代名詞が一人称、二人称、三人称にわたって整然と体系をなしていて、文章中での使用頻度が高い。それに対し日本語の人称代名詞は、語彙数が多く、歴史的に不安定である。これは、西欧語と日本語の文法上の違いによるところが大きい。多くの西欧語では文の主語が必ず要るし、また動詞との一致や格変化など文法的な現象に深く関わっている。一方日本語では、主語は省略される場合が多く、体言が特殊な格変化をおこすこともない。そのため、人称代名詞と普通名詞の文法的な差はほとんどない。普通名詞のうち、慣習的に話し手や聞き手を指すことが多くなった語が人称代名詞として扱われる場合がかなり多い。

日本語の人称代名詞は、文法的な要請が乏しい分、待遇的な情報を多く担わされることになる。つまり、話し手や指示される人物の敬語的な上下関係、社会階層、性別等によって、さまざまな語が使い分けられた訳である。語彙数が多いのも、歴史的に不安定なのもそのためである。

しかし、例えば奈良時代に限ると、人称代名詞と指示詞は語形の上で顕著な特徴を持つ語群として取り出せる。次の表を見られたい。

一人称	二人称	反射	指示詞	不定称
あ、あれ	な、なれ	おの、おのれ	こ、これ	た、たれ
わ、われ	おれ		そ、それ	いづれ
	かれ		か、かれ	

すなわち、これらの語は等しく「―れ」をつけた語形を持つ、という特徴を持っている。この「―れ」は、日本語の代名詞を特徴付ける形態素であるということができよう。

とはいえ、やはり人称代名詞にはこの特徴に合わないものも少なくない。一人称、二人称について、各時代のその代表的な語彙を示しておこう。

奈良時代

一人称	二人称
やつがれ	い、いまし
	みまし
	なむち
	きみ

時代	一人称	二人称
平安時代	まろ	おまへ なんぢ きんぢ そこ
鎌倉時代	おれ それがし わらは	おんみ ごへん わぎみ わごぜ わぬし きへん きはう
室町時代	わたくし み	こなた そなた そち そのほう わごりょ おぬし

江戸時代　わたし　そこもと
わちき　ありさま
こち　うぬ
みども　きさま
わし　こなさま
せっしゃ　あなた
あんた

明治以後　ぼく

これらの語彙にみられる特徴を三点ばかり挙げておこう。

①指示の曖昧化。特に場所を介する指示。

日本語では、特定の個人そのものを直接的に指し示すことを避ける傾向が強い。その一端として、人称代名詞においても、出発点として指示の曖昧化のために用いられた語彙が固定化したものが多い。曖昧化は待遇表現と関連しているので、特に二人称に多くみられるが、一人称にもある（例、「それがし」）。曖昧化の方法としては、指示する人物のいる場所・方向を用いる場合が多い。「お前、御辺、貴方」などがそうである。また、「そこ、そなた、そのほう、あなた、こち」などの指示詞からの転用も場所・方向による曖昧化であるといえる。
②地位・身分・年齢階梯語からの転用。
これも一種の曖昧化であるが、地位・身分・年齢関係を表す語彙によって話し手自身や相手を指し示したものが固定化したものがある。「やつがれ、わらは」また「きみ、わぎみ、わごぜ、わぬし、わごりょ」などがそれに当たる。
③敬意および品位の逓減。
二人称の中には、長く用いられるうちに、敬意を伴って用いられていたものが対等あるいは目下の人物に対して用いられるようになったり、男女ともに用いていたものが、品位が下がって、男性がくだけた場面で用いることしかなくなったものが多い（例、「お前」）。敬意・品位の逓減とともに、語形が崩れることも多い。逆のケースは少ないのであるが、口頭語で普通に用いられていたものが、後に尊大語的に用いられるようになる場合もある（例、「わし」）。

なお、三人称の人称代名詞については、指示詞の項を参照されたい。

時間

一日は、アサ－ヒル－ユフの朝から始まる時間と、ユフベ－ヨヒ－ヨナカ－アシタの夕から始まる時間があった。アシタが翌日の意味になるのは、夕から始まる時間の言葉が朝露等始まる時間の言葉に転用されたからである。この二つの系列はどちらが先というより、両方が並立していたと考えるべきである。昼を中心とみるか、夜を中心とみるかによって異なっていたわけだ。他に、アカツキ（暁）、アケボノ（曙）など朝を細かく表す場合もある。

時の観念は、朝廷が太鼓で時刻を知らせるようになる以前はどうだったかよくわからない。太鼓で知らせるのも、夏と冬では異なる不定時法である。日の出、日の入りが変わるのと関係している。奈良時代には、寺院の鐘が定刻に撞かれたから、これも時刻を知らせる役割を担っていた。

一月はツイタチ（月立ち＝一日）、十五日はモチヅキ（望月）、ツゴモリ（月隠り＝晦日＝三十日）のように月で表した。他の日の名としては、イザヨヒ（十六夜）、ヰマチ（居待ち）、タチマチ（立ち待ち）、ネマチ（寝待ち）と夜をいう名称がある。たぶん、これらは恋愛生活の言葉と思う。逢引の許されたのは月の夜（古橋『古代の恋愛生活』NHKブックス）だから、月を待つことと恋人を待つことが重ねられたのである。

次の単位は春夏秋冬、次に年となる。その上の単位はヨ（代、世）である。天皇の治政が単位となっていた。

近代語では過去をあらわす助動詞が「た」しかないが、かつての和語には多くあった。現在の社会や自分を成り立たせているのが過去だという世界観念だったから、過去をあらわす言葉が重要だったのだろう。過去をあらわす言葉に、イニシへ、ムカシがある。イニシへは「去にし方《へ》」で、現在と連続した過去、ムカシは向かう側の意だから、現在と対置される絶対的な過去、つまり神話的な時間をさすという説がある（西郷信綱『神話と国家』平凡社選書）。

「前の世」というように過去をサキという場合がある、現代語でいえば「さっき」である。ところが「これから先」と未来をサキという場合もある。過去も未来もサキというわけだ。これは、現在を中心にして過去も未来も同じと考えている時間観を示している。現在は過去、つまり始祖の世に基づいており、その繰り返しなのだから、当然未来も予想できるわけで、同じ言葉で表すことになる。循環する時間認識である。

しかし、いくら繰り返しでも変化はある。ある家が始祖以来の職業を受け継いでいるといっても、子の数は同じとはかぎらない。次の代では弟が独立するかもしれない。

つまり、最初から変化は含まれていなければならない。そういう循環しない時間認識もある。それを螺旋形などと整合すると誤ってしまう。矛盾する時間認識があったことを受け容れるだけでいい。

サキは前と宛漢字すればはっきりするが、空間の言葉でもある。ヨもそうだった。このように時間と空間は置換可能であるという認識もあった。このような認識も、祭が始まりの世界を再現するものであり、しかも異郷との境界で神々と接触するものでもあるという考え方と一致している。お盆に先祖が帰ってくるようなものだ。

空間

小さいほうから考えていけば、住む場所は家である。家には庭があり、外界との境として垣が作られ、外界と交通する門がある。隣にも家があり、集落をなす。集落を村、里という。村は群れと通じる言葉、里はいわゆる接頭語のサと場所を示すトで、神聖な選ばれた場所であることからの言い方である。なお、サは霊威のあらわれで、さ霧、五月、早苗を構成するサである。トは正確には霊威と接触する場所の意である。そう考えないと、大和＝山処が説明できない。ヤマトは山の霊意と接触する場所であり、それゆえ讃め詞になった。その意味では大和の次に都のある国になった山城は、シロが形代のシロ、つまり境界的なものの意だから、やはり山の霊威のあらわれる場所の意と思われる。

村のまわりには野や川があり、その先に山があるという構図と、浜があり、海があるという構図になる。山や海は神々の世界、つまり異郷で、野や川は異郷と接触する場所と考えるのがいい。野を開墾して田畑にするのも、狩猟をするのも、異郷の霊威との接触法なのである。春の野遊びもある。川は港（水の場所）、津という異郷と接触する特定の場所があった。浜は海の霊威と接触する場所で、磯もある。もちろん港、津のある場所もある。

　異郷とは道を作ることで接触を特定した。他の村も異郷と考えれば、市が接触する場所になる。市には神の降臨する木が立っていた。市では商いが行なわれ、芸能が行なわれた他、刑罰も執行された。市の浄化作用と思われる。盗品も市に持ち込めば商うことが可能だった。

　山の先は空、空の先が天である。空が境界の場所、天は神々の場所となる。八百万の神の世界を高天の原といった。海の向うは常世という。やはり、神々の世である。外国を外《と》つ国というが、そこは異人の世界であり、畏怖された。朝鮮や中国からさまざまな文物、技術が導入されたのも、そちらのほうが文化的に高かったからというよりも、神々の世界と重ねられる像をもっていたからである。中世に下るが、朝鮮や中国との境の海を千倉が沖という。蒙古の軍勢も千倉が沖を越えて攻めてきたのである。北のアイヌの世界との境界は渡島（外島）半島という地名として残っている。

　そういう宇宙観を表す言葉より、もっと身近に空間を表す言葉がある。前後、上下（うえした、かみしも）、左右などである。前はサキともいう。代名詞の、あちら、こちら、ここ、そこもある。

病気の和語

現存最古の辞書である平安中期『倭名類聚抄』から、病気の和語を拾ってみる。病気に関係しそうな項目は「病類」と「瘡倉」に分類されている。

「病類」には、聾－みみしひ、盲－めしひ、近眼－ちかめ、斜視－すがめ、歯の不揃い－おそは、なども上げられており、さらに、齣ぎしり－はがみ、鼻詰まり－はなひせ、吃り－ことともり、もある。「こととも り」は言どもりだろう。おもしろいのは、腋臭を「わきくそ」ということで、腋にクソがあるから臭うという言い方である。こういう言葉があることは、昔から腋臭に悩まされていたということだろう。

ちょっとした病いでは、めまい－めくるめくやまひ、嘔吐－へどつく・たまひ、しびれ－ひるむやまひ、腓の痙攣－こむらかえり・からすなへり、など、一語とはいえないものがある。こういう病いには特別な名がなかったということだろう。船酔いをさす「ふなやもひ」も挙げられている。

普通の病いでは腹痛－あたはら・しらたみ、下痢－くそひりのやまひ、喘息－あへぎ、脚気－あしのけ、脱腸－しりいづるやまい（尻出づる病）などある。糖尿病にあたるのは「かちのやまひ」らしい。

「失意」もあげられている。「こころまとひ（心迷ひ）」である。酒に酔い狂うこと、つまり悪酔いもあげられている。「さかかり」という。

流行病を「ときのけ（時の化）」「えやみ（疫病み）」「わらはやみ（童病み）」という。「童病み」が流行病を意味するのは、「時の化」という言い方と関係するのではないか。このケは物の化のケである。未来の予兆である流行歌をワザウタといい「童謡」と表記する（日本書紀）が、それは、神の啓示が子供に現れる場合が多いからである。子供は神に近い存在なのだ。流行病は神の祟りだから、その標が多く子供に現れるのだろう。

「瘡類」では、まず瘡に「かさ」「かさぶた」という和語が当てられる。「病類」と同じに、ほくろを「ふすべ」「ははくそ」、そばかすを「かすも」、瘤を「しひね」「こくみ」、いぼを「いひぼ」「いをめ」というような、現代では必ずしも病いとみなされないものも挙げられている。「いをめ」は魚の目でもあろう。頭のできものを「からのかさ」といったが、そこに禿げもあげられ、「かぶろ」という和語が載せられている。

ちょっとしたできものでは、あせもや漆かぶれも挙げられている。あかぎれは「あかがり」、しもやけは「ひみ」「しもくち」、疱瘡は「もかさ」である。

以上のように、現代では病いとみなさないものが含まれているのは、病いに対する考え方が異なるからである。病いは、基本的に外から付くものと考えられていた。神や物が依り憑いた標の現れ出たものだったのである。中国古代の王は身体障害者がなったという伝説もある。しかし、やはりたいていは祟りであった。したがって、治療も、呪術的な行為をともなう場合が多い。山伏が民間薬を飲ませる一方で祈禱をした（宮本袈裟男『里修験の研究』）ことを思い合わせるといい。医者は「くすし」といった。

仮病を「そらなやみ（空悩み）」といった。病いを「ごのう（御悩）」という例があるが、その「のう」は「悩」の音読みだから、「そらなやみ」はまさに仮病である。『源氏物語』「藤裏葉」で夕霧が「そらなやみ」をして内大臣（頭中将）の家に泊まり、雲井雁と婚することになる例がある。仮病を口実にしたわけだ。

鎌倉期の絵巻物『病草子』にのせられた病も挙げておく。「白子」「鼻黒」「二形」「霍乱」「陰虱」「小舌」「風病」が病名として出てくるもの。他に、「尻の穴あまたにありけり。糞まる時、穴ごとに出でて、わづらはしかりけり」という痔瘻の男、目が少し見えず、医者に手術してもらって、失明した男、「口の内の歯みなゆるぎて、少しも固きものなどは噛み割るにおよばず」という歯槽膿漏の男、「夜になれども寝入らるることなし。夜もすがら起き居て、何よりもわびしきことなり」という不眠症の女、「（美しさに言い寄る男は）息のあまりに臭くて、近づき寄りぬれば、鼻をふさぎて逃げぬ」という口臭のひどい女、肥満の女、小法師の幻覚を見る男の話と、病名のあるものと合わせて全一四の症状があげられている。「陰虱」は女の陰部の虱で、この場合は男がうつされた話である。「小舌」は「舌の根に小さき舌のやうなるもの、重ね生ひ出づることあり」というもの。

『病草子』には、この一四例がリアルな絵として描かれている。どうしてこれらが選ばれたかはわからないが、当時流行していたものや珍しいものだろう。

自然・自然現象

現代と異なる言い方だけあげる。

天体に関して。月では、上弦の月、下弦の月ともに「**ゆみはり（弓張り）**」という。満月は「**もちづき（望月）**」である。星は、明星が「**あかぼし**」、夕方の星が「**ゆふづつ**」、彗星が「**ははきほし**」、流星が「**よはひほし**」。

風は、暴風が「**のわき（野分）**」「**野分の風**」、大風の「**おほかぜ**」に対して微風を「**こかぜ**」といった。風自体はセという。地名の伊勢はイ（神聖なものをあらわす接頭語のイ、忌むのイ）＋セと思われる。方言にヤマセ（山風）がある。

雷は「**いかづち**」「**なるかみ（鳴る神）**」「**かみとけ**」、雷光は「**いなびかり**」「**いなつるび**」という。雷は神の荒々しいさまである。いなびかりは稲光と当て字され、農耕と結び付く信仰をもっていった。雷は雨をともなうから、農耕と容易に重ねうる。

雨では、にわか雨を「**ひぢかさあめ（肱笠雨）**」という例がある（枕草子・一五三）。突然降り出して、雨具の用意もなく、肱を笠にする雨だからという。

日食は、『日本書紀』推古三六年三月二日の「日有蝕尽之」が初例で、「日、蝕え尽きたることあり」と訓まれている。この例は「尽きたる」とあるから、皆既日食だろう。月食は『日本書紀』皇極二年五月一六日「月有蝕之」が初例。

地上に移って、山峡は「かひ」、鍾乳洞を「いしのち（石の乳）」、小さな石を「さざれいし」、砂を「いさご」「すなご」といった。

地震は「なゐ」という。「なゐ」はナ（土）＋ヰ（居）で、本来は「なゐ震り」「なゐ揺り」で地震だった（『日本書紀』）が、「なゐ」が地震をさすようになった（『宇津保物語』など）。

水関係では、潮を「うしほ」、滝を「たるみ（垂水）」という。滝はタヅキから派生したことばで、タギは『万葉集』では水の勢いの激しいようすをいう。ついでに、つららは「たるひ（垂氷）」という。『枕草子』三〇二段に、「垂氷いみじうしだり（つららがたいそう垂れ下がり）という例がみえる。温泉は「ゆ（湯）」。

雷は『和名類聚抄』では「神霊類」に分類されている。そこで、いわば自然神を挙げてみる。海神は「わたつみの神」、旱魃は「ひでりの神」、樹神が「こだま（木霊）」、水神が「みづち」である。「ひでりの神」がいるとはおもしろい。

家具調度

家具調度は時代によってずいぶん異なるので、平安時代を中心に和語のあるものだけ、それもなるべく現代と言い方の違うものを取り上げることにする。

座る敷物を**畳**《たたみ》といった。「畳薦《たたみこも》」という言い方が万葉からあるから、薦《こも》を畳み重ねたものを畳といったのだろう。薦も敷物で、目の荒いものを蓆（むしろ）といった。動物の毛の織物もあり、『和名類聚抄』では「氈」に「かも」の訓がある。

寝る時の敷物、つまり現代の敷蒲団は上蓆《うはむしろ》、褥《しとね》である。茵《しとね》は本来座蒲団らしい。上蓆は床《とこ》の上に敷いた。床は今のベッドだろう。上蒲団は衾《ふすま》である。綿を入れたものもあったらしい。その周囲に帳《ちやう》を巡らせた。帳は和語がないから渡来のものだろう。「とばり」と読む場合があるが、とばりは「幌」で今の暖簾に当たるもののようだ。座るには椅子を用い、胡床《あぐら》といった。座る時に肘を乗せる脇息もあった。「**わきつき**」（古事記）「**おしまつき**」（和名類聚抄）といった。

収納具、容器には、籠《かご》、箱《はこ》がある。『日本書紀』で山幸が海神の宮に行くのに「無目籠（まなしかたま）」に乗ったという記事がある。目がないくらい堅く編んだ籠の意だろう。水も漏らなかったわけだ。「かたま」は堅編という。鬚籠《ひげこ》は竹で編んだ籠で、竹の先を切り揃えないで、鬚のようにしてあったから、そう呼ばれた。皮籠《かはご》もある。身近な小物を入れるのに使った。化粧箱では万葉に櫛笥《くしげ》があり、櫛で梳るのが化粧の中心だったことがわかる。笥《け》も入れ物。食器も笥という。平たい土器の皿を平瓮《ひらか》という。文具入れは文箱《ふばこ》。大きな入れ物を櫃《ひつ》といった。ひつは櫃子《きつ》の変化した言葉という。主に酒を醸造したり、入れておく大きなかめを瓶《みか》という。暖房器具では、火《ひ》桶《おけ》、炭桶《すみおけ》が火鉢だろう。盥《たらひ》も『和名類聚抄』で確認できる。「手洗ひ」だろう。水を入れる器は盌《もひ》である。

台では、食器や織物を載せる台として中取《なかどり》がある。「中取の案（なかどりのつくゑ）」の略した言い方という。案は机だが、机の字も宛てている。坏居《つきうゑ》からつくゑになったという。したがって台のこと。坏は入れ物のこと。主に食器。高坏《たかつき》は食器を載せる高い台らしい。食器を載せる台には折《を》敷《しき》がある。今のお盆にあたる。お盆といえば、櫃の蓋も使用したらしい。食器関係でいえば、弁当箱にあたるものとして折櫃《をりひつ》、破籠《わりご》があった。餌袋《あぶくろ》も携帯用にも使ったらしい。

性用語

性器は、『和名類聚抄』から拾えば、玉門を「**つび**」、陰核（クリトリス）を「**へのこ**」、吉舌（クリトリス）を「**ひなさき**」といい、陰嚢を「**ふぐり**」という。「玉茎」には和訓はない。いわゆる性器ではないが、乳は「**ち**」である。乳《ち》房《ぶさ》の用例は『日本霊異記』上・二三で確認できる。ペニスを「**まら**」といったことも『日本霊異記』中・一一で確認できる。平安時代の催馬楽に「くぼの名をば　何とかいふ　くぼの名をば　何とかいふ　つらたり　けふくなう　たもろ　つらたり　けふくなう　たもろ」といふ女陰の名を上げる歌謡がある。「つらたり」「けふくなう」「たもろ」は陰部の部分の名称だと思うが、具体的にどこをさすかわからない。女の陰部は「ほと」ともいっている（『古事記』神代）。ホトのホは穂などのホで、霊威のあらわれ出た先の意、トは場所をさす。クボは窪だろう。

性行為を「**くなかふ**」（『日本霊異記』上・一）、「**つるぶ**」（『日本霊異記』中・二）、「**まじはる**」（『日本霊異記』中・三三）といった。歌では「寝る」といっている。「さ寝」「うま寝」という例もある。すばらしい寝という内容で共寝にふさわしい。

古代中世のいわゆる文学作品には性にかかわることはぼかされており、具体的なことはほとんどわからない。突出して目立つのは『日本霊異記』中・四一の、桑の木に上って葉を摘んでいた女が蛇に犯され、一度は助かるが、また同じことが起こり死ぬという不気味な話の後に経典から引いたものとして「〔母親が子を愛する心深く〕口にその閛《まら》をすふ」というフェラチオの例ぐらいである。

しかし、平安時代の一〇世紀末、丹波康頼が編んだ一種の医学全書である『医心方』の巻二八「房内篇」が性に関するもので、理論から始まり、いわゆる前戯から体位まで詳しく論述されている。「九法（九つの体位）」から意味のわかりやすい第三「猿搏」を引いてみる。「女をして、臥せしめ、男、その股を擔ぎ、膝また胸を過ぎ、尻と背とともに挙ぐ。すなはち玉茎を内れて、その臭鼠を刺す。女、煩え動揺き、精液雨のごとし。男、深くこれを案けば、極めて荘にかつ怒す。女、快なればすなはち止む。百病、自ら癒ゆ」

臭鼠は陰部のこと、この場合の「精液」は女の液である。最後に「百病、自ら癒ゆ」とあるように、性交も健康法というか、道だった。「交接の道」という言い方もされている。うまく行なえば寿命が延び、誤った法で行なえば病いになり、命を落とすという。体位もそういう「法」だったのである。「九法」だけでなく、「三十法」があり、また「八益」として月経（和語では「さはり（障り）」という）の不順などを直す八の体位を説明し、「七損」として勃起不全などを直す体位（先に引用した「猿搏」と同じ体位）などを述べている。重なるものもあるが、単純に加えれば五五の体位になる。女陰の部分に関しても詳しい名称が書かれているが、中国のもので、和語ではわからない。その名称自体、陰陽道の世界観の投影したもので、中国でも民間に通行していたか疑問がないわけではない。この『医心方』「房内篇」が後の性書の元になっている。

親族呼称

親族呼称は時代や地域によって異なるので、『和名類聚抄』の親族関係の項目から和名のあるものを抜き出してみる。

まず「父母類」として、高祖父が「**とほつおや（遠つ親）**」、高祖母には和訓がないから、それに当たる和語がなかったということになる。ただし、和語では「親」が父母ともにさすから、高祖父も高祖母も「**とほつおや**」である。曾祖父は「**おほおほち（大祖父）**」、曾祖母は「**おほおば（大祖母）**」、祖父が「おほぢ」、祖母が「おば」、父の父の兄弟「従祖父」は「おほおぢ」、母の父の兄弟は「母方のおほぢ」、母の父の姉妹は「母方のおば」で、やはり和語では父方母方の区別はなかったことが確認できる。父は「ちち」、母は「はは」、継父は「ままちち」、継母は「ままはは」である。

次に「伯叔類」として、父の兄弟である伯父が「おぢ」、父の姉妹である叔母が「おば」、母方は「母の」とつけている。これも父方母方の区別がなかったことを示す。兄は「このかみ」「いろね」、弟は「おとうと」、姉は「あね」、妹は「いもうと」で、「このかみ」は年上の意、「いろね」のイロは同母であることをあらわす。「このかみ」「おとうと」の対応がよくわかる例は『源氏物語』桐壺の「このかみの坊には奉らでおとうとの源氏に（葵を奉る）」がある。『古事記』『日本書紀』などの用例では、姉妹からみて兄弟はセ、兄弟からみた姉妹はイモで、年齢差はあまり区別していない。同母兄弟がイロセ、母姉妹がイモロ、継母兄弟がママセ、継母姉妹がママイモとある。普通の場合はイモ・セで、婚姻などの特別の場合のみ同母か継母か区別している。これは、天皇に継母兄妹の結婚が多くみられ、同母兄妹の結婚はないことから、婚姻のルールとして関係していると思われる。同母兄妹の結婚は禁忌、継母兄妹の結婚は理想婚ということである（古橋『古代の恋愛生活』NHKブックス参照）。男から恋人、妻をイモと呼ぶのも、相手が理想的とみなすためで、イモ（ウト）はあくまでも兄弟からみた姉妹であった。兄弟・姉妹の上下は兄・姉がエ、弟・妹がオトといった。乙姫さまのオトはこれで、本来年下の妹のことをいう。神話や昔話に弟・妹が良い子だったり、偉くなったりする話があるのと通じていよう。甥は「**をひ**」、姪は「**めひ**」。従兄弟は「**いとこ**」、再従兄弟は「**いやいとこ**」、三従兄弟は「**またいとこ**」。「子孫類」としては、まごが「**むまご**」「**ひこ**」、曾孫が「**ひひこ**」、曾孫の子が「**やしはこ**」。

次に「婚姻類」として、婿を「**むこ**」、姉妹の夫を「**あひむこ**」。弟の嫁を「**おとよめ**」、兄の嫁を「**あによめ**」、妻同士を「**あひよめ**」という。

「夫婦類」では、夫を「**をうと**」「**をとこ**」とあるが、妻をあげていない。おもしろいのは、後夫（今の夫）を「うはを」「いまのをうと」、前夫を「もとのをとこ」とあげていることで、結婚が近代のように固定的ではなかったことを示している。また、貞女は二夫にまみえずというような観念はなかったわけだ。『和名類聚抄』には、前の妻、後の妻はあげられていないが、古代歌謡に「うはなり」「こなみ」という言い方が出てくる。この歌謡は「うはなり」には実のない蕎麦を、「こなみ」には実の多いいちさかきを与えるという内容で、両方に与えているから、前の妻と離婚しているとはいえそうにない。妻を複数もっていることになる。すると、「前夫」「後夫」も複数の夫をもつこともあるのかも知れない。前夫を「うはを」、前妻を「うはなり」と、上つまり前からあったものに新たに加わったものをさすウハを共通にしていることからその可能性はなくはない。

漢字は中国のもので、当然中国の概念と結び付いているから、親族概念もことなり、和語にはなかったものもあり、無理に当て嵌めている場合もあろう。特に、日本には母方か父方かの区別のないことは重要で、人類学では、母系・父系に対して双系という言い方をしている。

数詞一覧

（基数詞）

一　ひ
二　ふた（ふ）
三　み
四　よ
五　いつ
六　む
七　なな
八　や
九　ここ
十　とを
二十　はた
三十　みそ
四十　よそ

五十　いそ
八十　やそ
百　もも
五百　いほ
千　ち
八千　やち
万　よろづ
八百万　やほよろづ

（日数詞）

一日　ついたち
二日　ふつか
三日　みか
四日　よか
五日　いつか
六日　むゆか
七日　なぬか

八日　やうか
九日　ここぬか
十日　とをか
十一日　とをかあまりひとひ
十二日　とをかあまりふつか
十五日　もち、もちのひ
二十日　はつか
三十日　みそか、つごもり
四十日　よそか
四十九日　しちしちにち、なななぬか
五十日　いか

（人数詞）
一人　ひとり
二人　ふたり
三人　みたり
四人　よたり

五人　いとり

（月名）

一月　むつき（睦月）
二月　きさらぎ（如月）
三月　やよひ（弥生）
四月　うづき（卯月）
五月　さつき（五月）
六月　みなづき（水無月）
七月　ふみづき（文月）
八月　はづき（葉月）
九月　ながつき（長月）
十月　かみなづき、かんなづき（神無月）
十一月　しもつき（霜月）
十二月　しはす（師走）

鳴き声

かーかー（烏の鳴き声）	かか
きゃんきゃん（犬の鳴き声）	けいけい
けんけん（雉、鹿の鳴き声）	けいけい
こっこっ（鶏の鳴き声）	こうこう
こんこん（狐の鳴き声）	こうこう
じーじー（蟬の鳴き声）	しかしか
にゃーにゃー（猫の鳴き声）	ねうねう
ぴよ（雛鳥の鳴き声）	ひよ
ぴよぴよ（雛鳥の鳴き声）	ひよひよ
ひん（馬の鳴き声）	いう
ほーほけきょ（鶯の鳴き声）	ひとくひとく
ほろほろ（雉、山鳥の鳴き声）	ほろほろ

擬音語

うふふ　**むむ**（――と打ちわらひて／源氏物語）
おいおい　**をいをい**（――と泣き給ひけり／落窪物語）
おほほ　**よよ**（悲しきことものにも似ず――となきける／大和物語）
ほほ（――と笑ふなかにも／落窪物語）
かたかた　**からから**（あか奉るとて、――と鳴らす／源氏物語）
きゃーきゃー　**きゃうきゃう**（――とわらふ／宇治拾遺物語）
ぐーぐー　げーげー　**くく**（――といねたり／色葉字類抄）
　えふえふ（大きなる骨、喉に立てて、――といひける程に／宇治拾遺物語）
しくしく　**しし**（――と泣く／蜻蛉日記）
わっ　**はつ**（――とわらふ／宇治拾遺物語）

擬態語

きゅうっと
くっきり
ぐっしょり、びっしょり
ぐにゃぐにゃ
ごとごと
ごぼごぼ
こまごま
ざーざー
さっと、ぱっと

きと（烏帽子の緒——強げに結ひ入れて／枕草子）
あざあざ（波にもあらはれず、——としてぞ見えたりける／平家物語）
けざけざ（鈍色のうちぎに——と見えたる／浜松中納言物語）
しとど（——に濡れてまどひ来にけり／伊勢物語）
くたくた（女房はいふにもたへずして、——と寄り伏しにけり／宇治拾遺物語）
ごほごほ（御屛風、御几帳も——と倒れぬ／宇津保物語）
ごぶごぶ（逆様にいりて、——とするを／宇治拾遺物語）
つぶつぶ（気色を——と心得給へど／源氏物語）
ささ（あがきの水、前板まで——と掛かりて／徒然草）
ふと（歌詠めとのたまひければ、——詠みたりける／大和物語）

さっぱり、すっきり

さやさや、さわさわ
ざわざわ
しくしく
じっと

しぶしぶ
すっかり

すらすら

はくと（冠をば――と打ち落としつ／落窪物語）
さと（面――赤みて物ものたまはず／源氏物語）
きと（此のかぐやひめ――影になりぬ／竹取物語）
さわさわ（しらざりし様をも――とはあきらめ給はで／源氏物語）
すがすが（――ともえ参らせ奉り給はぬなりけり／源氏物語）
そよそよ（――と装束き／落窪物語）
ささ（――と罵り騒ぐ程に／栄花物語）
しほしほ（――と泣き給ふ／源氏物語）
つと（四五人ばかりぞ――さぶらひける／源氏物語）
つくづく（詳しく――としも見給はざりし顔なれど／源氏物語）
しぶしぶに（いと――入り給ひて／宇津保物語）
つぶと（袖を以て顔を――隠して行くに／今昔物語集）
つぶつぶ（一言も落とさず――といふに／今昔物語集）
くるくる（男も女も、――と安らかに詠みたるこそ／枕草

つくづく
どきどき
とぎれとぎれ
どぶん
のんびり
ぱたっ
ぱたぱた
ぱちっ
ぱちぱち
はっきり
ばらばら

子）

すがすが（ぬまじりといふ所も——と過ぎて／更級日記）

つらつら（——おもへば／徒然草）

つぶつぶ（いといみじく胸——と鳴る心地す／源氏物語）

たえだえ（心ぼそげなる御声——聞こえて／源氏物語）

づぶり（水に——とおちいりぬれば／今昔物語集）

のどのど（人目も見えず、——と霞わたるに／更級日記）

ふた（粥のかなまりに——と打ち入りつれば／今昔物語集）

ふたふた（扇を——と使ふ／枕草子）

はた（此の鬼の頭の方を——と蹴りたれば／今昔物語集）

はたはた（爪弾きを——として／落窪物語）

さださだ（何にさることを、——とけざやかに見聞きけむ／源氏物語）

ほろほろ（黄なる葉などの——とこぼれおつる／枕草子）

はらはら（河に——と打ち入りて渡りけるに／今昔物語集）

ばりばり
ぴたっ
ぶつっと
ぶつぶつ
ぶつぶつと
ぶつりと
ぶよぶよ
ぽつぽつ
ぼろぼろ
ぽん
ぽんぽん

はらはら（八つの胡桃を一度に――と砕きにけり／今昔物語集）
ひた（――と抱きつきて／今昔物語集）
つと（中障子を引けど、――さして、人の音もせず／源氏物語）
つぶと（――当たりて候ふ／古本説話集）
ふつと（――おもひ切りたりけるを／宝物集）
つぶつぶ（――と切りて鍋に入れて煮て／今昔物語集）
ふつふつと（一の車のとこしばりを――切りてければ／落窪物語）
ふつりと（――くひ切りつ／今昔物語集）
ゆぶゆぶ（身――と腫れたる者／今昔物語集）
つぶつぶ（――と怪しき鳥の跡のようにかきて／源氏物語）
ほろほろ（涙を――とこぼして／宇津保物語）
ほう（ながえを――と打ち下ろすを／枕草子）
ほうほう（かさを――と打てば／落窪物語）

まるっきり　**つぶと**（顔を——見せぬが怪しきに／今昔物語集）

まるまる　**つぶつぶ**（いとよく肥えて——とをかしげなる胸を開けて／源氏物語）

ゆったり、ゆっくり　**ゆるゆる**（——と久しくゆくはいとわろし／枕草子）

〈現代語〉普通体	〈現代語〉尊敬語 謙譲語〔*印〕 丁寧語〔（ ）内〕	〈古語〉尊敬語	〈古語〉謙譲語（丁寧語を含む）
言う	おっしゃる	**（上代）** きこす **（中古）** のたまふ／のたまはす／のたうぶ／おほす（「おほせらる」の形で）	
	申し上げる* （言います）		**（上代）** まをす **（中古）** まうす（「まをす」の音便形・丁寧語にも）／きこゆ／きこえさす／ます／奏す（天皇・上皇に）／啓す（皇后・皇太后・皇太子に）

聞く	お聞きになる	(上代) きこす／きこしめす／きこしをす	
	*うかがう		(中古) うけたまはる
行く 来る	いらっしゃる	(上代) ます／います (中古) おはす／おはします／おはさうず (中世) 御座る／御座ります	
	*うかがう *お邪魔する *お参りする (行きます) (来ます)		(上代) まかる (中古) まゐる（中世に丁寧語）／まうづ（「来る」の意なし）／まうでく（丁寧語にも） (中世) まかりこす／参ず

〈現代語〉	普通体	ある いる おる	
	尊敬語 謙譲語〔＊印〕 丁寧語〔（ ）内〕	いらっしゃる	（おります） （あります）
〈古語〉	尊敬語	**(上代)** ます／います **(中古)** おはす／おはします／いまそがり／いますがり／いまさうず（動作主は複数）／おはさうず／まします **(中世)** 御座る（「ある」の意の丁寧語にも用いる）／御座ります／（同上）／わたる（普通、「わたらせ給ふ」の形で）	
	謙譲語（丁寧語を含む）		**(中古)** はべり（丁寧語にも）／さぶらふ（同上）

	（います）		**（中世）** さうらう（同上）
くれる	くださる	**（上代）** たぶ（四段）／たまふ（四段） **（中古）** たまはす／たうぶ（四段） **（中世）** たまはる	
やる	さしあげる*		**（上代）** たてまつる／まゐる **（中古）** まゐらす
もらう	いただく*		**（上代）** たばる／たまはる／たまふ（下二）／たぶ（下二、食ぶノ意）／たうぶ（下二） **（中古）** うけたまはる

〈現代語〉		〈古語〉	
普通体	尊敬語 謙譲語〔＊印〕 丁寧語〔（ ）内〕	尊敬語	謙譲語（丁寧語を含む）
思う	お思いになる	(上代) おもほす／おもほしめす (中古) おぼす／おぼしめす	
	＊お思い申し上げる		(中世) 存ず
寝る	お休みになる	(中古) おほとのごもる	
する	なさる	(中古) あそばす／まゐる (中世) めさる	
	＊いたす／（「作る」「行う」の謙譲語にも）		(上代) つかへまつる (中古) つかうまつる／つかまつる

着る 乗る	お召しになる	(上代) たてまつる／めす／をす	
食べる 飲む	召し上がる	(上代) たてまつる／めす／をす／きこす (中古) まゐる／きこしめす (中世) こしめす	(上代) たぶ／たうぶ／たまふ （いずれも下二）
治める	お治めになる	(上代) しらす／しらしめす／しろしめす／きこしめす／をす	
見る	ご覧になる	(中古) 御覧ず／みそなはす (中世) ごらうず	

解説　当代語から古典語を引き当てる辞典の出現と展開

石井久雄

1　『詞葉新雅』の出現

一七九二寛政四年、京都の二つの書肆が共同して語彙集を世に送り出した。竪一五・五センチメートル・横一一センチメートルの小さなものであり、凡例三葉一段組み、本文一〇一葉二段組みである。凡例には書名を入れずに単に「おほむね」と題し、書名は本文の冒頭に著者名とともに現れる。本文第一葉表面を、体裁そのままにではないが、写す。

詞葉新雅　初編
北辺成寿論定
門人　西村惟俊　藤木正名　筆授
○い部　并ゐ

イヒ出ス　ことにいづる　いひいづる　イマ、デトカハル　ことになる
イッパイニナル　みつる　イチブンニ　身ひとつに

書名は『ことばのしんが』であろう。「初編」とあるが、本文は「い」部に始まって「す」部に達し、完結している。いずれ増補する意図があったとしても、尾題には「初編」とは記されない。末尾の第一〇一葉表面も写す。

スンガリトシテアル　〽すが〳〵し　〽すがやかに共　神紀ニ清ヲスガトヨメリ
スミ画〈ヱ〉　すみがき　スクンダ　〽すげみたる
スマシスギテ　〽すみすぎて　スキ〈透〉ノナイ　〽ゆるびなき
スタ〳〵ト　いきもつぎあへず　スコシモチガワヌ　〽うたがひなき
スクナイ　すくなし　ともしき
詞葉新雅　大尾

門人が筆記したと装って、実は「きたのべ・なりのぶ」が記したものであろう。この人は、後に、国学者・富士谷御杖（ふじたに・みつえ、一七六八明和五年〜一八二三文政六年）として知られることになる。実父は、夙に世を去っているが、国語学に

屹立する業績を遺した富士谷成章（なりあきら、一七三八元文三年〜一七七九安永八年）、成章の実兄すなわち御杖の伯父は、当代きっての儒学者・皆川淇園（みながわ・きえん、一七三四享保一九年〜一八〇七文化四年）である。『詞葉新雅』の刊行時、御杖はまだ若く二五歳、しかし恐らく同時に大部の和歌作法書『歌袋（うたぶくろ）』を編纂し、翌年にそれを刊行している。

『歌袋』末尾に『詞葉新雅』の広告があり、その紹介の一文が『詞葉新雅』の内容をよく示している。

俗語をいろは分けにし、雅言をあて、和歌・和文・連俳に便す。

右の本文冒頭・末尾の引用で、カタカナが御杖の時代のことば「新」語であり、ひらがなが、その新語に対応する古典のことば「雅」言である。この広告では新語を「俗」語としている。英和辞典に対して和英辞典があるように、古典語（←当代語）辞典に対する当代語→古典語辞典を、日本語の辞典の歴史の上で初めて存在させることになったのである。

なお、引用に際しては、句読点を補い、仮名・漢字を適宜入れ換える。〈　〉内は、直前の幾字かに対して、原文で右傍注つまり振り仮名であり、時に左傍で漢字や釈義を記したものである。

『詞葉新雅』に二十年余後れる一八一四文化一一年、東条義門（とうじょう・ぎもん、一七八六天明六年〜一八四三天保一四年）『類聚雅俗言（るいじゅがぞくげん）』が現れる。当代のことば「俗言」をカタカナで見出しに措いて、対応する雅言をひらがなで示した体裁は、さながら『詞葉新雅』である。ただし新しい工夫もあって、俗・雅にわたってニュアンスなどに関する注記を多く施し、また雅言の索引を添えている。

『詞葉新雅』は、明治時代の小田清雄『雅俗対訳　国語のしるべ』に全体が翻刻され、羽山和卿『和歌俳諧歌語粋金』『普通教育　和文初学』に抜粋されるなど、引き継がれてゆくことになった。

2　当代語ー古典語辞典の背景

当代語ー古典語辞典は、まずは古典語の作文をするのに必要であった。『詞葉新雅』の「おほむね」も次のように始まっている。

さきに、我が父・我が兄、この国のことばを明らめて、詳しく説きおける書〈ふみ〉ども、多く、世にも、さやうの書、数知らずあれど、歌詠み知らぬ人の、里言より古言を求めんに、とみの便とせむとて、聞きおける限り、……。

この「おほむね」は御杖の弟・成胤の名義になっていて、したがって、文中の「我が父・我が兄」は成章・御杖を指す。

古典語とここで言っているのは、古今和歌集・源氏物語など平安時代の文章を範とする、いわゆる文語である。当代語すなわち口語は、時が経つに従って平安時代の言語から次第次第に離れてゆくが、文語はさして変わるでもなく生き延びる。文章を書き記すには古典語を用いるか漢文によるかするのが、つい先ごろまでの通念であって、「おほむね」の冒頭にも、和歌は古典語で詠むという当然の前提がある。この伝統はさらに長く現代にも及んで、例えば、法令を口語で規定したのは日本国憲法（一九四六昭和二一年）が嚆矢であり、刑法・民法の全面的口語化はその後に半世紀以上の時間を要し、商法のようにいまだ漢文訓読の体の文章を残すものがある。

平安時代が終わってから『詞葉新雅』が現れるまで、六百年以上の間、当代語－古典語辞典というものは、恐らくない。文章を書き記す人は、生まれながらに社会のエリート階級にいて、幼少から文語の読み書きに馴染み、言わば文語のネイティブ、口語とのバイリンガルであったのではないか、と想像される。そのような人に辞典は要らない。

しかし、読み書きをする人が増え、その理念のようなものが顕れてくると、古典語で文章を記すということに、何か引っ掛かりのようなものが感じられることにもなったであろう。そうしたことを、江戸時代の中葉に、賀茂真淵（かもの・まぶち、一六九七元禄一〇年〜一七六九明和六年）の門下に見ることができる。真淵は、万葉集など古典を研究することを、古代的に生活するなかで進め、古典語を研究するには、当然に普段から古典語を使いつけることになる。門下は、相互の修練のために、書簡を古典語で記して遣り取りする。

賀茂季鷹（かもの・すえたか、一七五四宝暦四年〜一八四一天保一二年）『雁のゆきかひ』（一八〇二享和二年）は、書名を、雁に書簡を運ばせたという前漢・蘇武の故事により、前半に、真淵や知人・門人の実際の書簡を集める。紹介は省くが、

賀茂　真淵（かもの・まぶち、一六九七元禄一〇年〜一七六九明和六年）
荷田蒼生子（かだの・たみこ、一七二二享保七年〜一七八六天明六年）
鵜殿余野子（うどの・よのこ、一七二九享保一四年〜一七八八天明八年）
加藤　千蔭（かとう・ちかげ、一七三五享保二〇年〜一八〇八文化五年）
富士谷成章（ふじたに・なりあきら、一七三八元文三年〜一七七九安永八年）
村田　春海（むらた・はるみ、一七四六延享三年〜一八一一文化八年）

賀茂　季鷹（かもの・すえたか、一七五四宝暦四年～一八四一天保一二年）
安田　躬弦（やすだ・みつる、一七六三宝暦一三年～一八一六文化一三年）
という錚錚たる顔触れである。後半は、余野子の一連の範例集「月なみの文」であり、一年の月ごとに適当な話題を設けて、手紙の文章の模範を示している。次のように始まる。

睦月　　内裏〈うち〉の女房のもとに受領の妻〈め〉より贈る文
尽きせぬ御寿〈ことぶき〉も疾くこそ聞こえさせはべるべきを、暫し公事〈おほやけごと〉繁からむほどを過ごしてと、今日までになりにたり。いでや、例の祝ひ詞は、鶴亀も猶ほ飽かねばなかなかにてなん、措き侍りぬ。年の改まりては、いとど内裏わたりなまめかしう、……

この「月なみの文」は、後に、独立に『月次消息（つきなみしょうそく）』（一八〇七文化四年）として出版され、そこから明治の注釈書・斎藤勝明『月なみ消息』が出ることになる。
書簡は本居宣長（もとおり・のりなが、一七三〇享保一五年～一八〇一享和元年）の門下でも重く見られたと思われ、代表するのは藤井高尚（ふじい・たかなお、一七六四明和元年〜一八四〇天保一一年）の『消息文例（しょうそくぶんれい）』（一八〇二享和二年）・『おくれし雁』（一八〇七文化四年）である。『消息文例』は、前半で、書簡の礼法を説いて、書簡用語その他の雅語について記し、後半で、六十余項目の俗語－雅語の対照に注解を加える。項目は次のようなものである。

先日　ひと日　先頃　先達而　さいつころ
夜前　よべ　……
嘸　いかに　頼　かたらふ
猶更　まして　……
無礼　なめし　むらい　なめげ　可被成候　可被下候　たまへ
奉存候　思ひたまふる　恐惶謹言　あなかしこ

古典文学に見える書簡の実例を豊富に盛り込んでいて、そのためには、すでに加藤千蔭『ゆきかひぶり』（一七九二寛政四年）が源氏物語の書簡を集めたのと同様以上の、十分な用意があったであろう。『消息文典』と改題された活字出版も、明治には行われた。『おくれし雁』は、高尚が作った往信・返信の範例各八通で構成し、書名で『雁のゆきかひ』を追っている。

書簡の用語・礼法は庶民教育で中心の一つであり、『消息往来』を基礎とするいわゆる候文が広められることになるものの、真淵門・宣長門で行われた書簡は、古典文学におけるものを理念として、古典語によるものであった。
ところで、国学に携わる人にとって、日本的な心情を表現する最善の手段は詠歌であり、そこには端然とした日本語が求められる。成章も宣長も、詠歌という実用の目的を明確にもって、実例を専ら古典の和歌に採りつつ研究を進めることにより、和歌の表現の時代的変遷について、あるいはそこにおける用言の意味用法について、後世でも凌駕し難いような功績を挙げたのであった。『詞葉新雅』の雅語における「〳〵」は、和歌に用いないことを示し、研究の筋を継承している。

3　当代語－古典語辞典の展開

明治時代には当代語－古典語辞典がよく出版され、その余韻が昭和にも及んでいる。次のようなものである。

羽山　和卿『和歌俳諧　歌語粋金　後編』　一八八三明治一六年
服部　元彦『雅俗俗雅　日本小辞典』　一八九〇明治二三年
弾　　琴緒『俗語雅調』　一八九一明治二四年
小田　清雄『雅俗対訳　国語のしるべ』　一八九一明治二四年

佐々木弘綱『詠歌辞典』　一八九七明治三〇年
松平円次郎・山崎　弓束・堀籠　美善『俗語辞海』　一九〇九明治四二年
志田　義秀・佐伯　常麿『日本類語大辞典』　一九〇九明治四二年
田沢　景忠『懐中用稲廼門　俗雅辞典』　一九一二明治四五年以前
横山　青娥『詩歌作文　類語辞典』　一九二九昭和四年
広田栄太郎・鈴木　棠三『類語辞典』　一九五五昭和三〇年

『雅俗俗雅日本小辞典』（一八九〇明治二三年）は、二年後に増補版が出ているが、俗‐雅の部分には改訂を見出し難い。『詠歌辞典』（一八九七明治三〇年）は、著者・弘綱の没（一八九一明治二四年）後に、長男・信綱が遺稿をまとめたものである。『日本類語大辞典』（一九〇九明治四二年）は、書名を変えながら、幾度か出版されている。

これらが編纂された目的は、『詞葉新雅』と同じく、雅文・和歌を作る便とすることである。例えば『雅俗俗雅日本小辞典』（一八九〇明治二三年）は、凡例に次のように記す。

俗雅の部は、初学者をして、少し高尚なる国文又は和歌を綴らんとするとき、その思想を表はすべき国語とそれを装飾すべき枕詞とを引き出ださしめんがために、それらを掲げたるなり。

『詩歌作文類語辞典』（一八九七明治三〇年）『詠歌辞典』（一八八三明治一六年）『和歌俳諧歌語粋金』（一九二九昭和四年）が書名に和歌を謳っていることによって、文語の使用が和歌に強く求められたかと察せられる。

ここに並べた辞典は、書名に「類語」をもつものがある。『日本類語大辞典』（一九〇九明治四二年）『詩歌作文類語辞典』（一九二九昭和四年）『類語辞典』（一九五五昭和三〇年）である。当代語－古典語ないし俗語・口語－文語のイメージが湧き難かろうとも、当代語－古典語辞典は、大きくは類語辞典の一種である。類語辞典は、一般に、現代語についてのものである。いま書いていること、言おうとしていることを、ことばのうえで一工夫したいときに、あるいは、解釈で微妙なところを追究しようというときに、使うであろう。そのような営為を古典語について行うことができるようにする、それが古典語の類語辞典である。ただし、見出しには使用の便宜からして当代語が選ばれ、すなわち当代語－古典語辞典となる。

英語の作文をするときに、英語の表現を整えるのに使う和英辞典は、英語の類語辞典となっている。その英語を日本の古典語に置き換えれば、日本語の現代語－古典語辞典である。英和辞典は現代日本語の類語辞典でありえ、その英語を古典語に置き換えれば、普通の古典語－現代語辞典つまり古語辞典となって、古典語－現代語辞典も現代語の類語辞典でありうる。あらゆる辞典が類語辞典になりかねないが、ともかく当代語－古典語辞典は類語辞典のうちに位置づけられる。

4　当代語－古典語辞典の現在

当代語－古典語辞典は、昭和後半には作られたと言い難く、漸く次の試みを知るに止まる。

吉沢　典男「系統的古語分類語彙集」　一九六八昭和四三年、『学研古語辞典』付録六一〇〜六二二ページ、学習研究社。基本的な古語約三三〇〇を、シソーラスのように七大項目・三七中項目・約七〇〇小項目に分け、説明は、辞典全体の凡例の初めに、「多年研究の上まとめあげたもので、他に類をみないものである」と記されるのみである。後の『学研要約古語辞典』（一九八七昭和六二年）にもそのまま引き継がれている。小項目名「空、太陽、……、場所、……、動く、……」を五十音順に並べ直すなりするならば、簡素な当代語－古典語辞典に近くなる。

平成に年号が改まってから、当代語－古典語辞典がまとまって世に出てきている。

水庭　進『現代俳句　古語逆引き辞典』　一九九二平成四年、博友社。

岩坪　健「現代語古語辞典」『親和女子大学研究論叢　二七』一九九四平成六年、一五七〜一七一ページ。

芹生　公男『現代語から古語が引ける　古語類語辞典』一九九五平成七年、三省堂。

北原　保雄「現代語から古語が引ける　現古辞典」一九九六平成八年、『全訳古語例解辞典コンパクト版第二版』付録　九六五〜九八一ページ、小学館。

小学館辞典編集部「現古辞典　――現代語から古語が引ける」二〇〇四平成一六年、『日本語便利辞典』三一一〜三三六ページ、小学館。

それぞれに、単純な類語辞典を超える特色をもっている。

『古語逆引き辞典』（一九九二平成四年）は、古典語を示すにとどまらず、現在も使用されている様相が分かるように、現代俳句の実例を挙げる。その例一項。

あかるい　［明るい］

あかあかと［明々と・赤々と］たいへん明るく。

円明寺今宵の月も明あかと　　矢吹　喜峰

かくれ里灯のあかあかと秋祭　　斉藤　多鶴

さやか［清か］〈視覚的に〉曇りがない。

行々子葉ずれさやかに畦くぼむ　　角谷　草樹
湖が車窓にひらく秋さやか　　北出　桐生

しらじら［白々］明るい、白く見える。

靖国の空白白と短き夜　　川島　志げ
時雨波潜らぬ海女のしらじらし　　吉田　実

『現代語古語辞典』（一九九四平成六年）は、高校の古文学習用の基礎用語集を組み換えて、解説の現代語のほうを見出しとし、その下に元の見出し・用例のほうを挙げる。『古語類語辞典』（一九九五平成七年）も、高校用の古語辞典を基にして編集して、ただし、用例は挙げずに、古語を広く多く集めることを旨とする。昭和前期の「類語」は、文語のものであり、文語がまだ強く生きていたから、その類語は当代的であったが、ここでの「類語」は、古語の範囲のものであることが明確に示されている。『現代語古語辞典』も『古語類語辞典』も、高校・大学での古文の教育から発想されている。『古語類語辞典』は、付録を加えられ、改題されて『現代語から古語を引く辞典』（二〇〇七平成一九年）となった。

『現古辞典』（一九九六平成八年）は、『全訳古語例解辞典』初版（一九八七昭和六二年）にもコンパクト版初版（一九九〇平成二年）にもまだ姿が見えない。しかし、その初版は、全用例に現代語訳を付した、恐らく最初の辞典である。辞典で語に用例が必要であり、用例に訳なり解説なりがなければ辞典として役に足たないことは、英和辞典を想い浮かべて直ちに了解できる。古典語習得も気分で済ませるのでなく、一つの語学として進めなければならないという理念が、漸くに見出だされて、用例に現代語が付けられることになったのである。「現古辞典」も、添えた理由は述べられないが、同じ理念の許にあるであろう。付録であるので、古典語の用例などは古語辞典本体に委ねつつ、それでも時代性や歌語の指摘などをしている。その例一項、形を少少改める。

いつも　あけくれ・朝〈あさ〉に日〈け〉に（上代語）・朝な夕〈ゆふ〉な（和歌用語）

「現古辞典」（二〇〇四平成一六年）は、同じ出版社の古語辞典の付録「現古辞典」（一九九六平成八年）に倣ったように推測され、体裁が似る。辞典全体の凡例にも「現古辞典」本体のリードにも内容の紹介があり、ここに「現古辞典」本体のリードのほうを写す。

「英和辞典」に対して「和英辞典」があるように、ここでは「古語辞典」に対する「現古辞典」、すなわち現代語から古語が引ける辞典をまとめてみた。受験生や古典学習者はもとより、短歌・俳句を作る人のことば探しに活用していただきたい。

なお、当代語‐古典語辞典は、日本語についてのみならず、他言語にもあってよい。捜せば幾らもあるかもしれないが、いま、手許の一書を挙げる。

POLLINGTON, Stephen "Wordcraft: New English to Old English Dictionary and Thesaurus." 一九九三年初版、一九九六年増補版。イギリスAnglo-Saxon Books。標題の「Wordcraft」は「ことばの技術」といったことを意味し、用語選びその他表現の工夫を広く指すと思われる。専らシェークスピアの表現を解説しても、明日の広告に使う用語を検討しても、ことばの技術であるが、この書物は現代語から古典語を引き当てる辞典であると、副題が言っている。'Thesaurus'は、一種の類語辞典であるから、いま3節後半に言ったことと照応する。

また、当代語‐古典語辞典が時間の対応を取り上げるのに対して、空間の対応を扱うならば、標準語‐地域語辞典ができるであろう。これにも越谷吾山（こしがや・ござん、一七一七享保二年〜一七八八天明七年）『物類呼称』（一七七五安永四年）以来の歴史を想わなければならないが、いまは、現代の研究の記念碑と言ってよい一書を挙げるに留める。

東條　操『標準語引分類方言辞典』一九五四昭和二九年、東京堂。

5　表現の歴史の辞典へ

当代語－古典語辞典を、古典語習得のための用具から解放し、表現の歴史の研究の成果を集約するものとする考えかたがある。あるものごとをどのように言い表し書き表してきたか、という問いに、この辞典は答える。この構想は次で明らかにされている。

石井　久雄「昔はどう言ったかと、知りたいとき」一九九二平成四年、『国立国語研究所報告　一〇四　研究報告集一三』三二〜七六ページ。

大部の言語辞典、例えば『日本国語大辞典　第二版』は、語あるいは語句を見出しとして、それがどのような意味用法を歴史的に展開してきたかということを説明する。それに対して、この当代語－古典語辞典は、意味が見出しであって、その意味がどのように表現されてきたかという歴史を、解説する。見出しの意味はどのように表されてもよいので、林大『国立国語研究所資料集　六　分類語彙表』（一九六四昭和三九年、秀英出版）あるいは大野晋・浜西正人『角川類語新辞典』（一九八一昭和五六年、角川書店）の番号・記号であってもよい。ただ、現代の語句によるのが理解しやすく現実的であり、しかも、解説される歴史にとって現在の到達点であるという象徴性も籠めることができる。

この辞典は、当代語−古典語辞典と言うよりは、もはや表現史辞典と称するのが適切である。２節の冒頭に「当代語−古典語辞典は、まずは古典語の作文をするのに必要であった」と言ったが、その「まずは」に対する「次には」として、当代語−古典語辞典は、表現史を知るために必要である、ということになる。歴史的変遷が抑圧された文語に取り囲まれながらでは、発想しえない問題であり解決である。しかし、この辞典はまだ姿を顕さず、前段階の近ごろの作品二点を見て将来を想像することとしたい。

宮島 達夫・鈴木 泰・石井 久雄・安部 清哉『日本古典対照分類語彙表』
二〇一四平成二六年、笠間書院。

万葉集・古今和歌集・新古今和歌集・土左日記・蜻蛉日記・枕草子・徒然草・源氏物語・大鏡・平家物語など古典文学一七作品に出現する語彙を、作品ごとの頻度とともに総覧し、一語一語に、意味用法が幾つかあるならばそれに応じて、『分類語彙表増補改訂版』の意味分類項目の番号・名称を付している。書籍本体は五十音排列であるが、添付されているＣＤに、意味分類項目の番号によって排列した一覧もあり、

『分類語彙表　増補改訂版』の現代語と比べながら、関連語彙をまとめて見ることができる。

芹生　公男『現代語古語類語辞典』　二〇一五平成二七年、三省堂。

4節に触れた芹生の二書『古語類語辞典』『現代語から古語を引く辞典』を大きく発展させて、歴史的概観ができるようにしたものである。序文に

類語として収録された言葉は、古事記・万葉集の時代から近・現代に至るまで全ての時代にわたっており、さらに「上代」「中古」などの記号を付けて時代順に並んでいます。……、現代語だけでなく古い大和言葉まで、しかも時代別に調べることができるという辞典はかつて刊行されたことがありません。その意味でこの辞典は、日本語文化の新たな時代を拓く画期的な辞典であり、日本の国語辞典の歴史に名を留める辞典であると自負しています。

とする自負は、当たっているであろう。見出し項目数二万一千以上、類義語延べ三三万四千という規模のうちから、小さい一項を引いてみる。

たとえる【譬】（近世）みたつ［見立］。（中世）ひきゃう［比況］。（中古）なぞ

らふ［準／准／擬］。（上代）ぎす［擬］。たとふ［譬／喩］。そふ［添］。なずらふ［準／准／擬］。みなす［見做／看做］。よそふ［寄／比］。

時代は、辞典全体としては、ここに見られる四つに現代・近代を加えて六つに区分し、遡行する。実際に使用された事例も出典も、示すことはないが、それを示し、さらに使用方法の注釈などを添えるならば、この「類語」辞典は見事な「歴史」辞典である。

項目数の規模を小さくして、事例を必ず挙げたものがあり、すなわちこの文章を載せている本書である。単行本として初めて世に出たのは、右の二書に一足先立つ二〇一二平成二四年であった。

古橋信孝（ふるはし・のぶよし）
一九四三年生まれ。国文学。武蔵大学名誉教授。著書に『誤読された万葉集』（新潮新書）『日本文学の流れ』（岩波書店）『文学はなぜ必要か』（笠間書院）など。

鈴木泰（すずき・たい）
一九四五年生まれ。日本語学。東京大学名誉教授。著書に『古代日本語時間表現の形態論的研究』（ひつじ書房）など。

石井久雄（いしい・ひさお）
一九五〇年生まれ。日本語史。国立国語研究所名誉所員。同志社大学名誉教授。講演「富士谷成章の和歌の時代」（二〇一五年、同志社大学国文学会－文化学会講演会）など。

本書は、二〇一二年三月に小社より刊行された単行本
『現代語から古語を引く　現古辞典』を、加筆・修正の
うえ文庫化したものです。

現古《げんこ》辞典《じてん》 いまのことばから古語《こご》を知《し》る

二〇一八年 五 月一〇日 初版印刷
二〇一八年 五 月二〇日 初版発行

著　者　古橋《ふるはし》信孝《のぶよし》
　　　　鈴木《すずき》泰《たい》
　　　　石井《いしい》久雄《ひさお》

発行者　小野寺優
発行所　株式会社河出書房新社
〒一五一－〇〇五一
東京都渋谷区千駄ヶ谷二－三二－二
電話〇三－三四〇四－八六一一（編集）
〇三－三四〇四－一二〇一（営業）
http://www.kawade.co.jp/

ロゴ・表紙デザイン　粟津潔
本文フォーマット　佐々木暁
本文デザイン　小口翔平＋喜來詩織（tobufune）
印刷・製本　中央精版印刷株式会社

Printed in Japan ISBN978-4-309-41607-6

日本語のかたち

外山滋比古　41209-2

「思考の整理学」の著者による、ことばの姿形から考察する、数々の慧眼が光る出色の日本語論。スタイルの思想などから「形式」を復権する、日本人が失ったものを求めて。

異体字の世界　旧字・俗字・略字の漢字百科〈最新版〉

小池和夫　41244-3

常用漢字の変遷、人名用漢字の混乱、ケータイからスマホへ進化し続ける漢字の現在を、異形の文字から解き明かした増補改訂新版。あまりにも不思議な、驚きのアナザーワールドへようこそ！

やまとことば　美しい日本語を究める

河出書房新社編集部〔編〕　41395-2

漢語・外来語を取りこんで成立した現代日本語。その根幹をなす日本固有の言葉＝大和言葉を語る名編を集めた、珠玉のアンソロジー。日本人の心にひびく大和言葉の秘密を、言葉の達人たちが教えます。

手紙のことば　美しい日本語を究める

河出書房新社編集部〔編〕　41396-9

奈良時代以来、日本人は手紙を書き続けてきた。書き方から実例まで、手紙についての名編を集めた珠玉のアンソロジー。家族、友人、恋人、仕事相手……心に届く手紙の極意を、言葉の達人たちが教えます。

日本語と私

大野晋　41344-0

『広辞苑』基礎語千語の執筆、戦後の国字改革批判、そして孤軍奮闘した日本語タミル語同系論研究……「日本とは何か」その答えを求め、生涯を日本語の究明に賭けた稀代の国語学者の貴重な自伝的エッセイ。

カタカナの正体

山口謠司　41498-0

漢字、ひらがな、カタカナを使い分けるのが日本語の特徴だが、カタカナはいったい何のためにあるのか？　誕生のドラマからカタカナ語の氾濫まで、多彩なエピソードをまじえて綴るユニークな日本語論。

現代語訳 歌舞伎名作集

小笠原恭子〔訳〕 40899-6

「仮名手本忠臣蔵」「菅原伝授手習鑑」「勧進帳」などの代表的な名場面を舞台の雰囲気そのままに現代語訳。通して演じられることの稀な演目の全編が堪能できるよう、詳細なあらすじ・解説を付した決定版。

現代語訳 南総里見八犬伝 上

曲亭馬琴 白井喬二〔現代語訳〕 40709-8

わが国の伝奇小説中の「白眉」と称される江戸読本の代表作を、やはり伝奇小説家として名高い白井喬二が最も読みやすい名訳で忠実に再現した名著。長大な原文でしか入手できない名作を読める上下巻。

現代語訳 南総里見八犬伝 下

曲亭馬琴 白井喬二〔現代語訳〕 40710-4

全九集九十八巻、百六冊に及び、二十八年をかけて完成された日本文学史上稀に見る長篇にして、わが国最大の伝奇小説を、白井喬二が雄渾華麗な和漢混淆の原文を生かしつつ分かりやすくまとめた名抄訳。

現代語訳 竹取物語

川端康成〔訳〕 41261-0

光る竹から生まれた美しきかぐや姫をめぐり、五人のやんごとない貴公子たちが恋の駆け引きを繰り広げる。日本最古の物語をノーベル賞作家による美しい現代語訳で。川端自身による解説も併録。

たけくらべ 現代語訳・樋口一葉

松浦理英子／藤沢周／阿部和重／井辻朱美／篠原一〔現代語訳〕 40731-9

現代文学の最前線の作家たちが現代語訳で甦らせた画期的な試み。「たけくらべ」＝松浦理英子、「やみ夜」＝藤沢周、「十三夜」＝篠原一、「うもれ木」＝井辻朱美、「わかれ道」＝阿部和重。

口語訳 遠野物語

柳田国男 佐藤誠輔〔訳〕 小田富英〔注釈〕 41305-1

発刊100年を経過し、いまなお語り継がれ読み続けられている不朽の名作『遠野物語』。柳田国男が言い伝えを採集し簡潔な文語でまとめた原文を、わかりやすく味わい深い現代口語文に。

日本人のくらしと文化

宮本常一　41240-5

旅する民俗学者が語り遺した初めての講演集。失われた日本人の懐かしい生活と知恵を求めて。「生活の伝統」「民族と宗教」「離島の生活と文化」ほか計六篇。

日本人の死生観

吉野裕子　41358-7

古代日本人は木や山を蛇に見立てて神とした。生誕は蛇から人への変身であり、死は人から蛇への変身であった……神道の底流をなす蛇信仰の核心に迫り、日本の神イメージを一変させる吉野民俗学の代表作！

日本人の神

大野晋　41265-8

日本語の「神」という言葉は、どのような内容を指し、どのように使われてきたのか？　西欧のGodやゼウス、インドの仏とはどう違うのか？言葉の由来とともに日本人の精神史を探求した名著。

大野晋の日本語相談

大野晋　41271-9

一ケ月の「ケ」はなぜ「か」と読む？　なぜアルは動詞なのにナイは形容詞？　日本人は外国語学習が下手なの？　読者の素朴な疑問87に日本語の泰斗が名回答。最高の日本語教室。

四百字のデッサン

野見山暁治　41176-7

少年期の福岡での人々、藤田嗣治、戦後混沌期の画家や詩人たち、パリで会った椎名其二、義弟田中小実昌、同期生駒井哲郎。めぐり会った人々の姿と影を鮮明に捉える第二六回エッセイスト・クラブ賞受賞作。

時間のかかる読書

宮沢章夫　41336-5

脱線、飛躍、妄想、のろのろ、ぐずぐず——横光利一の名作短編「機械」を十一年かけて読んでみた。読書の楽しみはこんな端っこのところにある。本を愛する全ての人に捧げる伊藤整賞受賞作の名作。

著訳者名の後の数字はISBNコードです。頭に「978-4-309」を付け、お近くの書店にてご注文下さい。